Garfield

ALBUM GARFIELD #20

PRESSES AVENTURE

Publié par **Presses Aventure,** une division de
Les Publications Modus Vivendi inc.
55, rue Jean-Talon Ouest, 2e étage
Montréal (Québec)
Canada
H2R 2W8

Infographie : Modus Vivendi
Version française : Jean-Robert Saucyer

Dépôt légal – Bibliothèque et Archives nationales du Québec, 2006
Dépôt légal – Bibliothèque et Archives Canada, 2006

ISBN : 2-89543-392-5

Nous reconnaissons le soutien financier du gouvernement du Canada
par l'entremise du Programme d'aide au développement de l'industrie
de l'édition (PADIÉ) pour nos activités d'édition.

Gouvernement du Québec – Programme de crédit d'impôt pour l'édition
de livres – Gestion SODEC

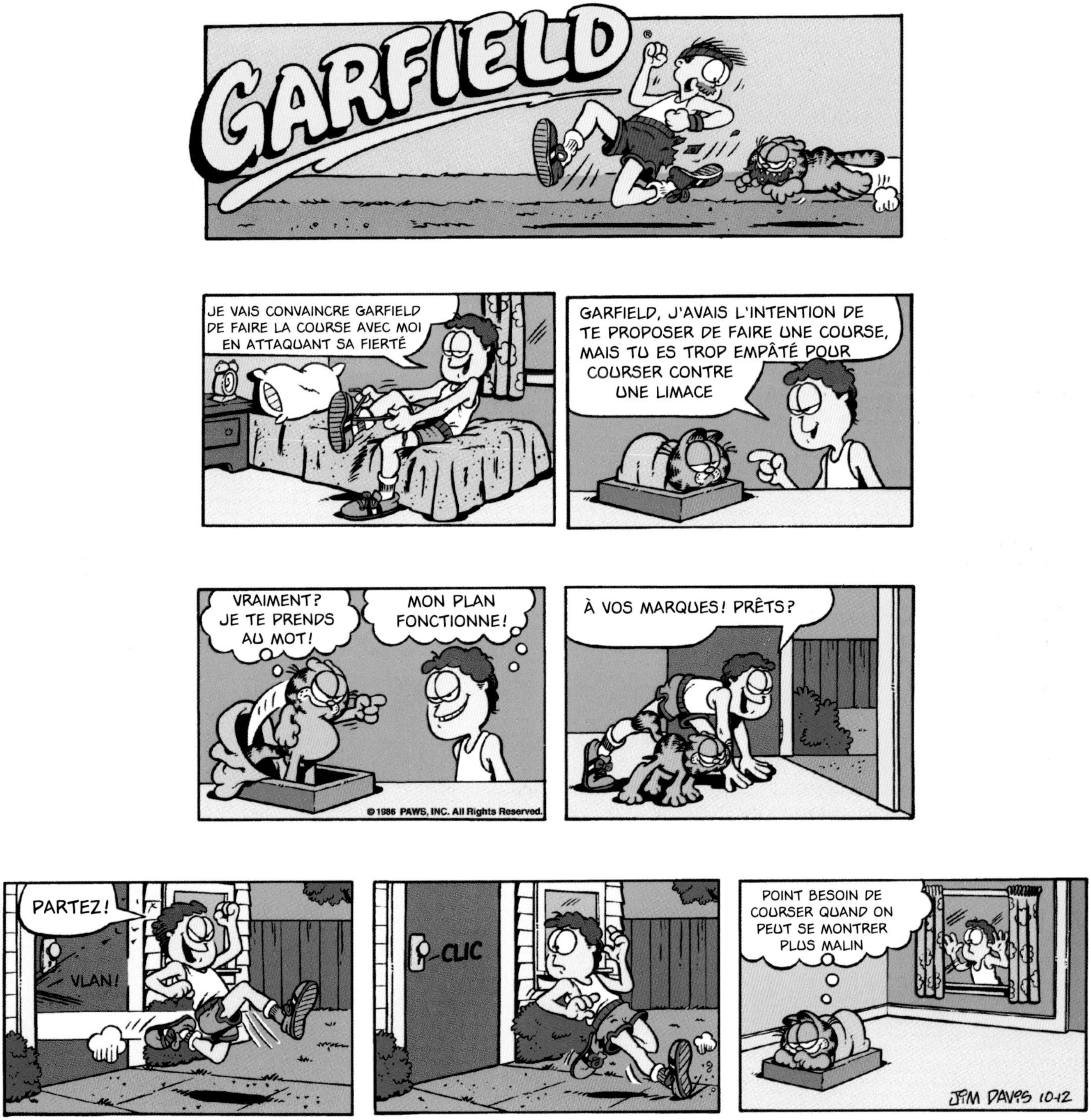
GARFIELD
JE VAIS CONVAINCRE GARFIELD DE FAIRE LA COURSE AVEC MOI EN ATTAQUANT SA FIERTÉ
GARFIELD, J'AVAIS L'INTENTION DE TE PROPOSER DE FAIRE UNE COURSE, MAIS TU ES TROP EMPÂTÉ POUR COURSER CONTRE UNE LIMACE
VRAIMENT? JE TE PRENDS AU MOT!
MON PLAN FONCTIONNE!
© 1986 PAWS, INC. All Rights Reserved.
À VOS MARQUES! PRÊTS?
PARTEZ!
VLAN!
CLIC
POINT BESOIN DE COURSER QUAND ON PEUT SE MONTRER PLUS MALIN
JIM DAVIS 10-12

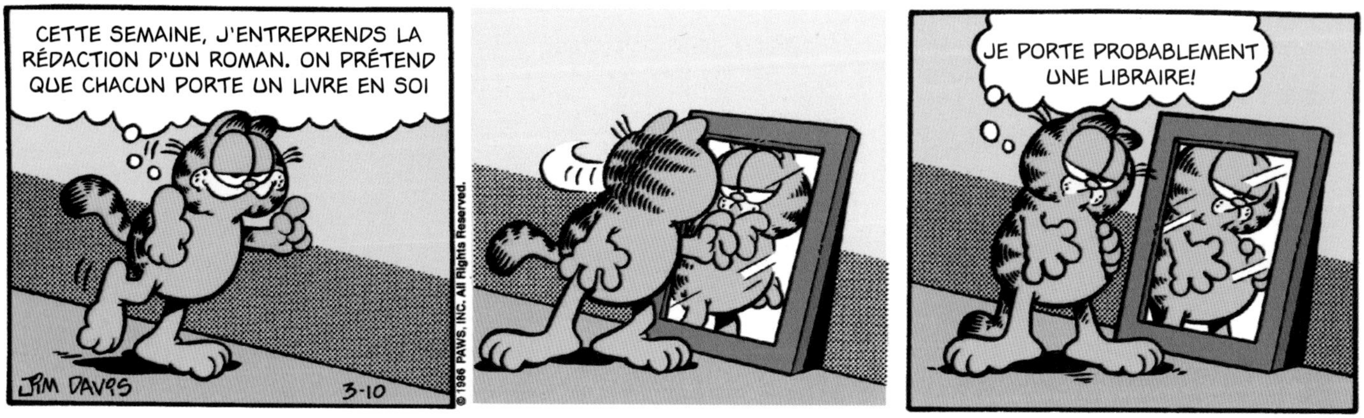
CETTE SEMAINE, J'ENTREPRENDS LA RÉDACTION D'UN ROMAN. ON PRÉTEND QUE CHACUN PORTE UN LIVRE EN SOI
JIM DAVIS 3-10
© 1986 PAWS, INC. All Rights Reserved.
JE PORTE PROBABLEMENT UNE LIBRAIRE!

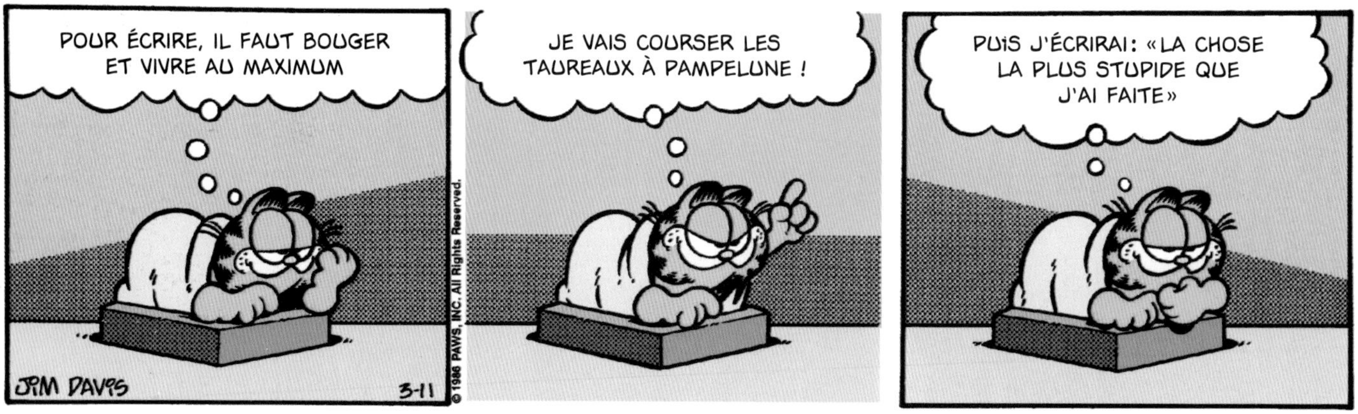
POUR ÉCRIRE, IL FAUT BOUGER ET VIVRE AU MAXIMUM
JIM DAVIS 3-11
© 1986 PAWS, INC. All Rights Reserved.
JE VAIS COURSER LES TAUREAUX À PAMPELUNE !
PUIS J'ÉCRIRAI: «LA CHOSE LA PLUS STUPIDE QUE J'AI FAITE»

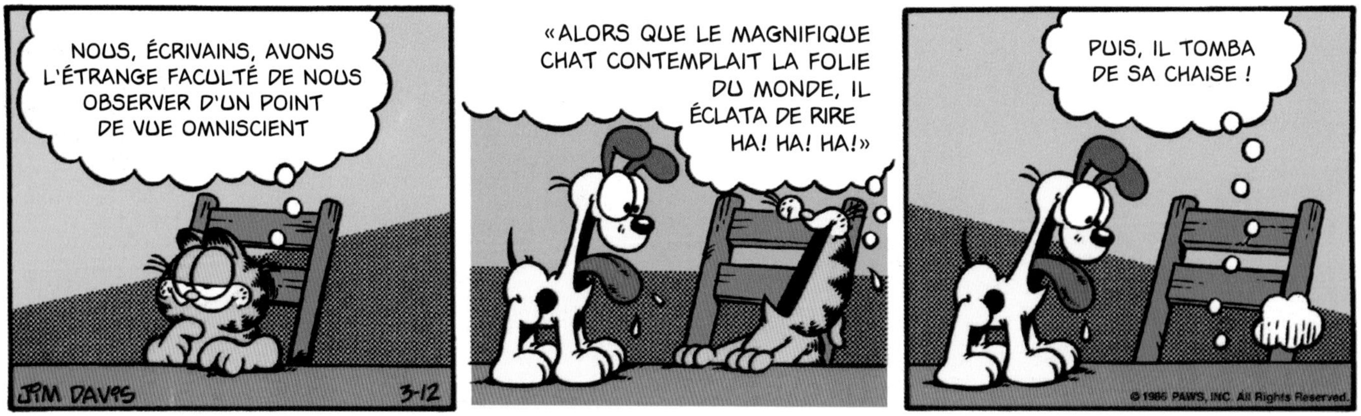
NOUS, ÉCRIVAINS, AVONS L'ÉTRANGE FACULTÉ DE NOUS OBSERVER D'UN POINT DE VUE OMNISCIENT
JIM DAVIS 3-12
«ALORS QUE LE MAGNIFIQUE CHAT CONTEMPLAIT LA FOLIE DU MONDE, IL ÉCLATA DE RIRE HA! HA! HA!»
PUIS, IL TOMBA DE SA CHAISE !
© 1986 PAWS, INC. All Rights Reserved.

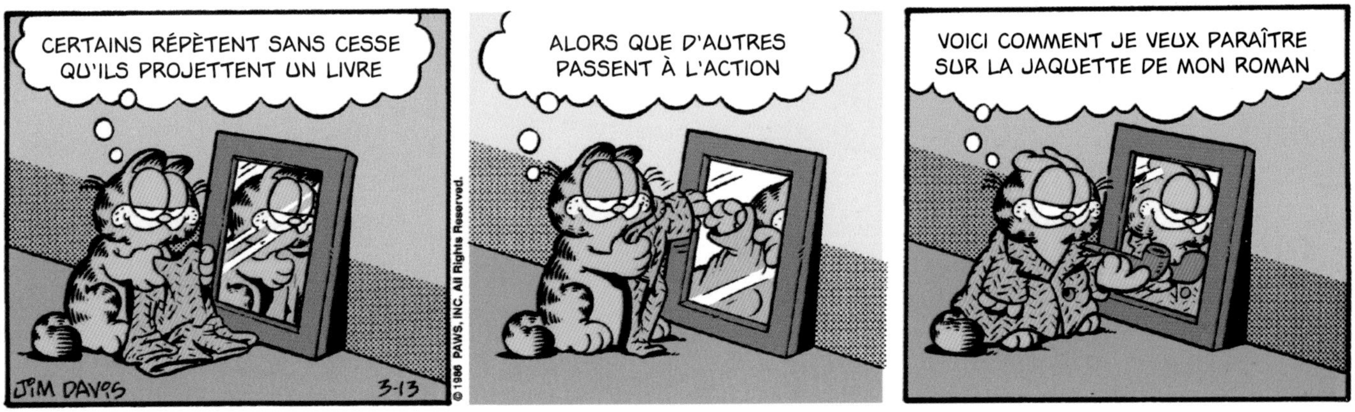
CERTAINS RÉPÈTENT SANS CESSE QU'ILS PROJETTENT UN LIVRE
ALORS QUE D'AUTRES PASSENT À L'ACTION
VOICI COMMENT JE VEUX PARAÎTRE SUR LA JAQUETTE DE MON ROMAN
JIM DAVIS 3-13
© 1986 PAWS, INC. All Rights Reserved.

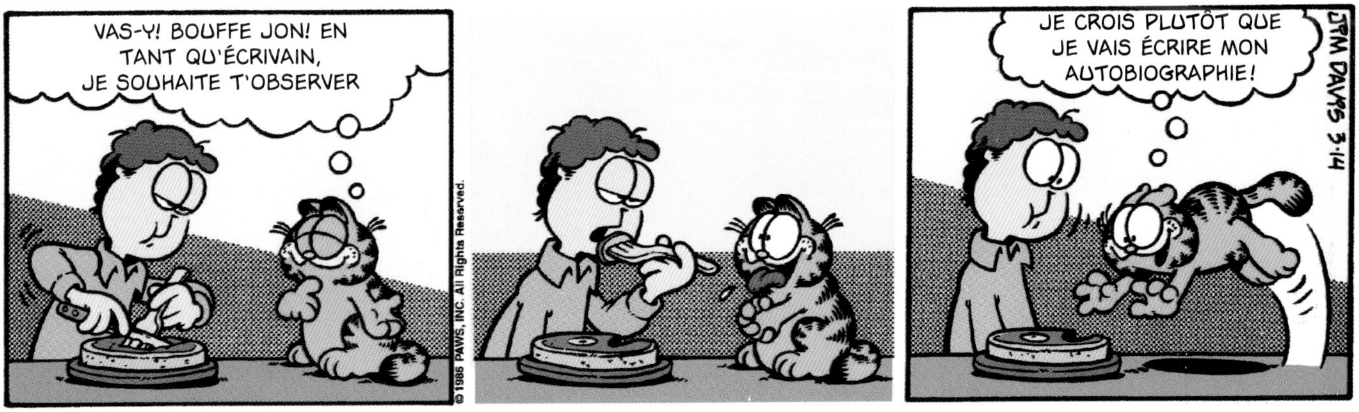
VAS-Y! BOUFFE JON! EN TANT QU'ÉCRIVAIN, JE SOUHAITE T'OBSERVER
JE CROIS PLUTÔT QUE JE VAIS ÉCRIRE MON AUTOBIOGRAPHIE!
JIM DAVIS 3-14
© 1986 PAWS, INC. All Rights Reserved.

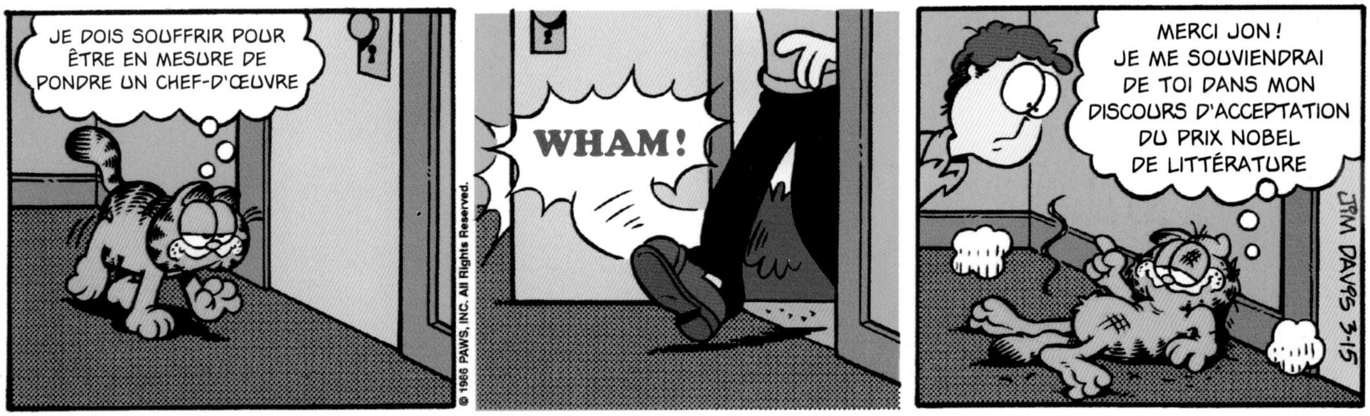
JE DOIS SOUFFRIR POUR ÊTRE EN MESURE DE PONDRE UN CHEF-D'ŒUVRE
WHAM!
MERCI JON ! JE ME SOUVIENDRAI DE TOI DANS MON DISCOURS D'ACCEPTATION DU PRIX NOBEL DE LITTÉRATURE
JIM DAVIS 3-15
© 1986 PAWS, INC. All Rights Reserved.

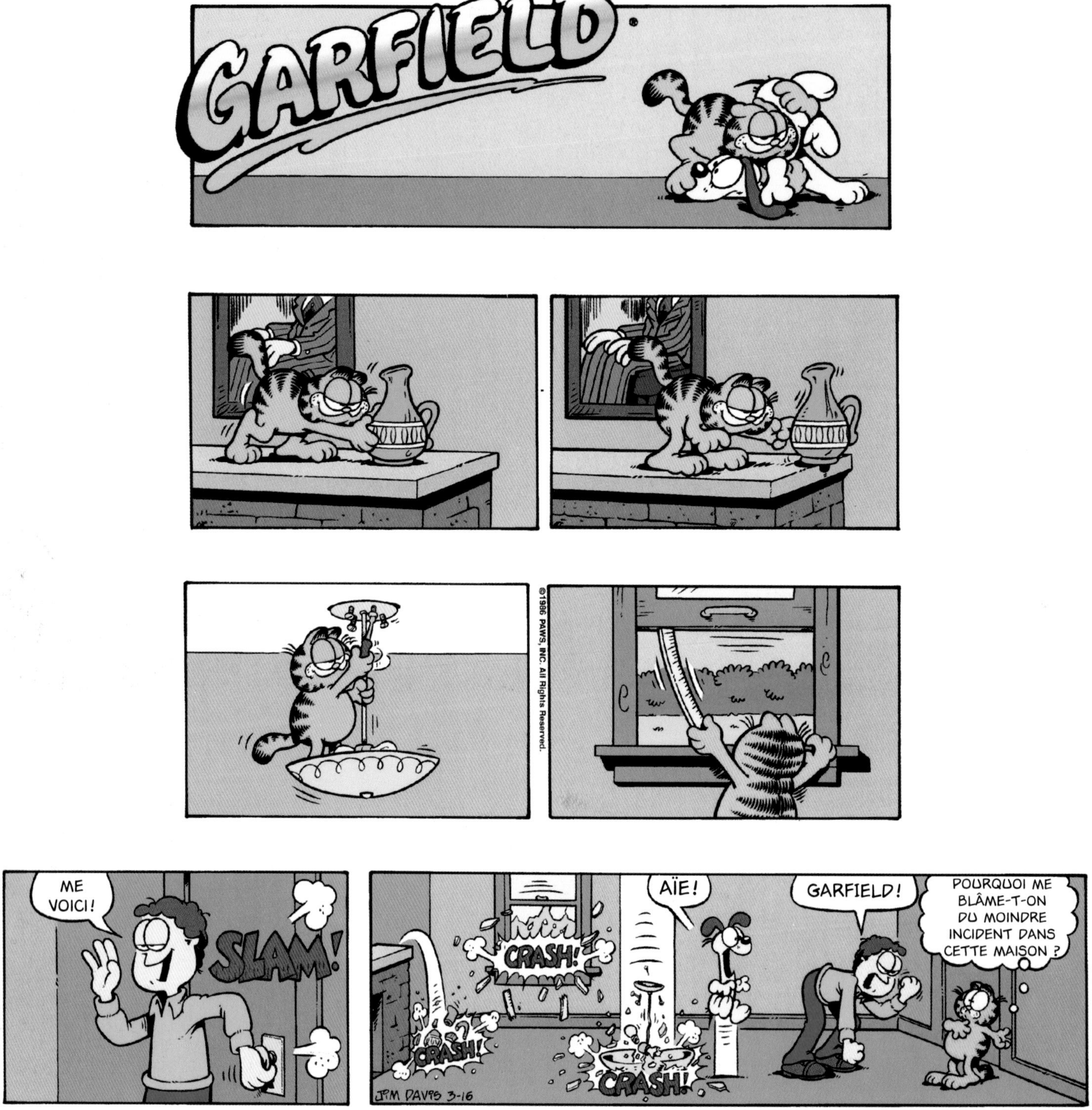
GARFIELD
©1986 PAWS, INC. All Rights Reserved.
ME VOICI!
SLAM!
CRASH!
CRASH!
CRASH!
AÏE!
GARFIELD!
POURQUOI ME BLÂME-T-ON DU MOINDRE INCIDENT DANS CETTE MAISON ?
JIM DAVIS 3-16

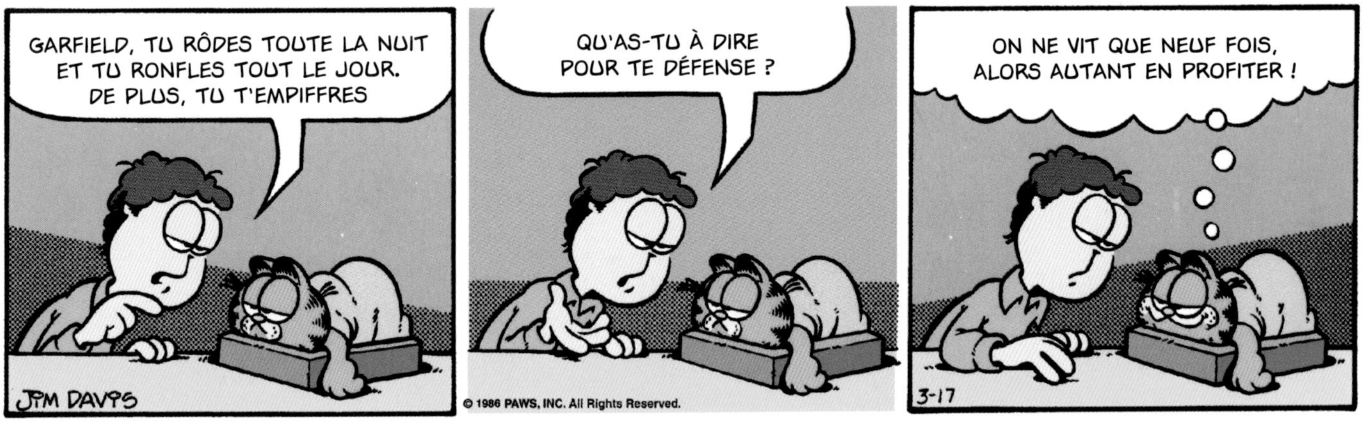
GARFIELD, TU RÔDES TOUTE LA NUIT ET TU RONFLES TOUT LE JOUR. DE PLUS, TU T'EMPIFFRES
JIM DAVIS
QU'AS-TU À DIRE POUR TE DÉFENSE ?
© 1986 PAWS, INC. All Rights Reserved.
ON NE VIT QUE NEUF FOIS, ALORS AUTANT EN PROFITER !
3-17

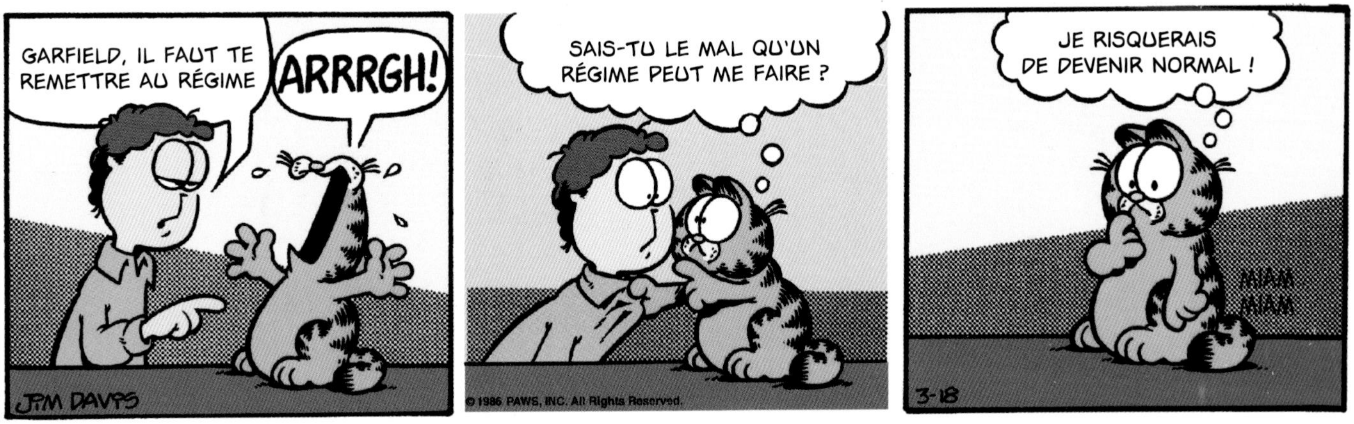
GARFIELD, IL FAUT TE REMETTRE AU RÉGIME
ARRRGH!
JIM DAVIS
SAIS-TU LE MAL QU'UN RÉGIME PEUT ME FAIRE ?
© 1986 PAWS, INC. All Rights Reserved.
JE RISQUERAIS DE DEVENIR NORMAL !
MIAM MIAM
3-18

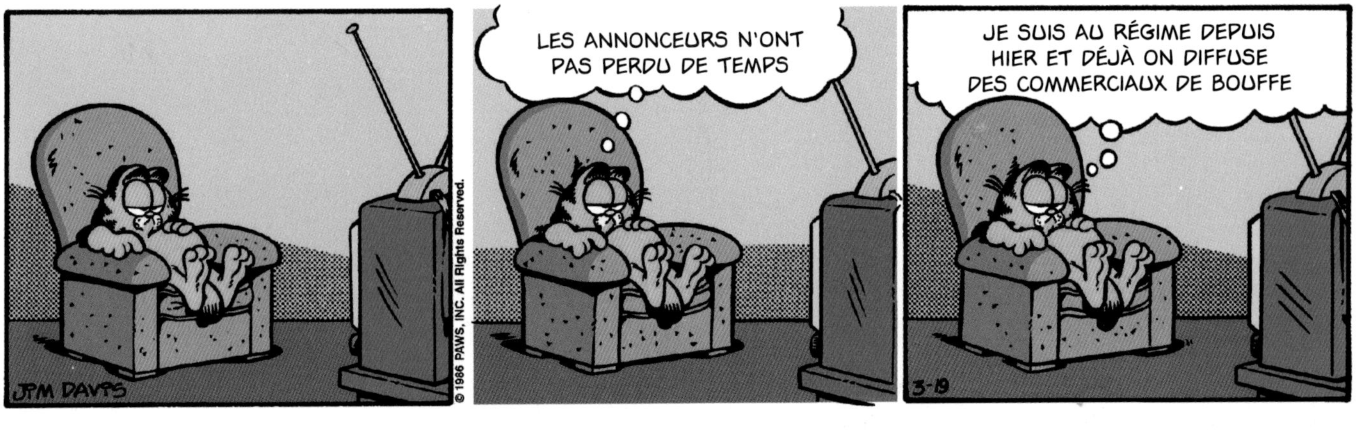
JIM DAVIS
© 1986 PAWS, INC. All Rights Reserved.
LES ANNONCEURS N'ONT PAS PERDU DE TEMPS
JE SUIS AU RÉGIME DEPUIS HIER ET DÉJÀ ON DIFFUSE DES COMMERCIAUX DE BOUFFE
3-19

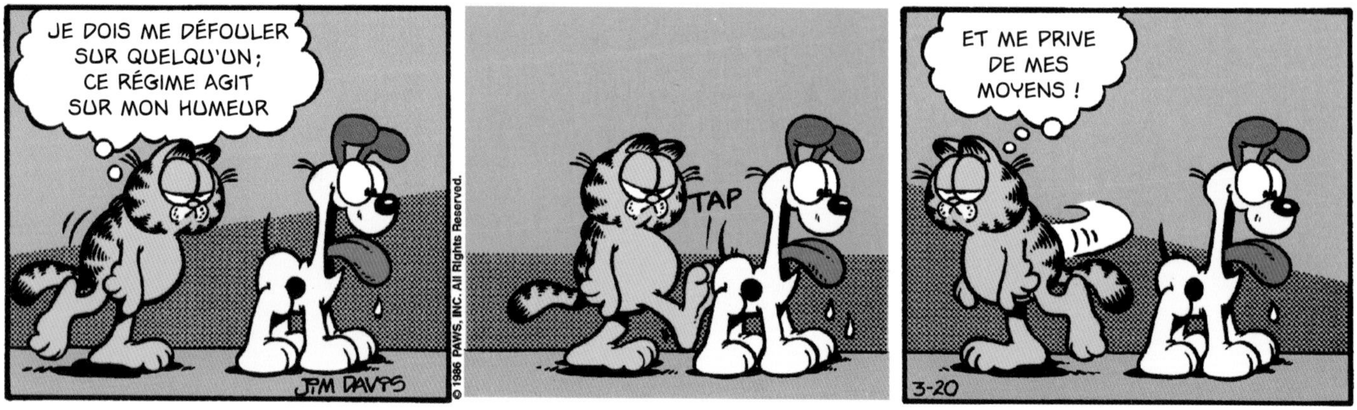
JE DOIS ME DÉFOULER SUR QUELQU'UN; CE RÉGIME AGIT SUR MON HUMEUR
JIM DAVIS
© 1986 PAWS, INC. All Rights Reserved.
TAP
ET ME PRIVE DE MES MOYENS !
3-20

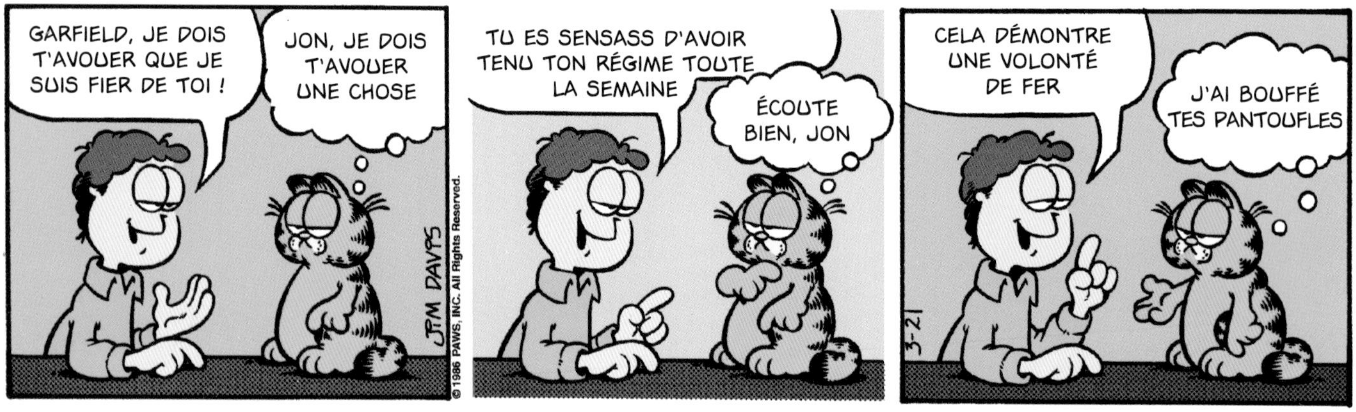
GARFIELD, JE DOIS T'AVOUER QUE JE SUIS FIER DE TOI !
JON, JE DOIS T'AVOUER UNE CHOSE
JIM DAVIS
© 1986 PAWS, INC. All Rights Reserved.
TU ES SENSASS D'AVOIR TENU TON RÉGIME TOUTE LA SEMAINE
ÉCOUTE BIEN, JON
CELA DÉMONTRE UNE VOLONTÉ DE FER
J'AI BOUFFÉ TES PANTOUFLES
3-21

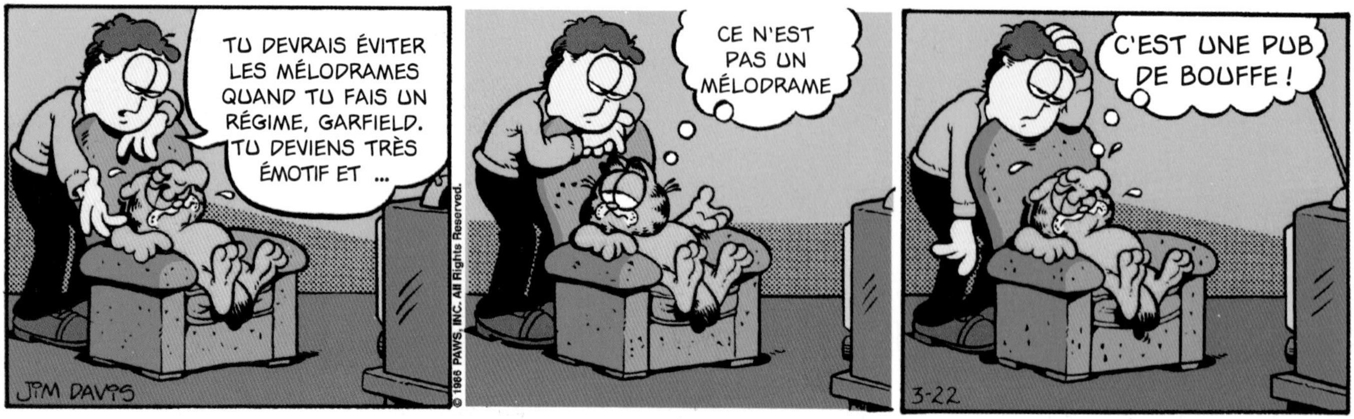
TU DEVRAIS ÉVITER LES MÉLODRAMES QUAND TU FAIS UN RÉGIME, GARFIELD. TU DEVIENS TRÈS ÉMOTIF ET ...
JIM DAVIS
© 1986 PAWS, INC. All Rights Reserved.
CE N'EST PAS UN MÉLODRAME
C'EST UNE PUB DE BOUFFE !
3-22

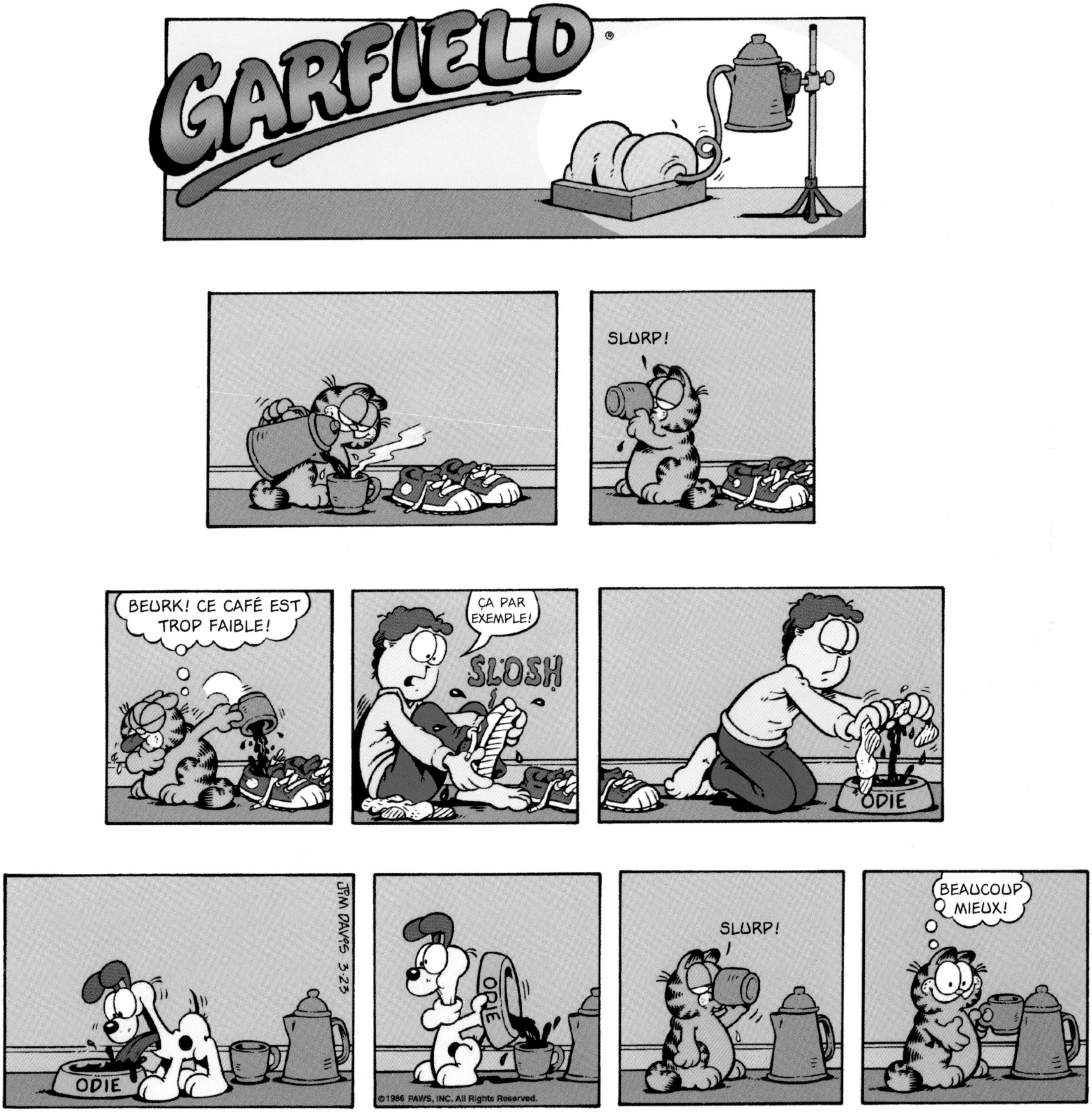
GARFIELD®
SLURP!
BEURK! CE CAFÉ EST TROP FAIBLE!
ÇA PAR EXEMPLE!
SLOSH
ODIE
JIM DAVIS 3-23
ODIE
ODIE
©1986 PAWS, INC. All Rights Reserved.
SLURP!
BEAUCOUP MIEUX!

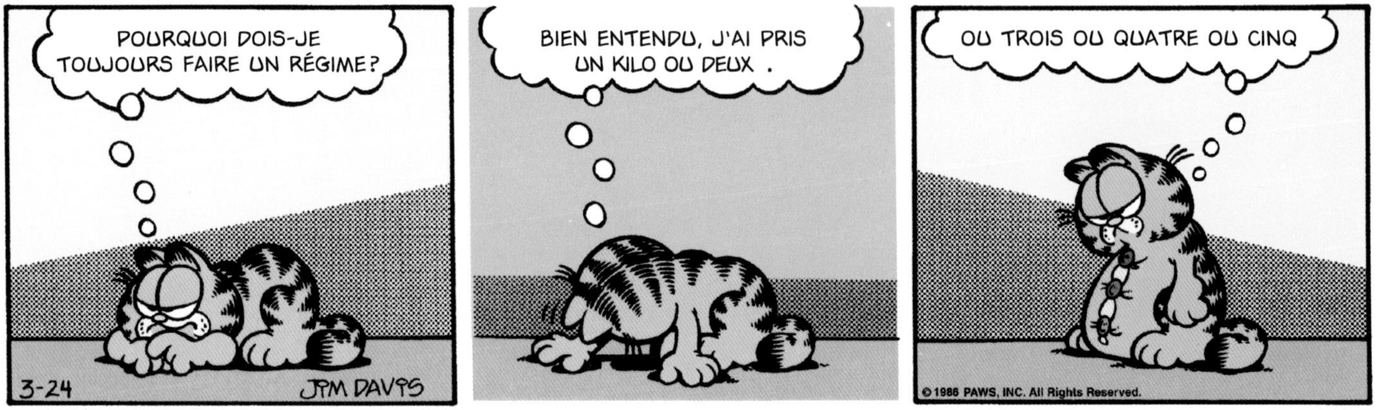
3-24
POURQUOI DOIS-JE TOUJOURS FAIRE UN RÉGIME?
BIEN ENTENDU, J'AI PRIS UN KILO OU DEUX .
OU TROIS OU QUATRE OU CINQ
JIM DAVIS
© 1986 PAWS, INC. All Rights Reserved.

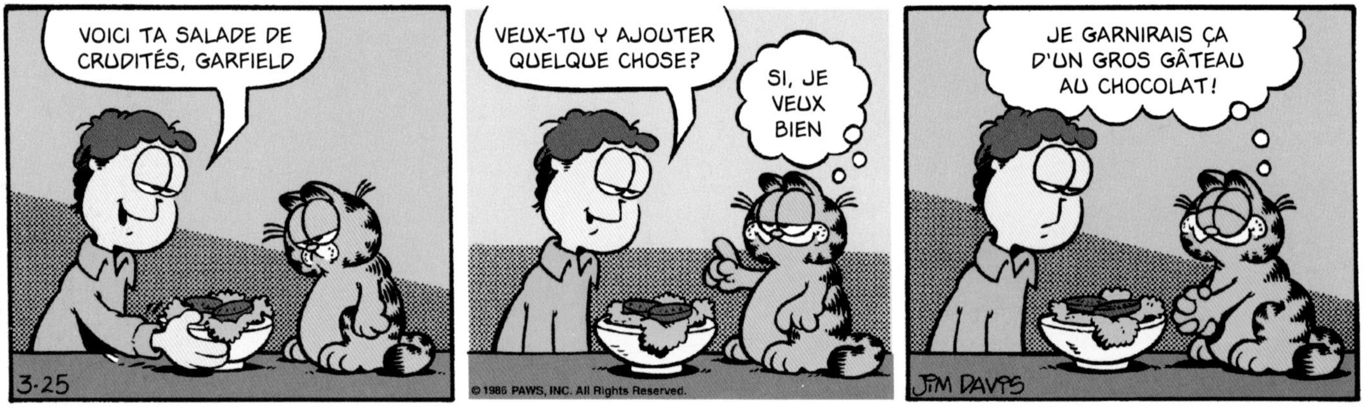
3-25
VOICI TA SALADE DE CRUDITÉS, GARFIELD
VEUX-TU Y AJOUTER QUELQUE CHOSE?
SI, JE VEUX BIEN
JE GARNIRAIS ÇA D'UN GROS GÂTEAU AU CHOCOLAT!
JIM DAVIS
© 1986 PAWS, INC. All Rights Reserved.

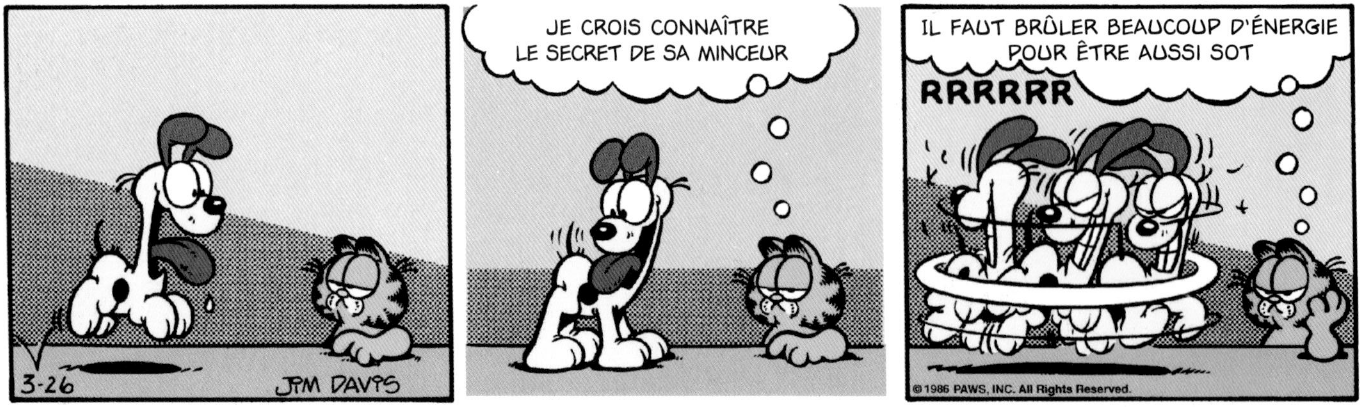
3-26
JE CROIS CONNAÎTRE LE SECRET DE SA MINCEUR
IL FAUT BRÛLER BEAUCOUP D'ÉNERGIE POUR ÊTRE AUSSI SOT
RRRRRR
JIM DAVIS
© 1986 PAWS, INC. All Rights Reserved.

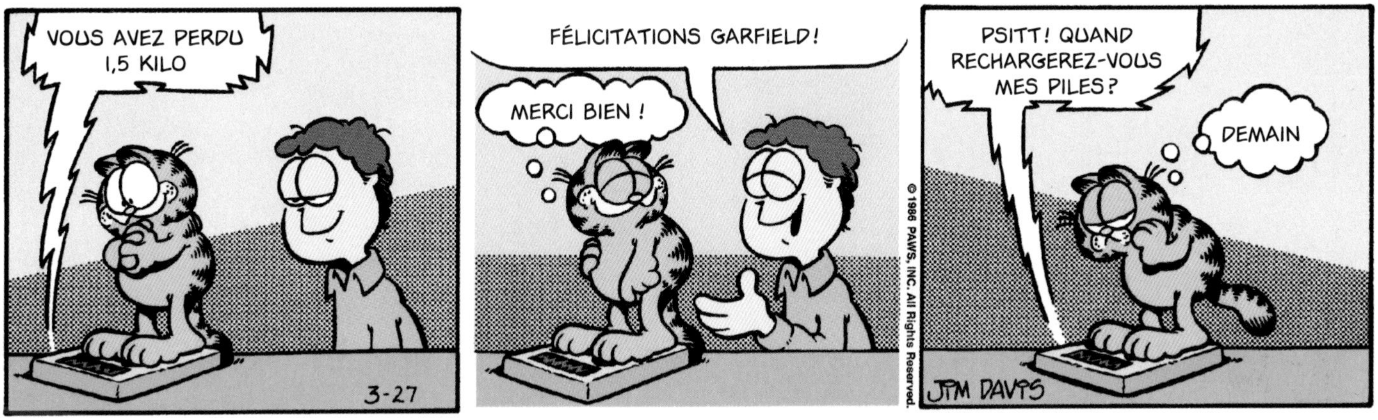
VOUS AVEZ PERDU 1,5 KILO
3-27
FÉLICITATIONS GARFIELD!
MERCI BIEN !
© 1986 PAWS, INC. All Rights Reserved.
PSITT! QUAND RECHARGEREZ-VOUS MES PILES?
DEMAIN
JIM DAVIS

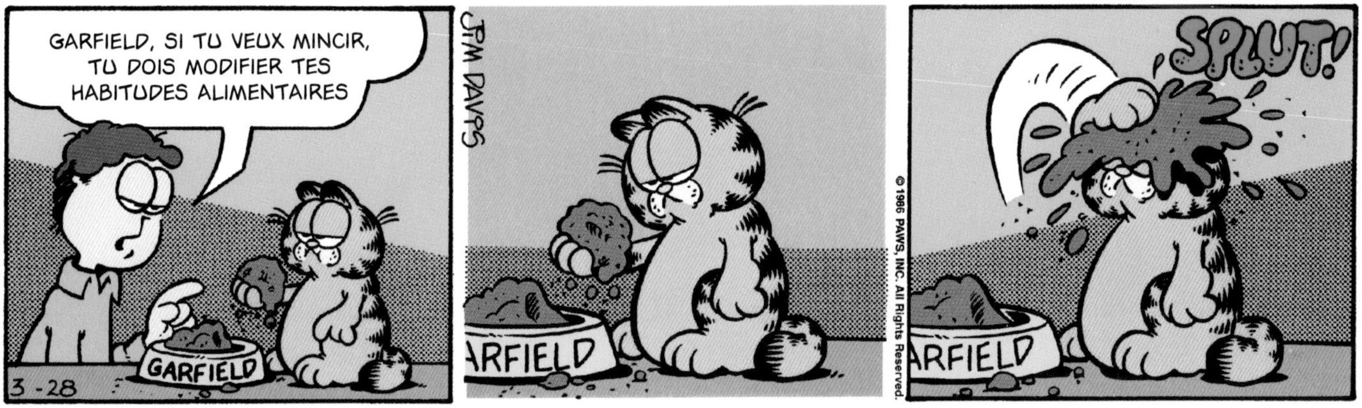
GARFIELD, SI TU VEUX MINCIR, TU DOIS MODIFIER TES HABITUDES ALIMENTAIRES
GARFIELD
3-28
JIM DAVIS
ARFIELD
© 1986 PAWS, INC. All Rights Reserved.
SPLUT!
ARFIELD

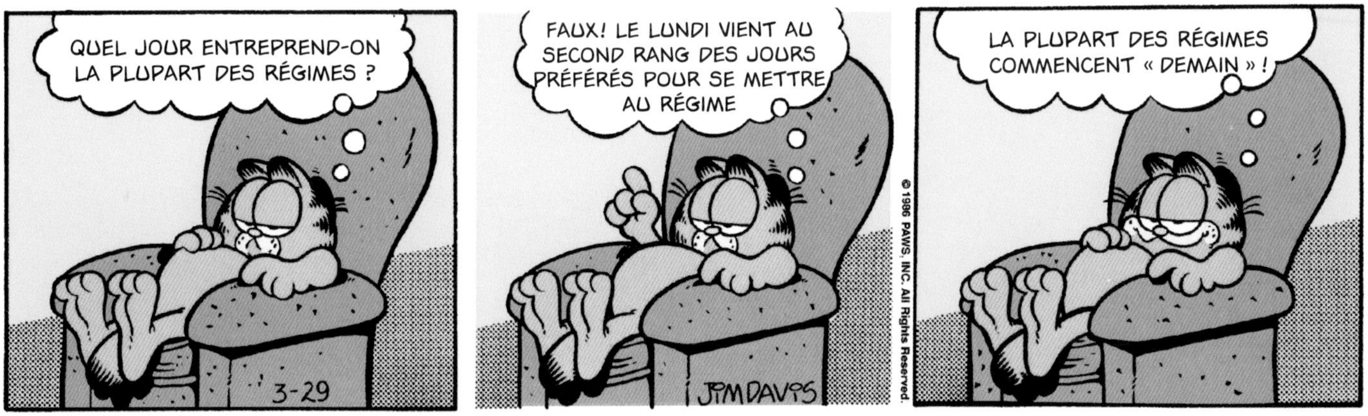
QUEL JOUR ENTREPREND-ON LA PLUPART DES RÉGIMES ?
3-29
FAUX! LE LUNDI VIENT AU SECOND RANG DES JOURS PRÉFÉRÉS POUR SE METTRE AU RÉGIME
JIM DAVIS
© 1986 PAWS, INC. All Rights Reserved.
LA PLUPART DES RÉGIMES COMMENCENT « DEMAIN » !

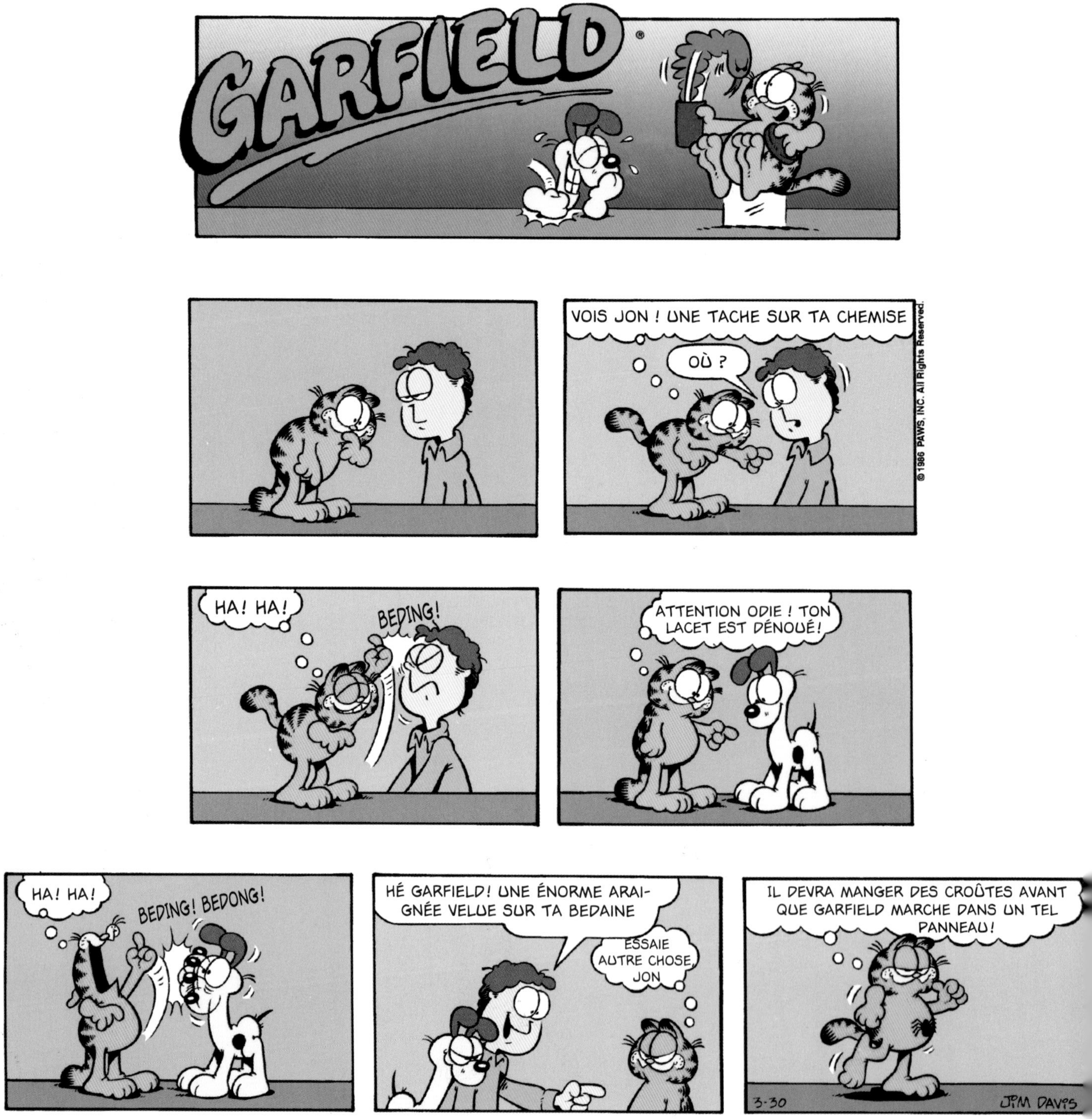
GARFIELD
VOIS JON ! UNE TACHE SUR TA CHEMISE
OÙ ?
© 1986 PAWS, INC. All Rights Reserved.
HA! HA!
BEDING!
ATTENTION ODIE ! TON LACET EST DÉNOUÉ!
HA! HA!
BEDING! BEDONG!
HÉ GARFIELD! UNE ÉNORME ARAIGNÉE VELUE SUR TA BEDAINE
ESSAIE AUTRE CHOSE, JON
IL DEVRA MANGER DES CROÛTES AVANT QUE GARFIELD MARCHE DANS UN TEL PANNEAU!
3-30
JIM DAVIS

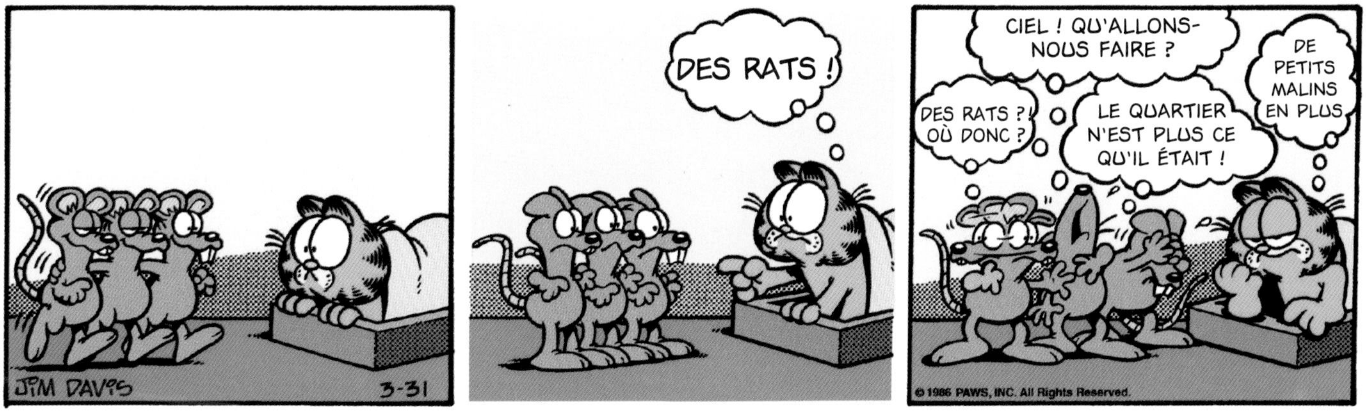
JIM DAVIS 3-31
DES RATS !
DES RATS ? OÙ DONC ?
CIEL ! QU'ALLONS-NOUS FAIRE ?
LE QUARTIER N'EST PLUS CE QU'IL ÉTAIT !
DE PETITS MALINS EN PLUS
© 1986 PAWS, INC. All Rights Reserved.

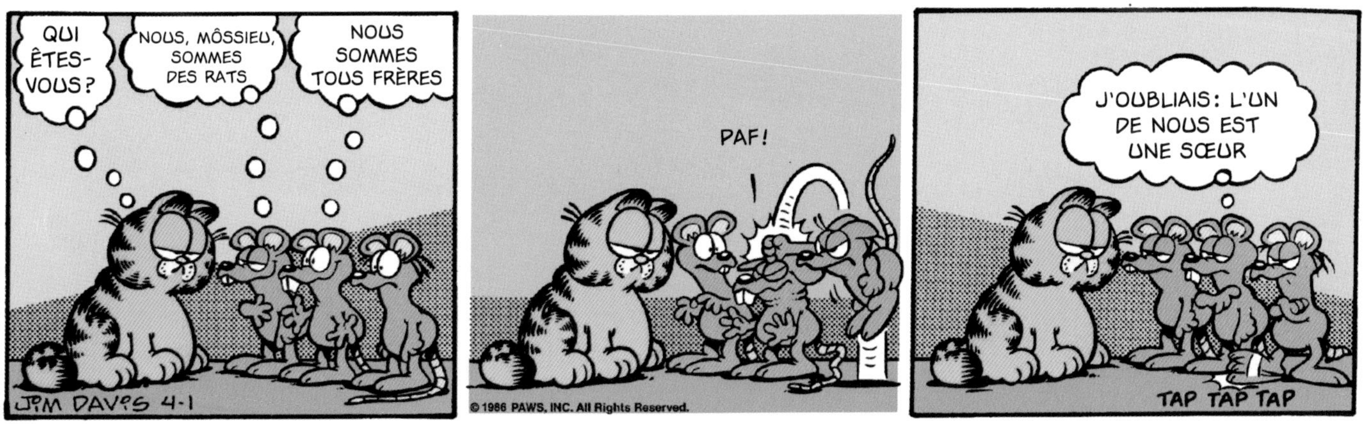
QUI ÊTES-VOUS ?
NOUS, MÔSSIEU, SOMMES DES RATS
NOUS SOMMES TOUS FRÈRES
JIM DAVIS 4-1
PAF!
© 1986 PAWS, INC. All Rights Reserved.
J'OUBLIAIS: L'UN DE NOUS EST UNE SŒUR
TAP TAP TAP

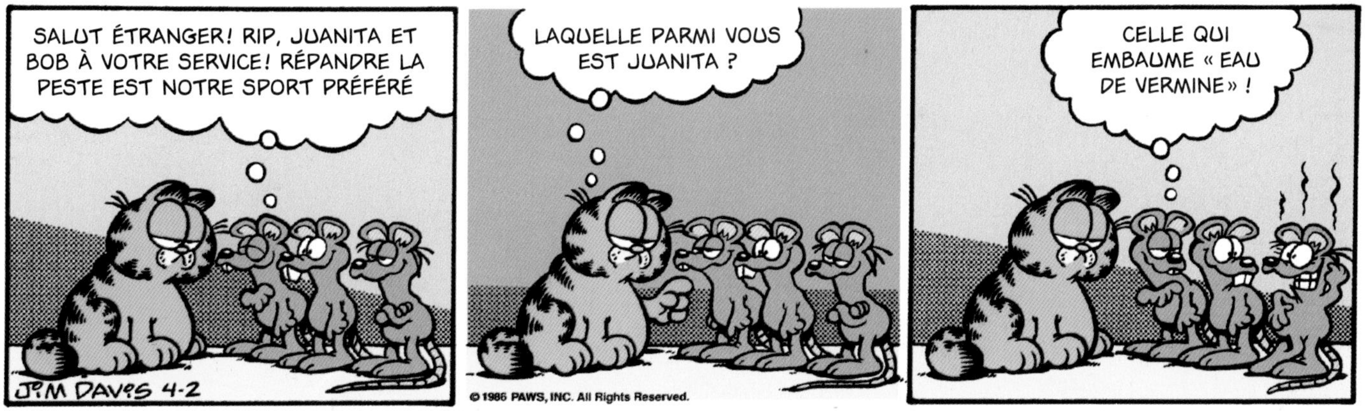
SALUT ÉTRANGER! RIP, JUANITA ET BOB À VOTRE SERVICE! RÉPANDRE LA PESTE EST NOTRE SPORT PRÉFÉRÉ
JIM DAVIS 4-2
LAQUELLE PARMI VOUS EST JUANITA ?
© 1986 PAWS, INC. All Rights Reserved.
CELLE QUI EMBAUME « EAU DE VERMINE » !

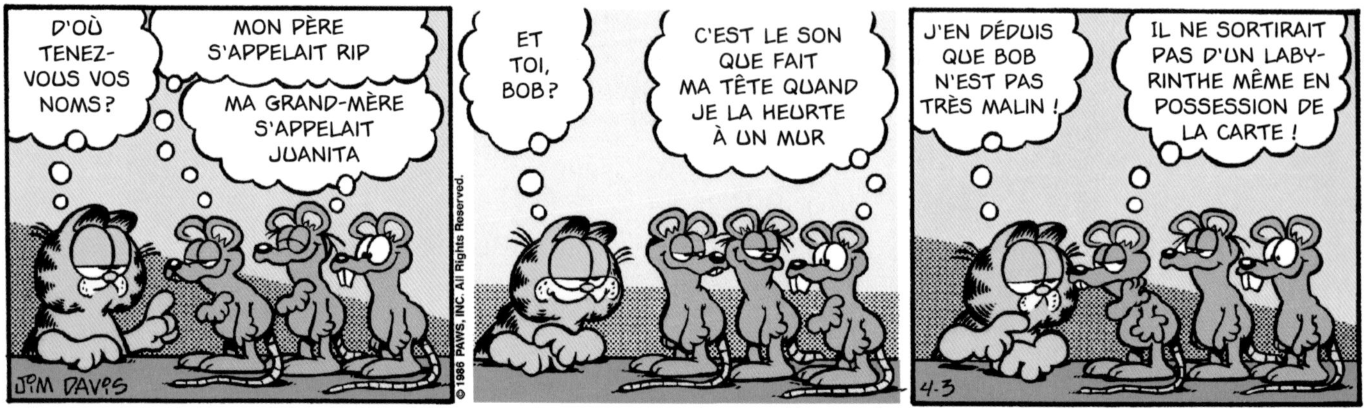
D'OÙ TENEZ-VOUS VOS NOMS ?
MON PÈRE S'APPELAIT RIP
MA GRAND-MÈRE S'APPELAIT JUANITA
ET TOI, BOB ?
C'EST LE SON QUE FAIT MA TÊTE QUAND JE LA HEURTE À UN MUR
J'EN DÉDUIS QUE BOB N'EST PAS TRÈS MALIN !
IL NE SORTIRAIT PAS D'UN LABYRINTHE MÊME EN POSSESSION DE LA CARTE !
JIM DAVIS
© 1986 PAWS, INC. All Rights Reserved.
4-3

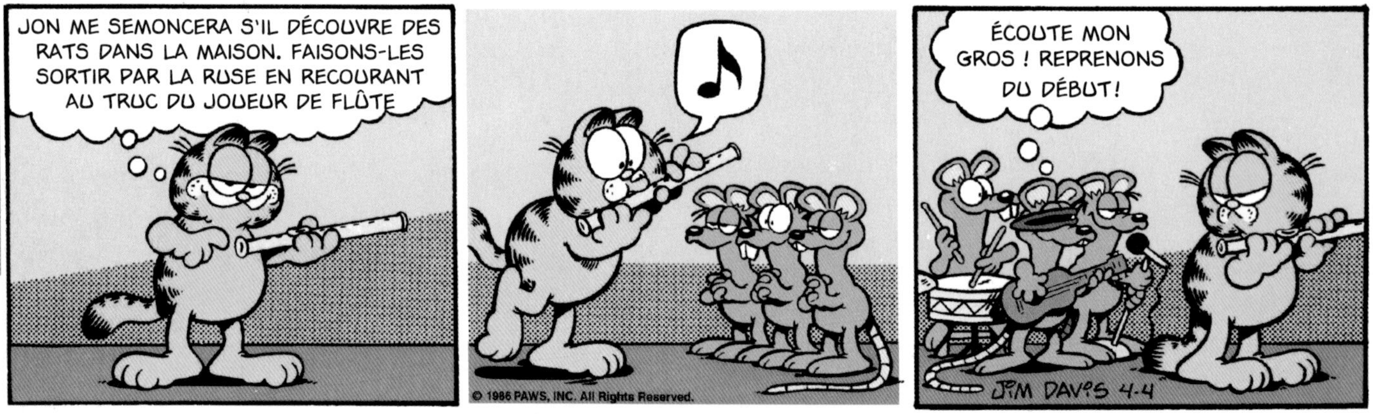
JON ME SEMONCERA S'IL DÉCOUVRE DES RATS DANS LA MAISON. FAISONS-LES SORTIR PAR LA RUSE EN RECOURANT AU TRUC DU JOUEUR DE FLÛTE
© 1986 PAWS, INC. All Rights Reserved.
ÉCOUTE MON GROS ! REPRENONS DU DÉBUT !
JIM DAVIS 4-4

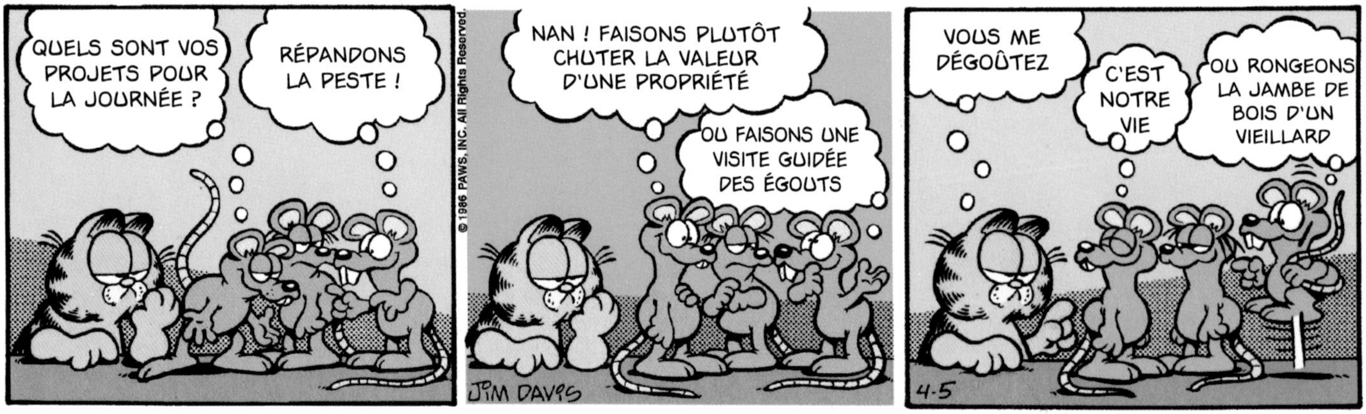
QUELS SONT VOS PROJETS POUR LA JOURNÉE ?
RÉPANDONS LA PESTE !
© 1986 PAWS, INC. All Rights Reserved.
NAN ! FAISONS PLUTÔT CHUTER LA VALEUR D'UNE PROPRIÉTÉ
OU FAISONS UNE VISITE GUIDÉE DES ÉGOUTS
JIM DAVIS
VOUS ME DÉGOÛTEZ
C'EST NOTRE VIE
OU RONGEONS LA JAMBE DE BOIS D'UN VIEILLARD
4-5

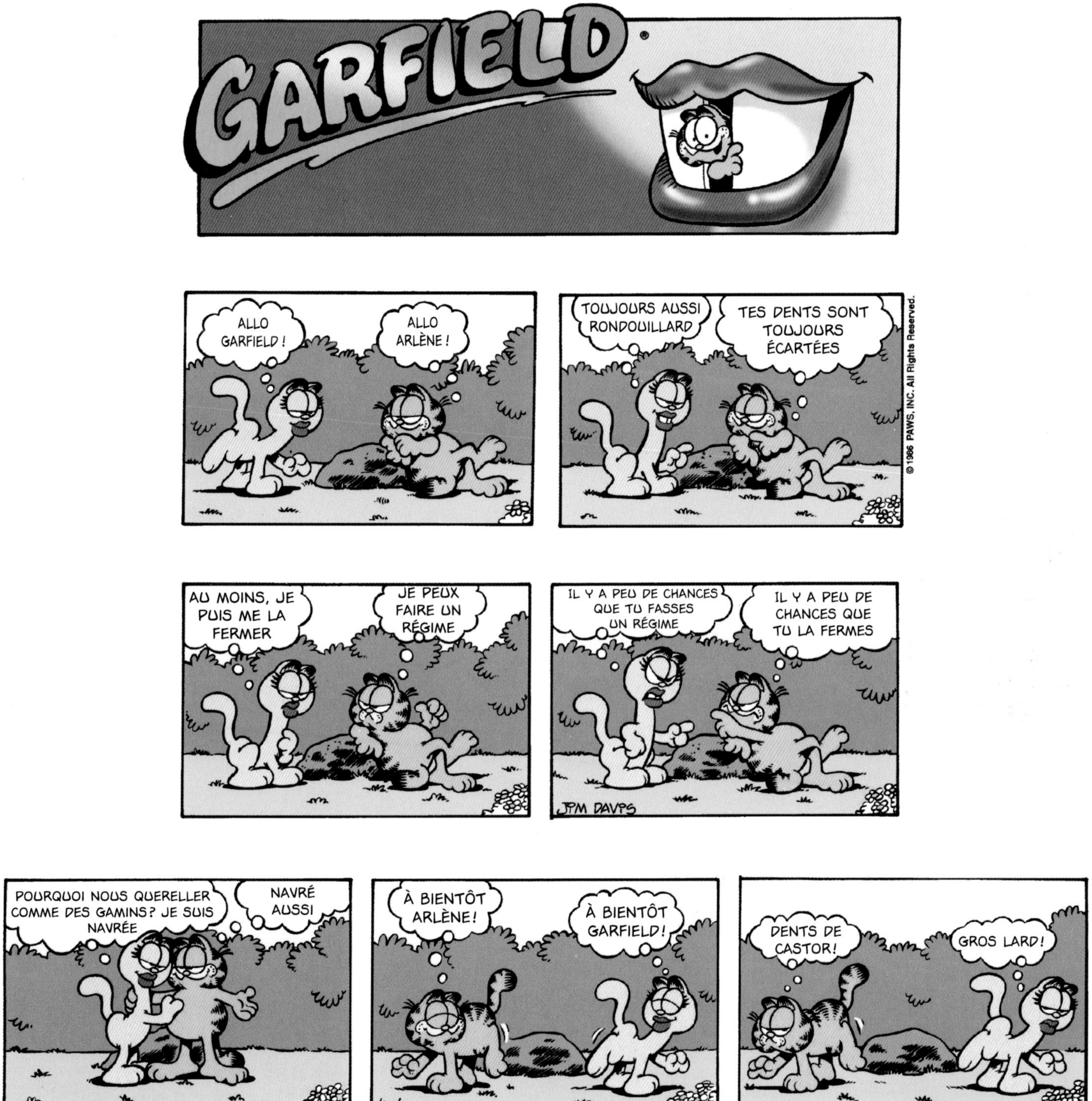
GARFIELD®
ALLO GARFIELD !
ALLO ARLÈNE !
TOUJOURS AUSSI RONDOUILLARD
TES DENTS SONT TOUJOURS ÉCARTÉES
© 1986 PAWS, INC. All Rights Reserved.
AU MOINS, JE PUIS ME LA FERMER
JE PEUX FAIRE UN RÉGIME
IL Y A PEU DE CHANCES QUE TU FASSES UN RÉGIME
IL Y A PEU DE CHANCES QUE TU LA FERMES
JIM DAVIS
POURQUOI NOUS QUERELLER COMME DES GAMINS? JE SUIS NAVRÉE
NAVRÉ AUSSI
À BIENTÔT ARLÈNE!
À BIENTÔT GARFIELD!
4-6
DENTS DE CASTOR!
GROS LARD!

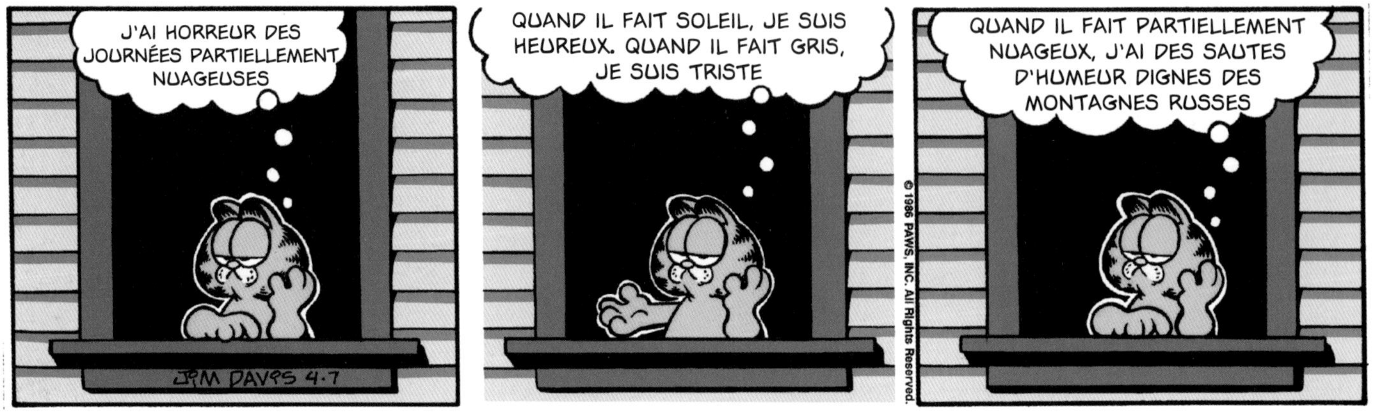
J'AI HORREUR DES JOURNÉES PARTIELLEMENT NUAGEUSES
JIM DAVIS 4-7
QUAND IL FAIT SOLEIL, JE SUIS HEUREUX. QUAND IL FAIT GRIS, JE SUIS TRISTE
© 1986 PAWS, INC. All Rights Reserved.
QUAND IL FAIT PARTIELLEMENT NUAGEUX, J'AI DES SAUTES D'HUMEUR DIGNES DES MONTAGNES RUSSES

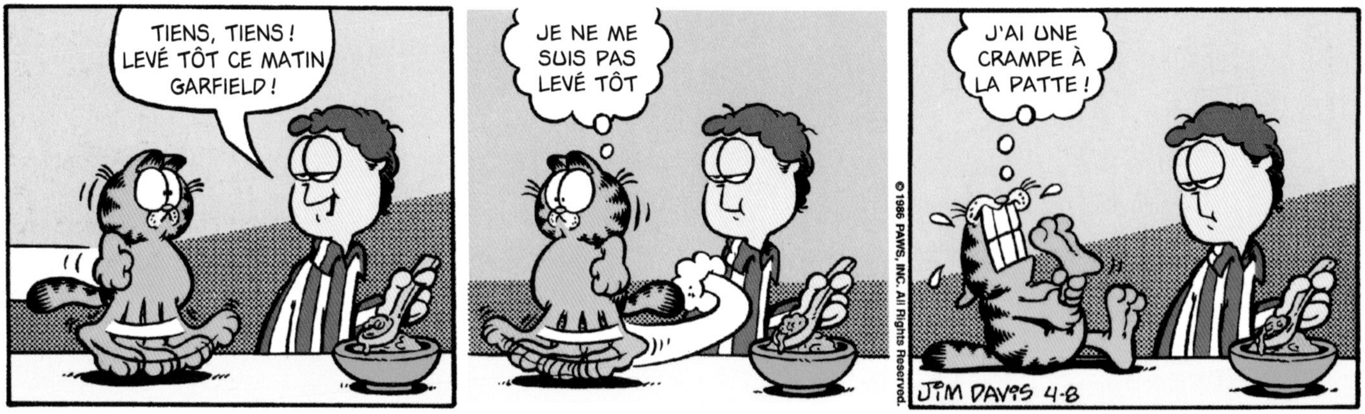
TIENS, TIENS ! LEVÉ TÔT CE MATIN GARFIELD !
JE NE ME SUIS PAS LEVÉ TÔT
© 1986 PAWS, INC. All Rights Reserved.
J'AI UNE CRAMPE À LA PATTE !
JIM DAVIS 4-8

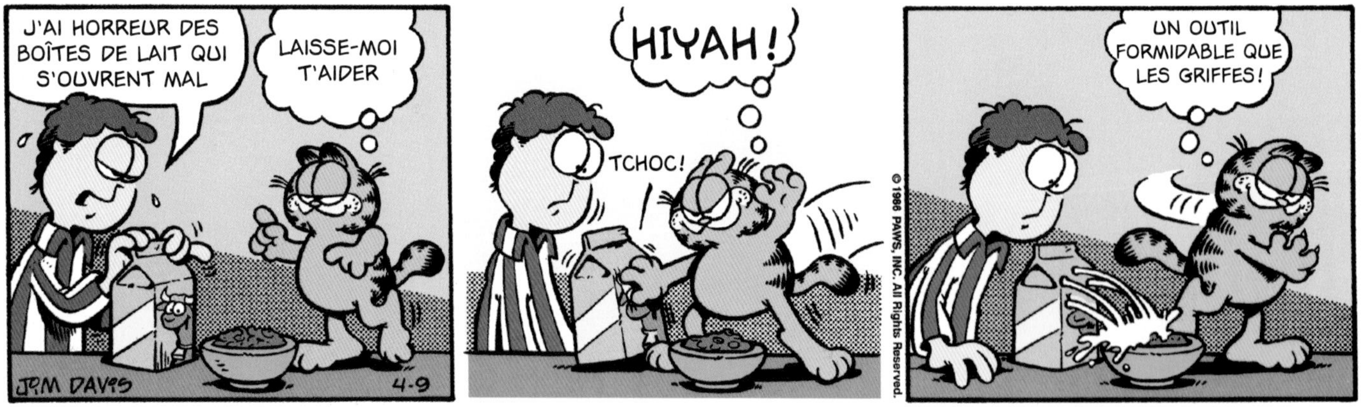
J'AI HORREUR DES BOÎTES DE LAIT QUI S'OUVRENT MAL
LAISSE-MOI T'AIDER
JIM DAVIS
4-9
HIYAH !
TCHOC !
© 1986 PAWS, INC. All Rights Reserved.
UN OUTIL FORMIDABLE QUE LES GRIFFES !

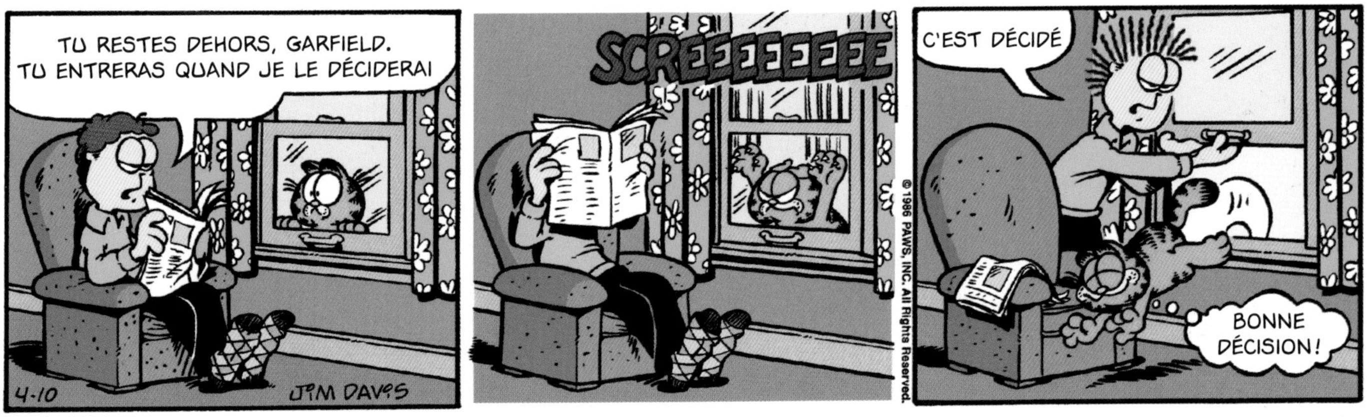
TU RESTES DEHORS, GARFIELD. TU ENTRERAS QUAND JE LE DÉCIDERAI
4-10
JIM DAVIS
SCREEEEEEEE
© 1986 PAWS, INC. All Rights Reserved.
C'EST DÉCIDÉ
BONNE DÉCISION!

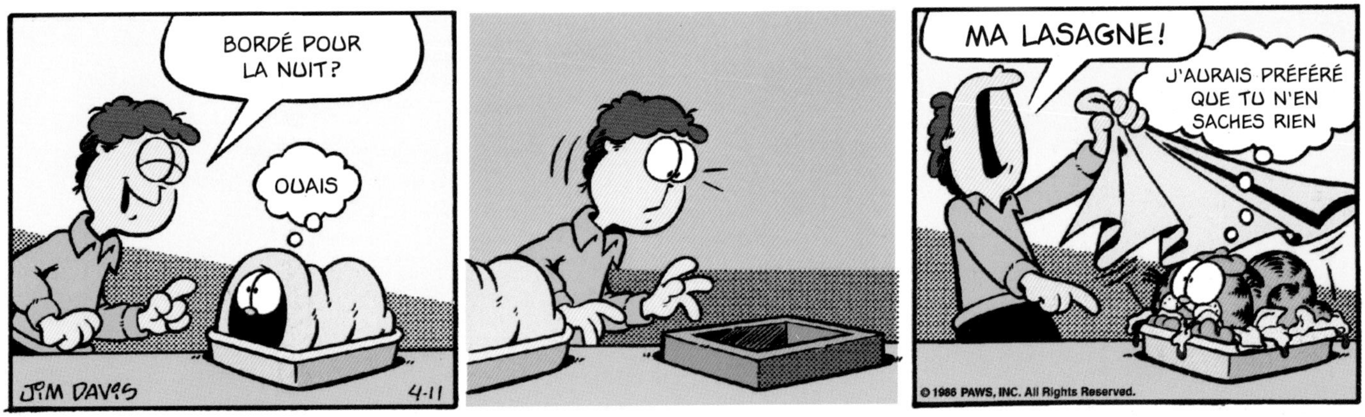
BORDÉ POUR LA NUIT?
OUAIS
JIM DAVIS
4-11
MA LASAGNE!
J'AURAIS PRÉFÉRÉ QUE TU N'EN SACHES RIEN
© 1986 PAWS, INC. All Rights Reserved.

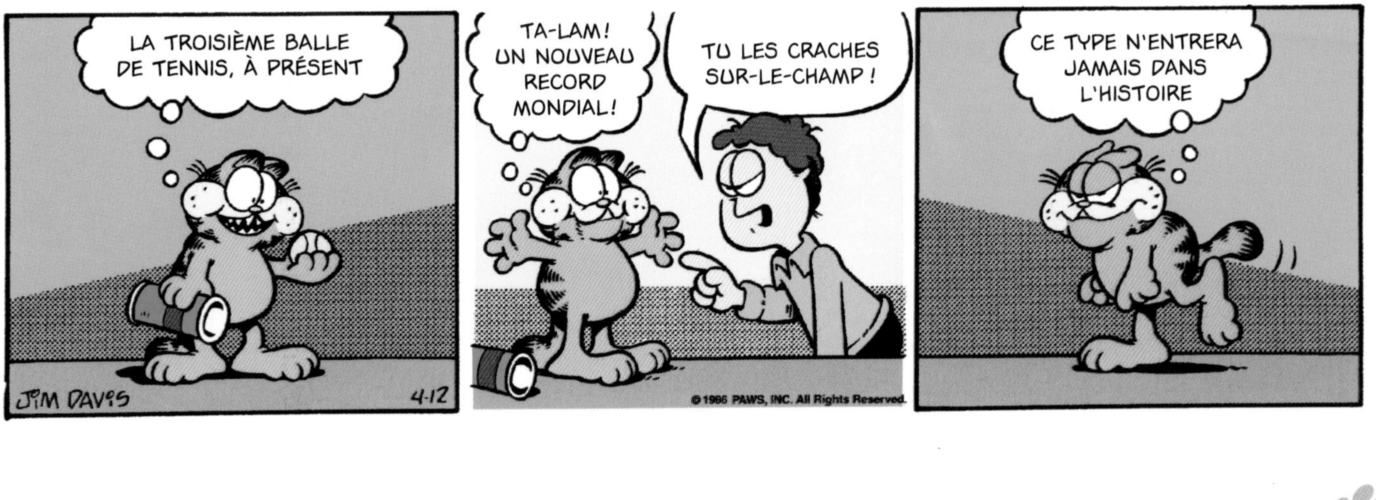
LA TROISIÈME BALLE DE TENNIS, À PRÉSENT
JIM DAVIS
4-12
TA-LAM! UN NOUVEAU RECORD MONDIAL!
TU LES CRACHES SUR-LE-CHAMP!
© 1986 PAWS, INC. All Rights Reserved.
CE TYPE N'ENTRERA JAMAIS DANS L'HISTOIRE

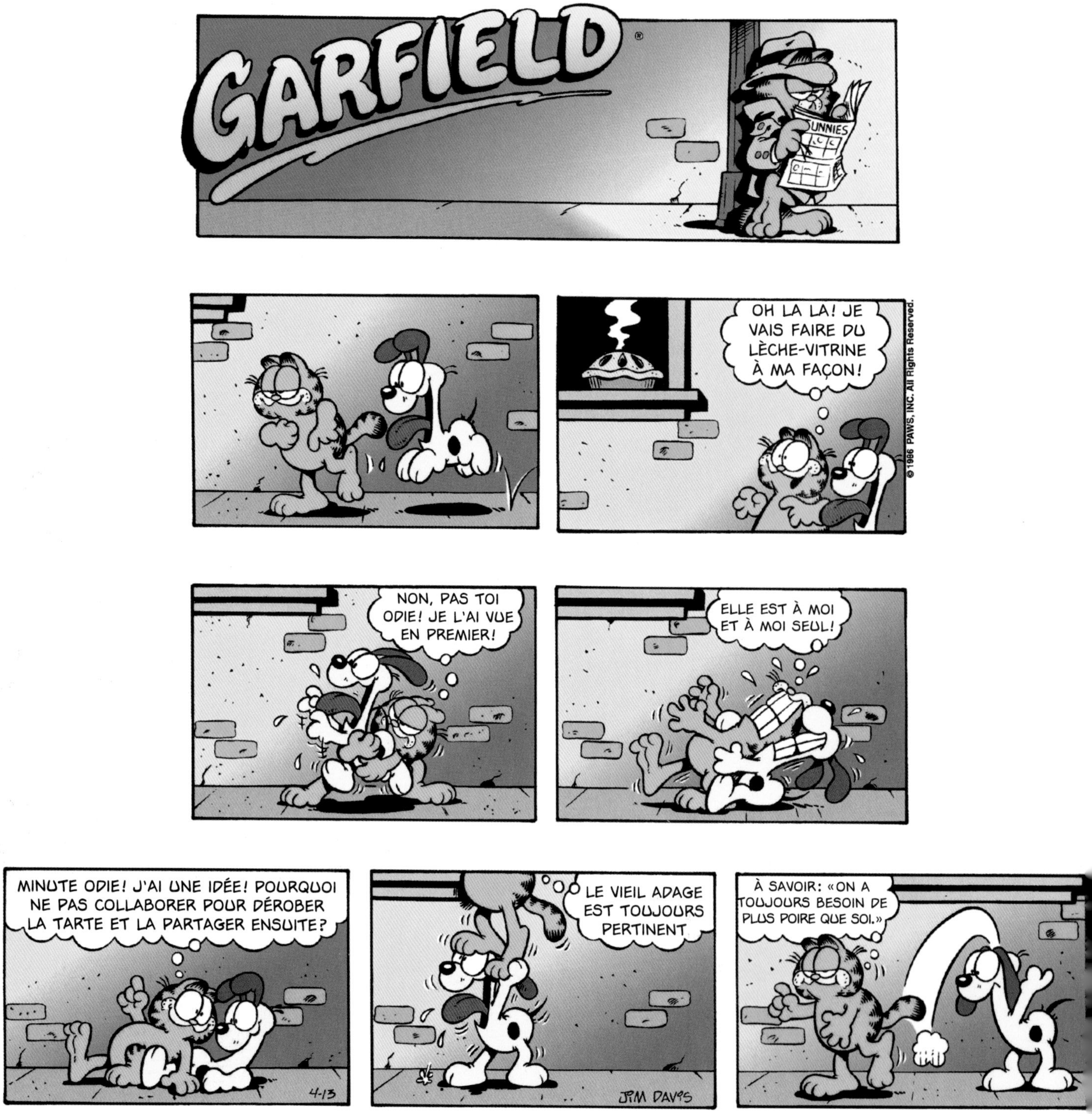
GARFIELD
© 1986 PAWS, INC. All Rights Reserved.
OH LA LA! JE VAIS FAIRE DU LÈCHE-VITRINE À MA FAÇON!
NON, PAS TOI ODIE! JE L'AI VUE EN PREMIER!
ELLE EST À MOI ET À MOI SEUL!
MINUTE ODIE! J'AI UNE IDÉE! POURQUOI NE PAS COLLABORER POUR DÉROBER LA TARTE ET LA PARTAGER ENSUITE?
4-13
LE VIEIL ADAGE EST TOUJOURS PERTINENT
JIM DAVIS
À SAVOIR: «ON A TOUJOURS BESOIN DE PLUS POIRE QUE SOI.»

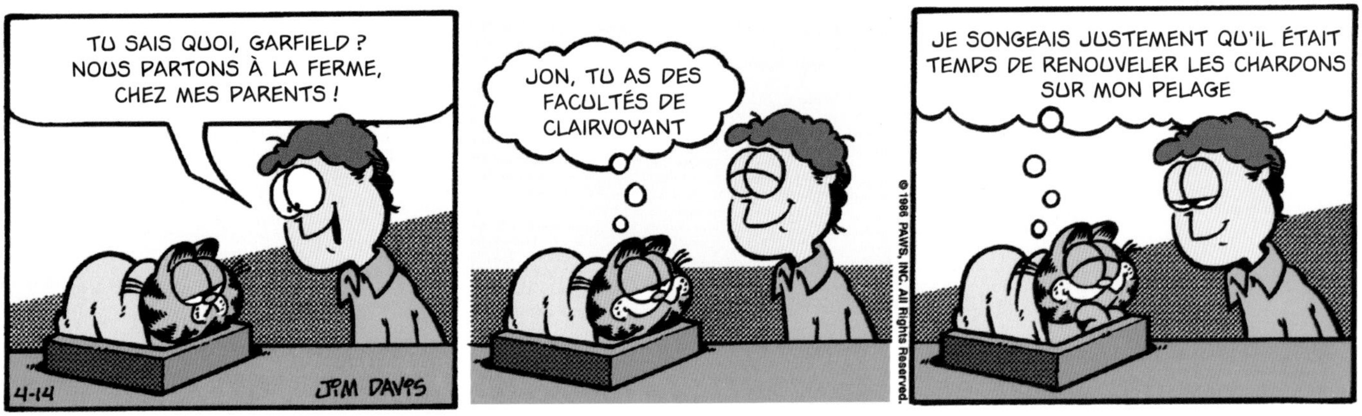
TU SAIS QUOI, GARFIELD ? NOUS PARTONS À LA FERME, CHEZ MES PARENTS !
JON, TU AS DES FACULTÉS DE CLAIRVOYANT
JE SONGEAIS JUSTEMENT QU'IL ÉTAIT TEMPS DE RENOUVELER LES CHARDONS SUR MON PELAGE
4-14
JIM DAVIS
© 1986 PAWS, INC. All Rights Reserved.

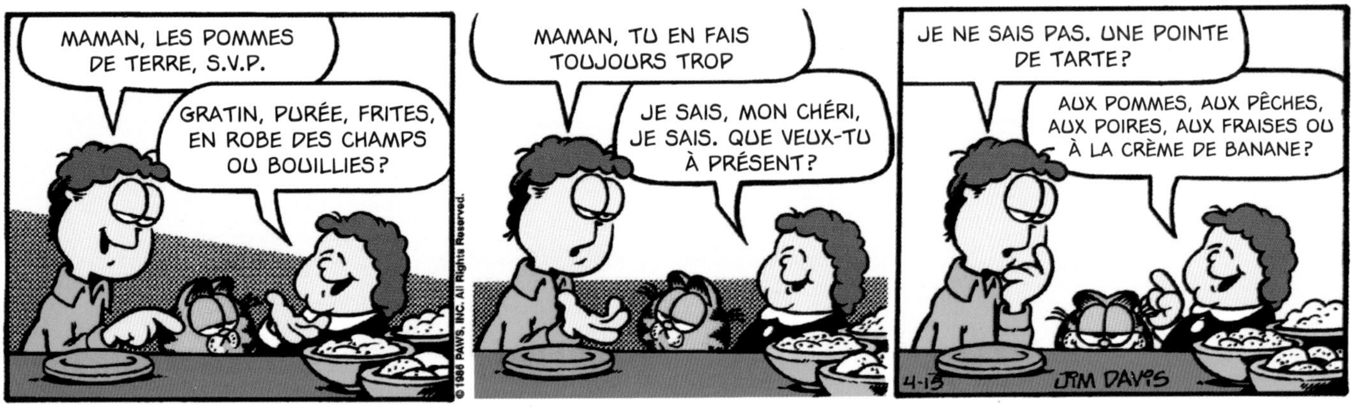
MAMAN, LES POMMES DE TERRE, S.V.P.
GRATIN, PURÉE, FRITES, EN ROBE DES CHAMPS OU BOUILLIES?
MAMAN, TU EN FAIS TOUJOURS TROP
JE SAIS, MON CHÉRI, JE SAIS. QUE VEUX-TU À PRÉSENT?
JE NE SAIS PAS. UNE POINTE DE TARTE?
AUX POMMES, AUX PÊCHES, AUX POIRES, AUX FRAISES OU À LA CRÈME DE BANANE?
4-15
JIM DAVIS
© 1986 PAWS, INC. All Rights Reserved.

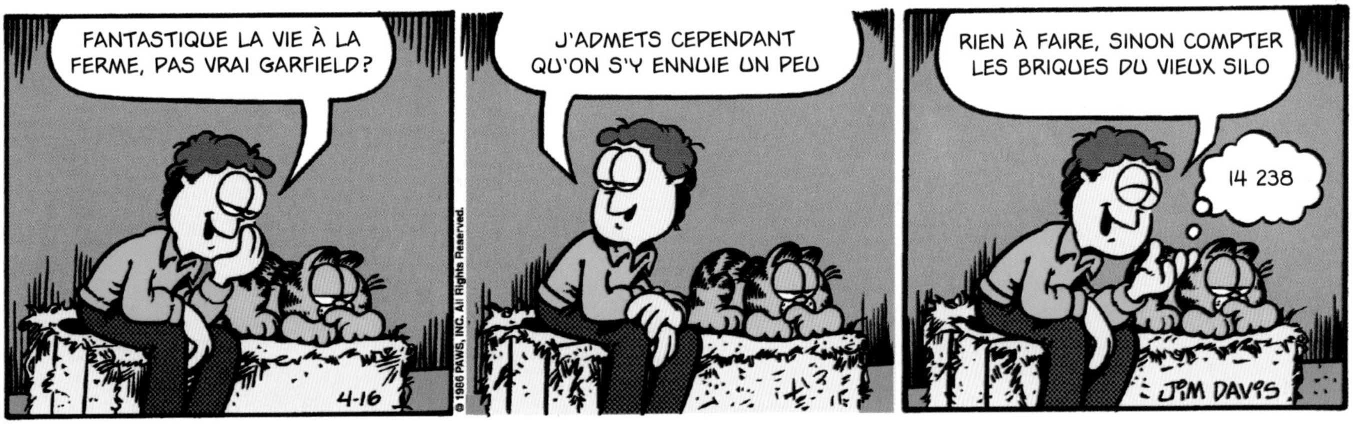
FANTASTIQUE LA VIE À LA FERME, PAS VRAI GARFIELD?
J'ADMETS CEPENDANT QU'ON S'Y ENNUIE UN PEU
RIEN À FAIRE, SINON COMPTER LES BRIQUES DU VIEUX SILO
14 238
4-16
JIM DAVIS
© 1986 PAWS, INC. All Rights Reserved.

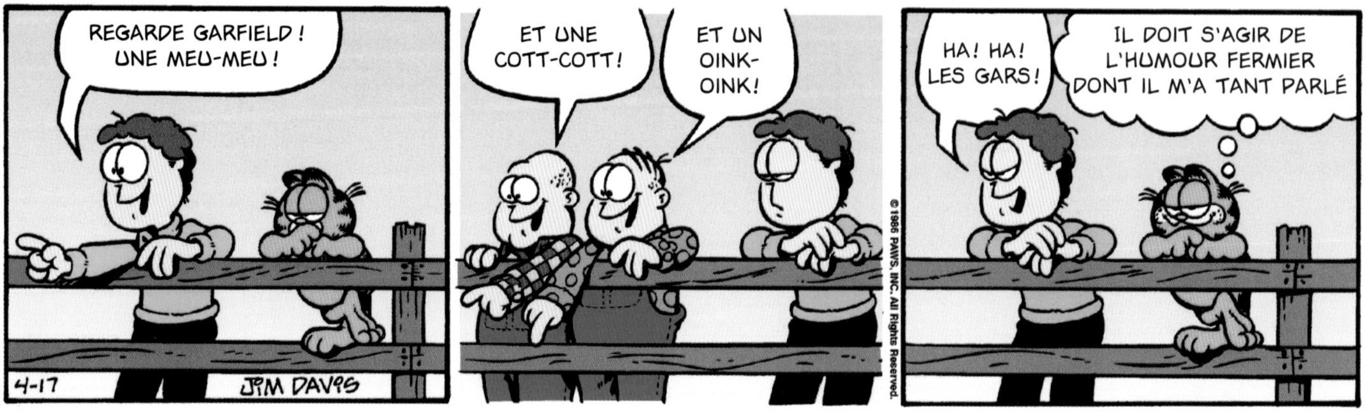
REGARDE GARFIELD ! UNE MEU-MEU !
4-17
JIM DAVIS
ET UNE COTT-COTT !
ET UN OINK-OINK !
© 1986 PAWS, INC. All Rights Reserved.
HA ! HA ! LES GARS !
IL DOIT S'AGIR DE L'HUMOUR FERMIER DONT IL M'A TANT PARLÉ

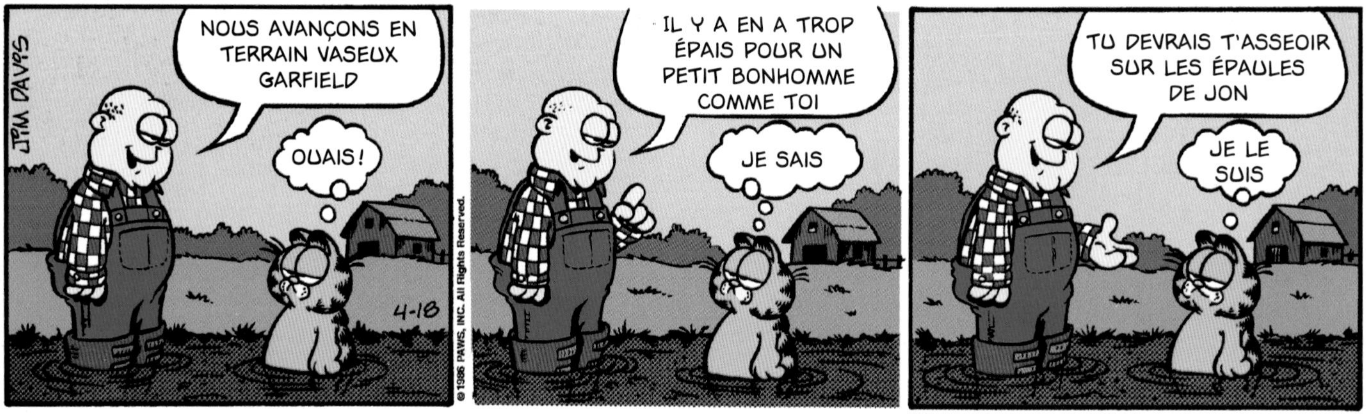
JIM DAVIS
NOUS AVANÇONS EN TERRAIN VASEUX GARFIELD
OUAIS !
4-18
© 1986 PAWS, INC. All Rights Reserved.
IL Y A EN A TROP ÉPAIS POUR UN PETIT BONHOMME COMME TOI
JE SAIS
TU DEVRAIS T'ASSEOIR SUR LES ÉPAULES DE JON
JE LE SUIS

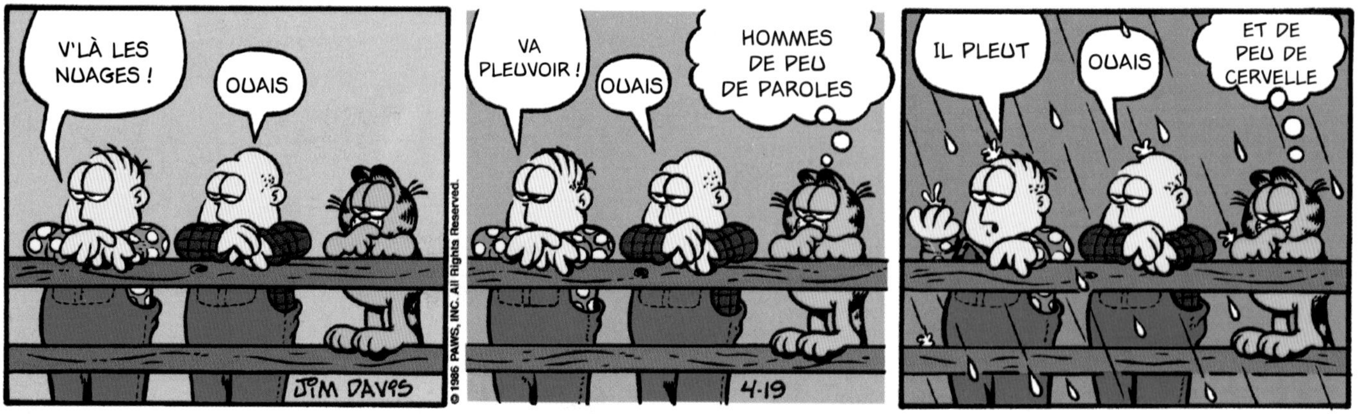
V'LÀ LES NUAGES !
OUAIS
JIM DAVIS
© 1986 PAWS, INC. All Rights Reserved.
VA PLEUVOIR !
OUAIS
HOMMES DE PEU DE PAROLES
4-19
IL PLEUT
OUAIS
ET DE PEU DE CERVELLE

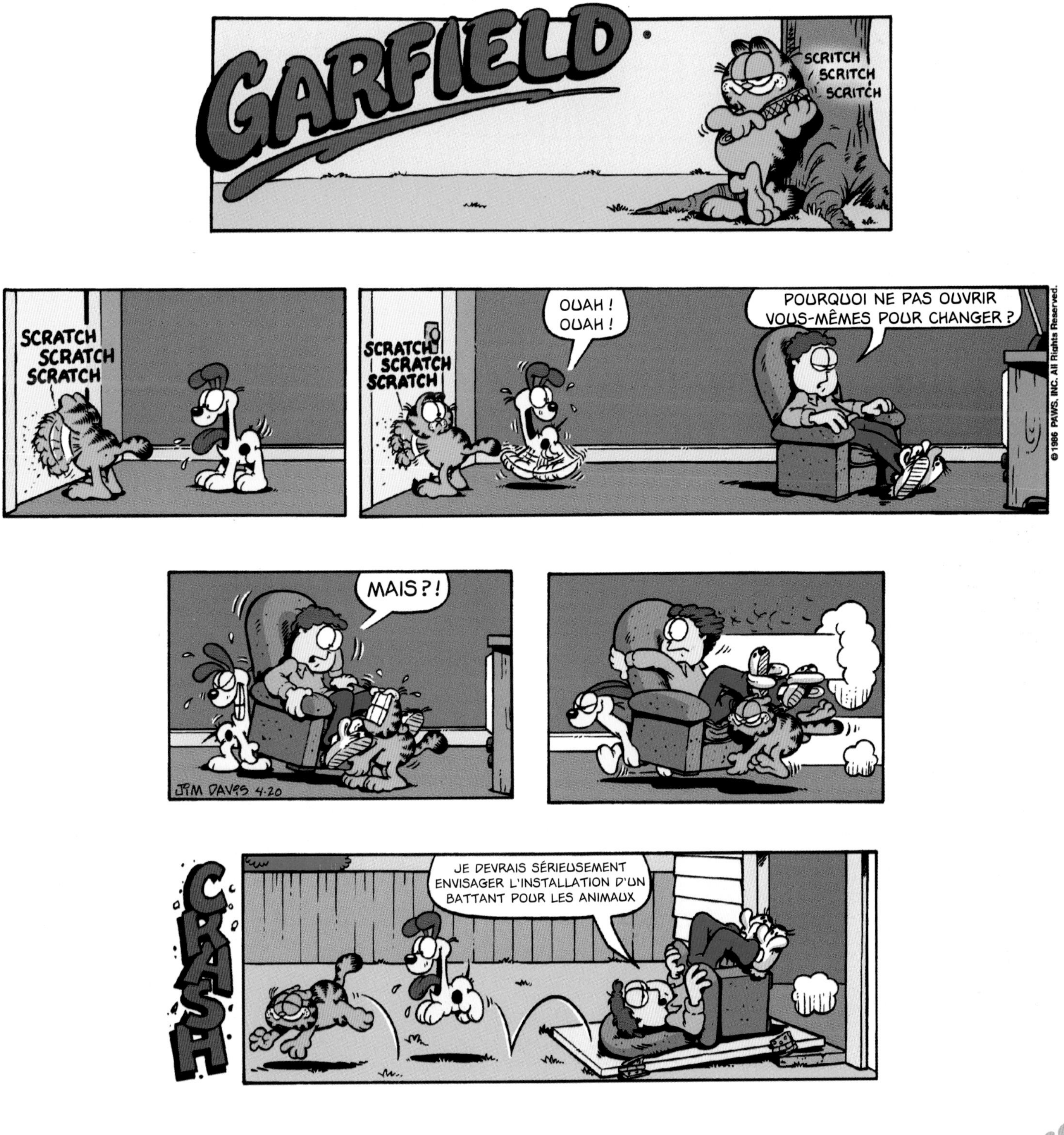
GARFIELD
SCRITCH SCRITCH SCRITCH
SCRATCH SCRATCH SCRATCH
SCRATCH SCRATCH SCRATCH
OUAH ! OUAH !
POURQUOI NE PAS OUVRIR VOUS-MÊMES POUR CHANGER ?
© 1986 PAWS, INC. All Rights Reserved.
MAIS ? !
JIM DAVIS 4-20
CRASH
JE DEVRAIS SÉRIEUSEMENT ENVISAGER L'INSTALLATION D'UN BATTANT POUR LES ANIMAUX

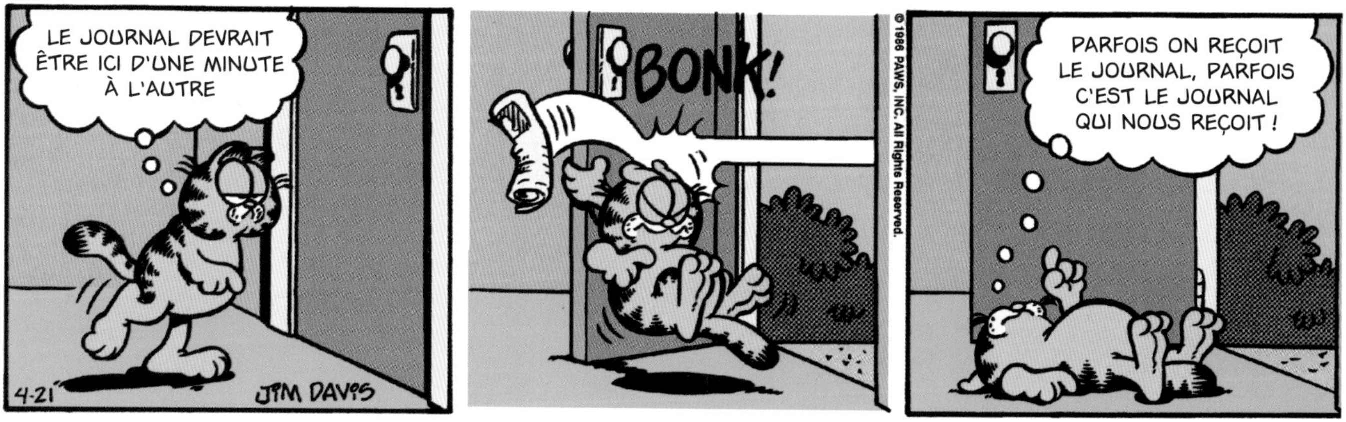
LE JOURNAL DEVRAIT ÊTRE ICI D'UNE MINUTE À L'AUTRE
4-21
JIM DAVIS
BONK!
© 1986 PAWS, INC. All Rights Reserved.
PARFOIS ON REÇOIT LE JOURNAL, PARFOIS C'EST LE JOURNAL QUI NOUS REÇOIT !

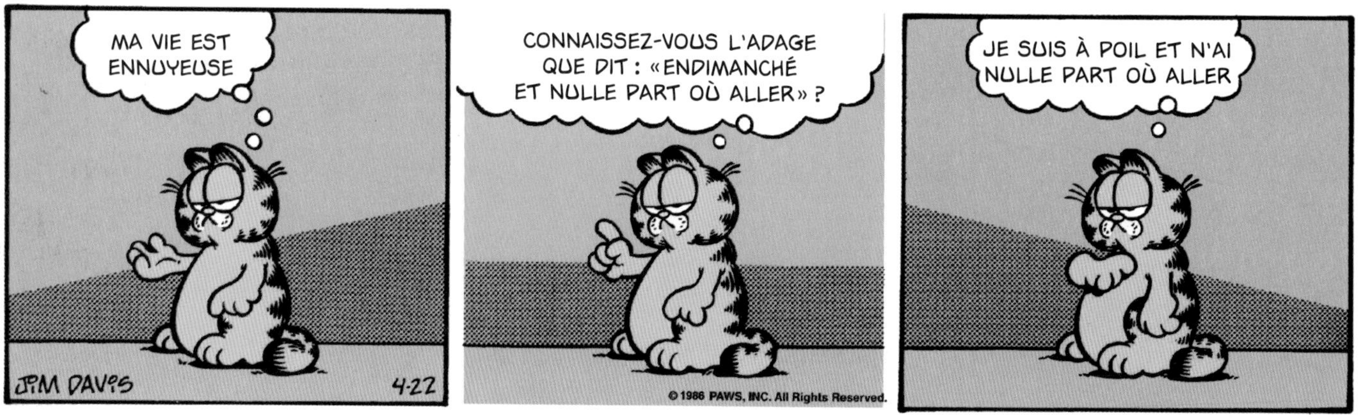
MA VIE EST ENNUYEUSE
JIM DAVIS
4-22
CONNAISSEZ-VOUS L'ADAGE QUE DIT : «ENDIMANCHÉ ET NULLE PART OÙ ALLER» ?
© 1986 PAWS, INC. All Rights Reserved.
JE SUIS À POIL ET N'AI NULLE PART OÙ ALLER

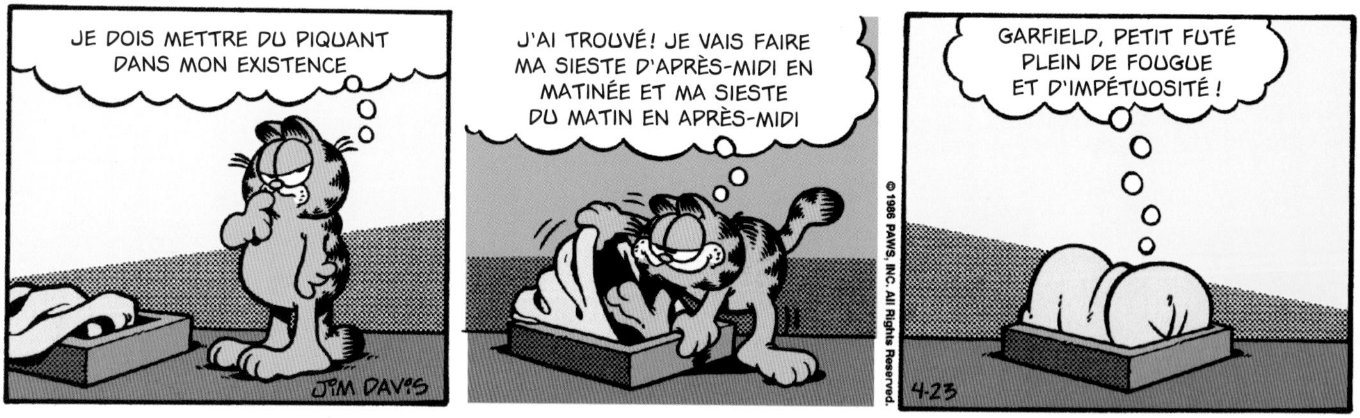
JE DOIS METTRE DU PIQUANT DANS MON EXISTENCE
JIM DAVIS
J'AI TROUVÉ! JE VAIS FAIRE MA SIESTE D'APRÈS-MIDI EN MATINÉE ET MA SIESTE DU MATIN EN APRÈS-MIDI
© 1986 PAWS, INC. All Rights Reserved.
GARFIELD, PETIT FUTÉ PLEIN DE FOUGUE ET D'IMPÉTUOSITÉ !
4-23

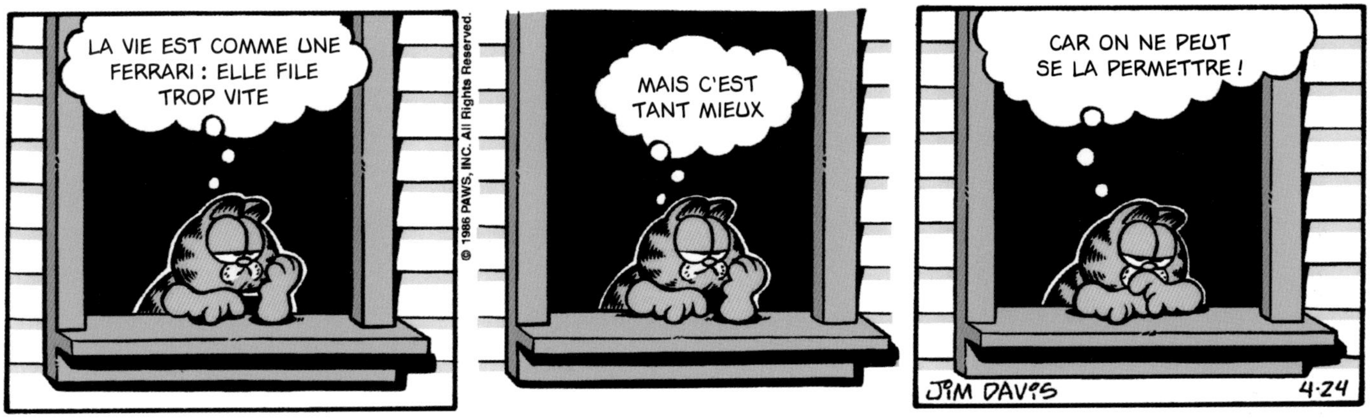
LA VIE EST COMME UNE FERRARI : ELLE FILE TROP VITE
© 1986 PAWS, INC. All Rights Reserved.
MAIS C'EST TANT MIEUX
CAR ON NE PEUT SE LA PERMETTRE !
JIM DAVIS
4·24

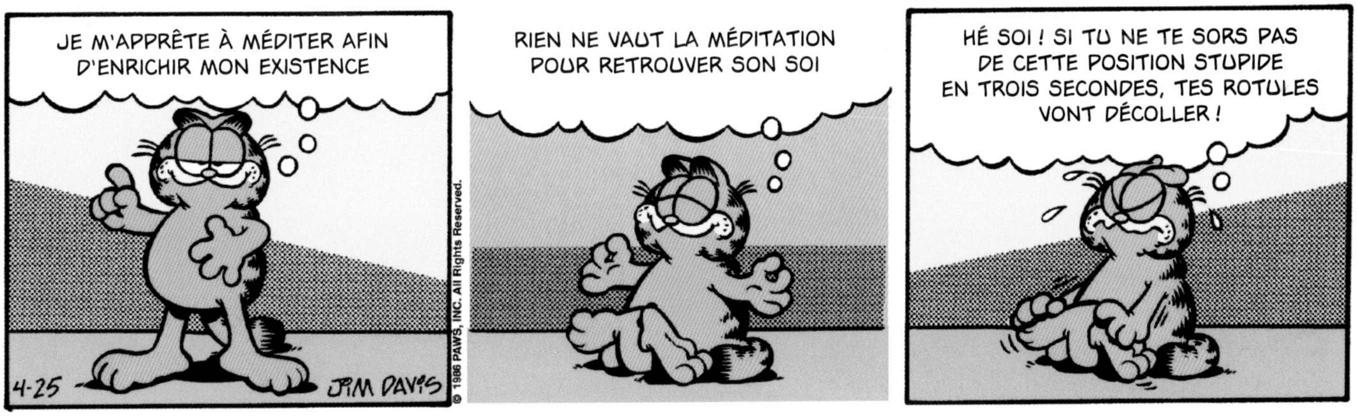
JE M'APPRÊTE À MÉDITER AFIN D'ENRICHIR MON EXISTENCE
4-25
JIM DAVIS
© 1986 PAWS, INC. All Rights Reserved.
RIEN NE VAUT LA MÉDITATION POUR RETROUVER SON SOI
HÉ SOI ! SI TU NE TE SORS PAS DE CETTE POSITION STUPIDE EN TROIS SECONDES, TES ROTULES VONT DÉCOLLER !

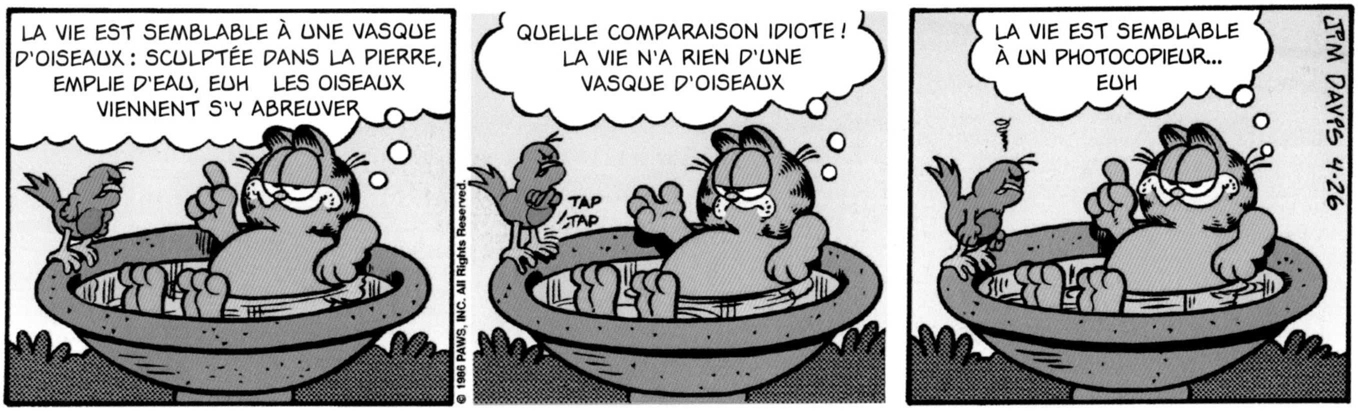
LA VIE EST SEMBLABLE À UNE VASQUE D'OISEAUX : SCULPTÉE DANS LA PIERRE, EMPLIE D'EAU, EUH LES OISEAUX VIENNENT S'Y ABREUVER
© 1986 PAWS, INC. All Rights Reserved.
QUELLE COMPARAISON IDIOTE ! LA VIE N'A RIEN D'UNE VASQUE D'OISEAUX
TAP TAP
LA VIE EST SEMBLABLE À UN PHOTOCOPIEUR... EUH
JIM DAVIS 4-26

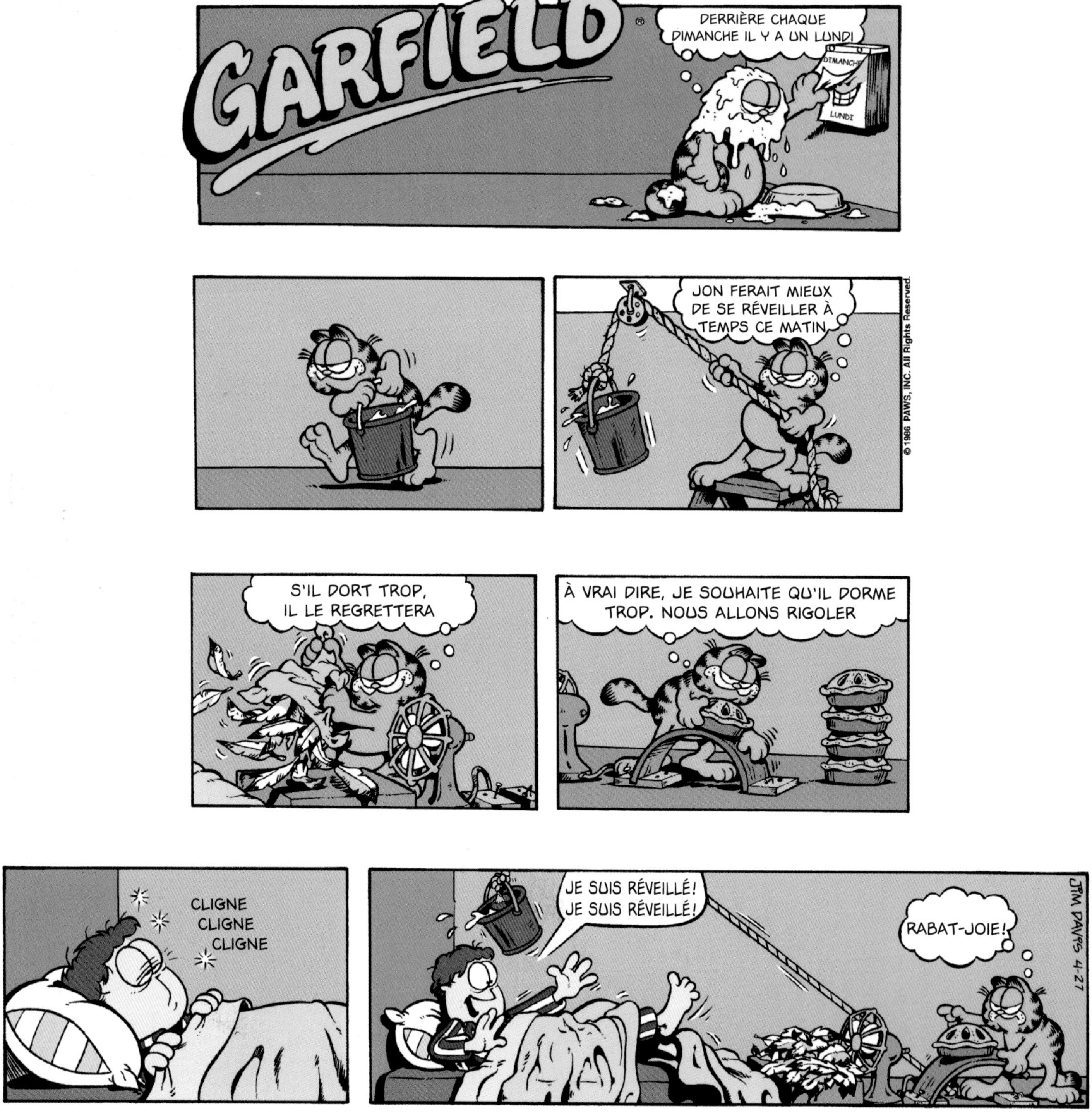
GARFIELD
DERRIÈRE CHAQUE DIMANCHE IL Y A UN LUNDI
DIMANCHE
LUNDI
JON FERAIT MIEUX DE SE RÉVEILLER À TEMPS CE MATIN
© 1986 PAWS, INC. All Rights Reserved.
S'IL DORT TROP, IL LE REGRETTERA
À VRAI DIRE, JE SOUHAITE QU'IL DORME TROP. NOUS ALLONS RIGOLER
CLIGNE
CLIGNE
CLIGNE
JE SUIS RÉVEILLÉ! JE SUIS RÉVEILLÉ!
RABAT-JOIE!
JIM DAVIS 4-27

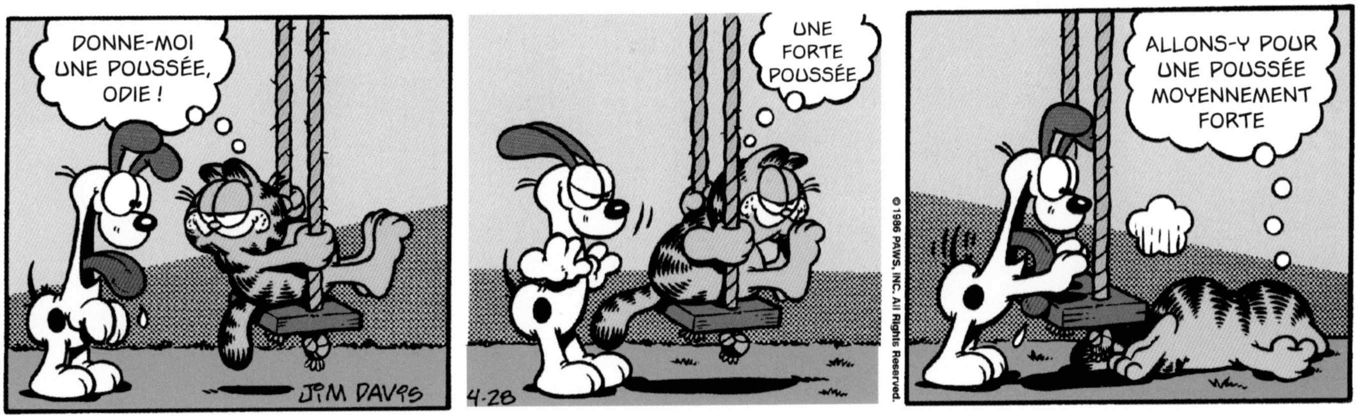
DONNE-MOI UNE POUSSÉE, ODIE !
UNE FORTE POUSSÉE
ALLONS-Y POUR UNE POUSSÉE MOYENNEMENT FORTE
JIM DAVIS
4-28
© 1986 PAWS, INC. All Rights Reserved.

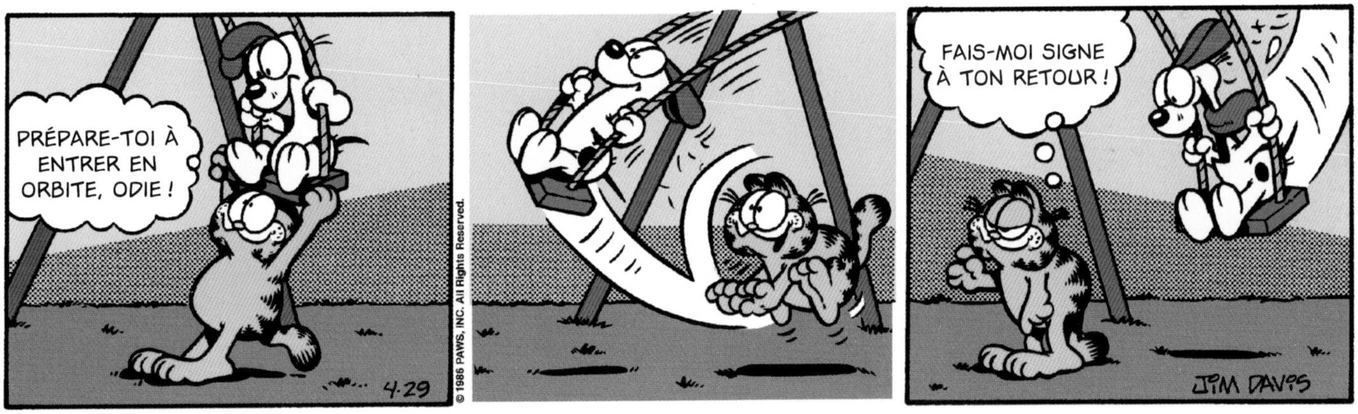
PRÉPARE-TOI À ENTRER EN ORBITE, ODIE !
4-29
© 1986 PAWS, INC. All Rights Reserved.
FAIS-MOI SIGNE À TON RETOUR !
JIM DAVIS

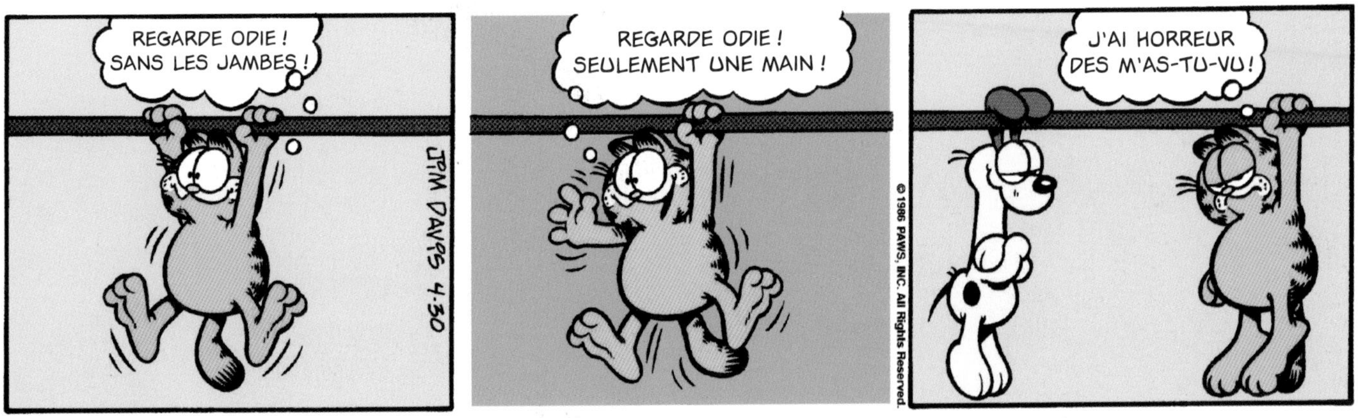
REGARDE ODIE ! SANS LES JAMBES !
JIM DAVIS 4-30
REGARDE ODIE ! SEULEMENT UNE MAIN !
© 1986 PAWS, INC. All Rights Reserved.
J'AI HORREUR DES M'AS-TU-VU !

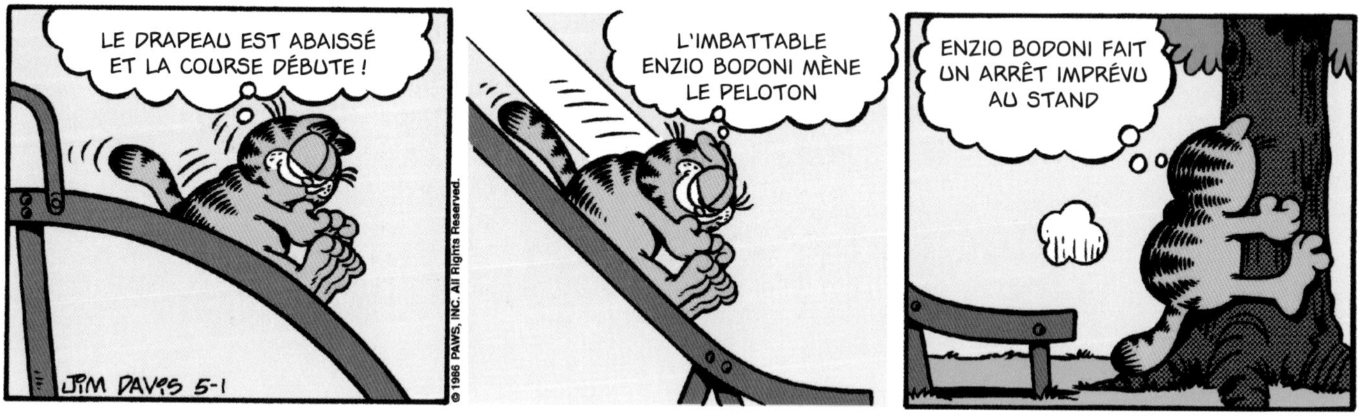
LE DRAPEAU EST ABAISSÉ ET LA COURSE DÉBUTE !
JIM DAVIS 5-1
L'IMBATTABLE ENZIO BODONI MÈNE LE PELOTON
© 1986 PAWS, INC. All Rights Reserved.
ENZIO BODONI FAIT UN ARRÊT IMPRÉVU AU STAND

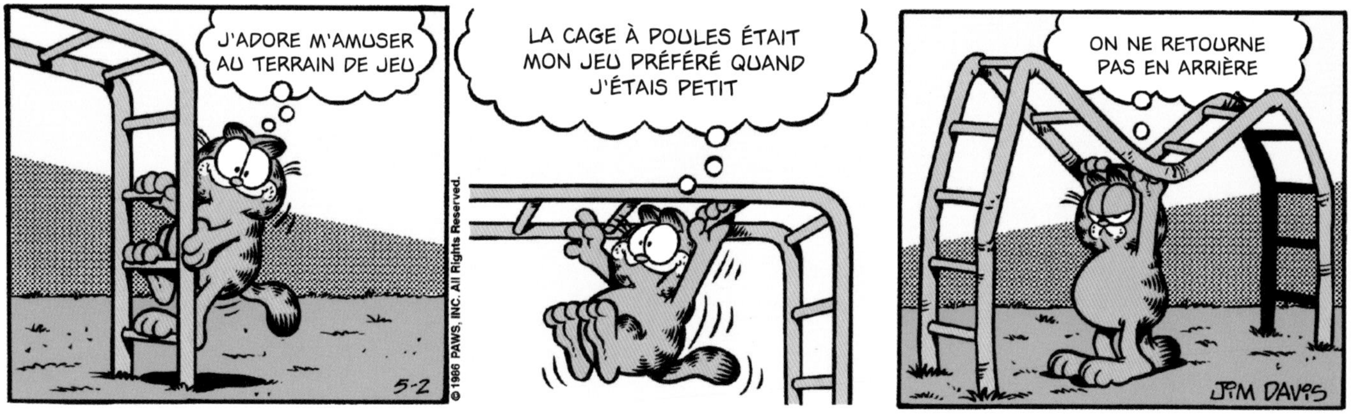
J'ADORE M'AMUSER AU TERRAIN DE JEU
5-2
© 1986 PAWS, INC. All Rights Reserved.
LA CAGE À POULES ÉTAIT MON JEU PRÉFÉRÉ QUAND J'ÉTAIS PETIT
ON NE RETOURNE PAS EN ARRIÈRE
JIM DAVIS

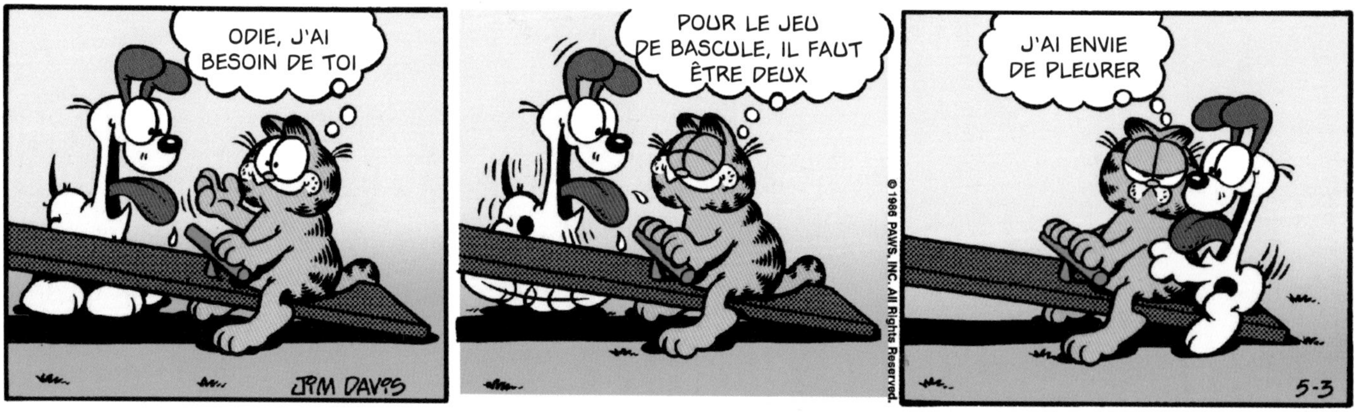
ODIE, J'AI BESOIN DE TOI
JIM DAVIS
POUR LE JEU DE BASCULE, IL FAUT ÊTRE DEUX
© 1986 PAWS, INC. All Rights Reserved.
J'AI ENVIE DE PLEURER
5-3

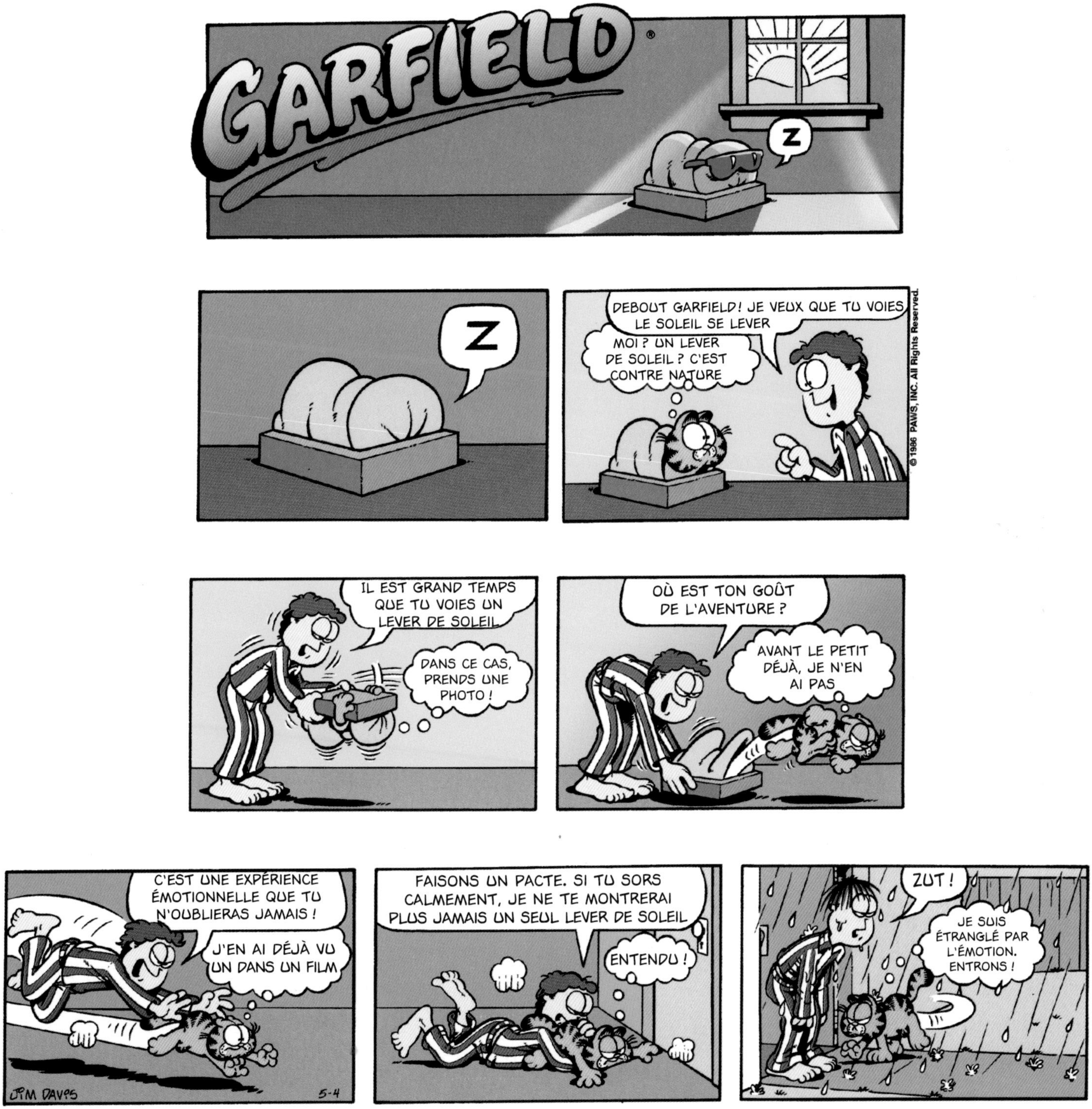
GARFIELD®
Z
Z
DEBOUT GARFIELD! JE VEUX QUE TU VOIES LE SOLEIL SE LEVER
MOI ? UN LEVER DE SOLEIL ? C'EST CONTRE NATURE
© 1986 PAWS, INC. All Rights Reserved.
IL EST GRAND TEMPS QUE TU VOIES UN LEVER DE SOLEIL
DANS CE CAS, PRENDS UNE PHOTO !
OÙ EST TON GOÛT DE L'AVENTURE ?
AVANT LE PETIT DÉJÀ, JE N'EN AI PAS
C'EST UNE EXPÉRIENCE ÉMOTIONNELLE QUE TU N'OUBLIERAS JAMAIS !
J'EN AI DÉJÀ VU UN DANS UN FILM
JIM DAVIS 5-4
FAISONS UN PACTE. SI TU SORS CALMEMENT, JE NE TE MONTRERAI PLUS JAMAIS UN SEUL LEVER DE SOLEIL
ENTENDU !
ZUT !
JE SUIS ÉTRANGLÉ PAR L'ÉMOTION. ENTRONS !

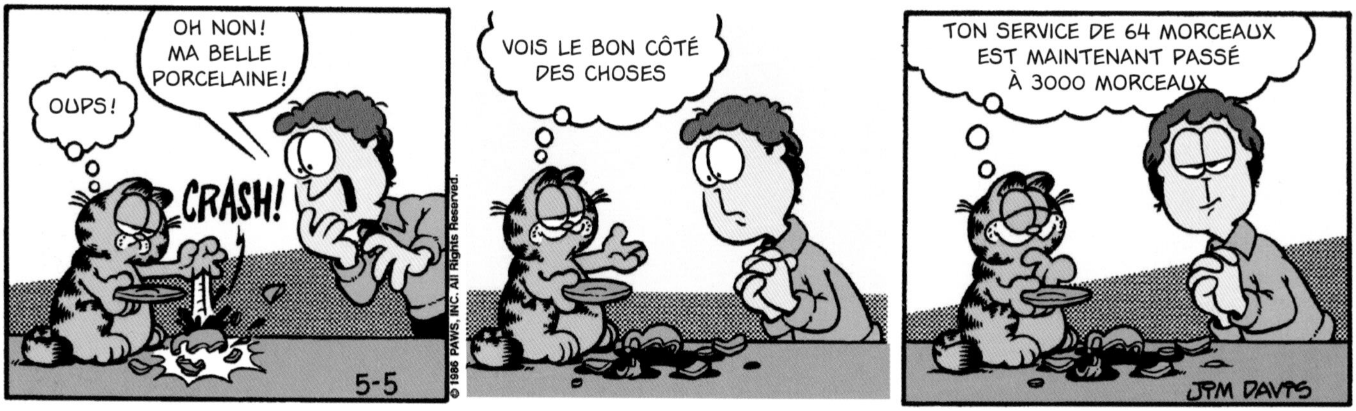
OUPS!
OH NON! MA BELLE PORCELAINE!
CRASH!
5-5
© 1986 PAWS, INC. All Rights Reserved.
VOIS LE BON CÔTÉ DES CHOSES
TON SERVICE DE 64 MORCEAUX EST MAINTENANT PASSÉ À 3000 MORCEAUX
JIM DAVIS

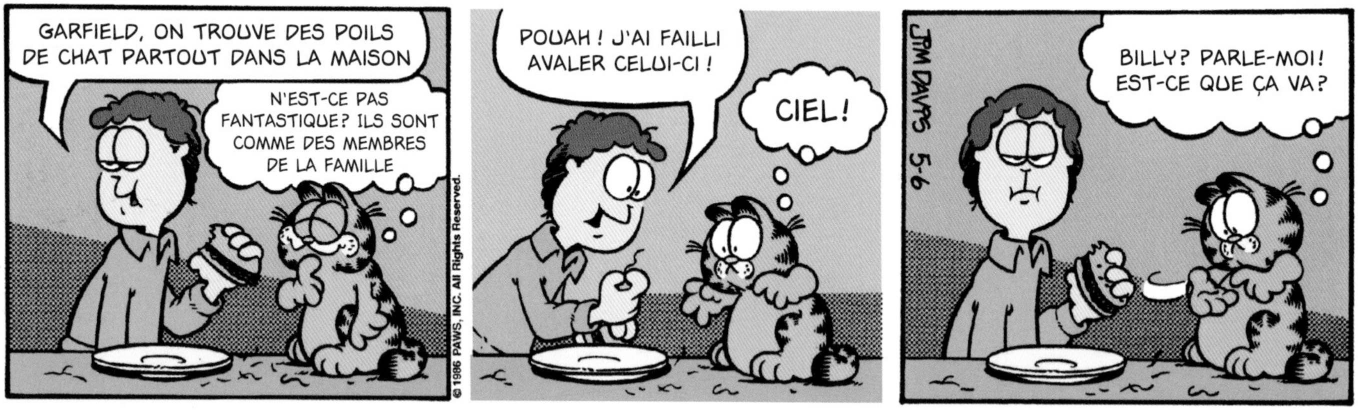
GARFIELD, ON TROUVE DES POILS DE CHAT PARTOUT DANS LA MAISON
N'EST-CE PAS FANTASTIQUE? ILS SONT COMME DES MEMBRES DE LA FAMILLE
© 1986 PAWS, INC. All Rights Reserved.
POUAH ! J'AI FAILLI AVALER CELUI-CI !
CIEL!
JIM DAVIS 5-6
BILLY? PARLE-MOI! EST-CE QUE ÇA VA?

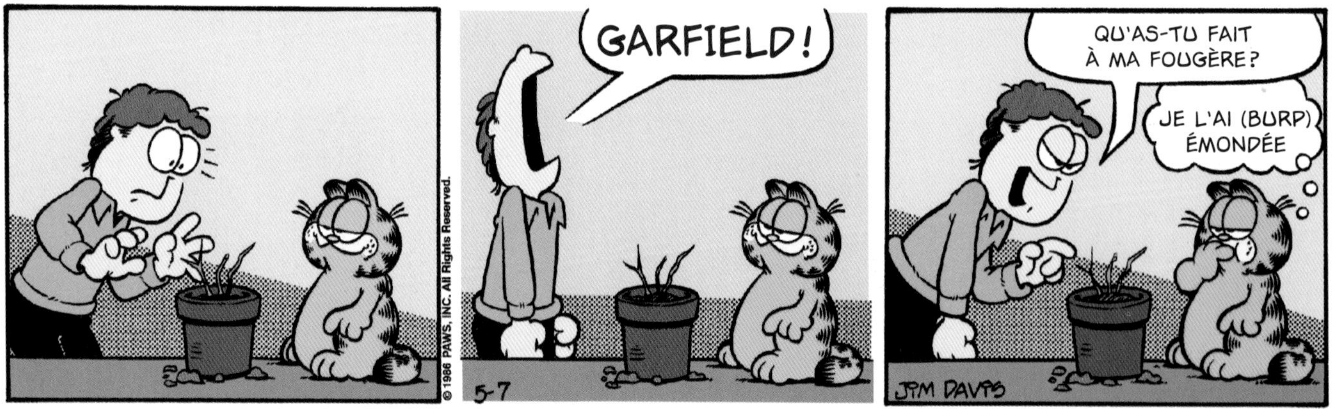
© 1986 PAWS, INC. All Rights Reserved.
GARFIELD!
5-7
QU'AS-TU FAIT À MA FOUGÈRE?
JE L'AI (BURP) ÉMONDÉE
JIM DAVIS

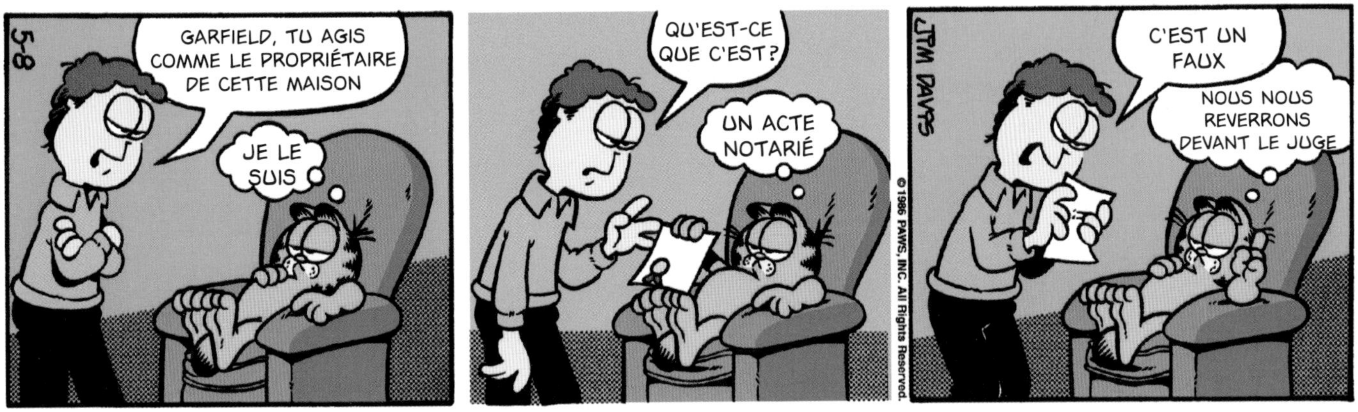
5-8
GARFIELD, TU AGIS COMME LE PROPRIÉTAIRE DE CETTE MAISON
JE LE SUIS
QU'EST-CE QUE C'EST?
UN ACTE NOTARIÉ
JIM DAVIS
© 1986 PAWS, INC. All Rights Reserved.
C'EST UN FAUX
NOUS NOUS REVERRONS DEVANT LE JUGE

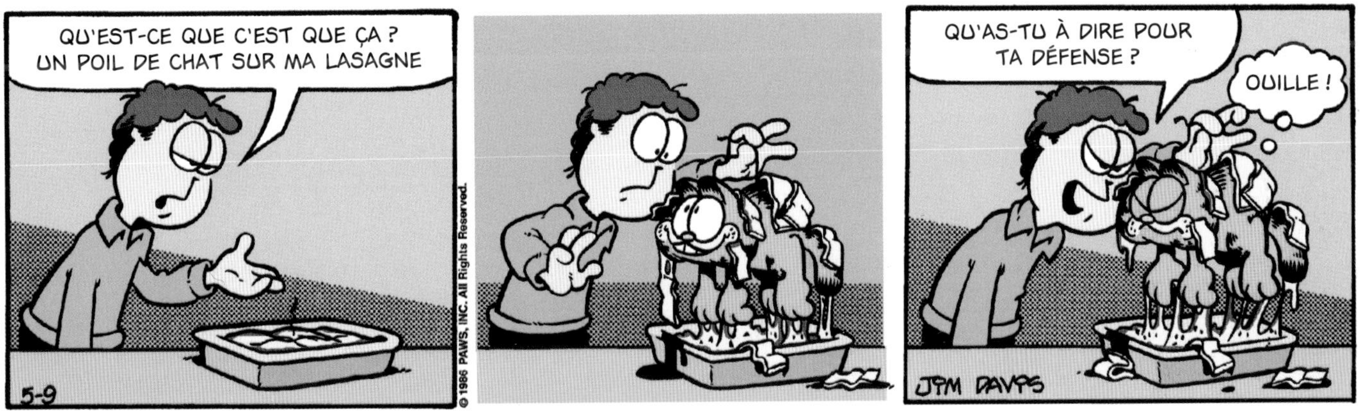
QU'EST-CE QUE C'EST QUE ÇA ? UN POIL DE CHAT SUR MA LASAGNE
5-9
© 1986 PAWS, INC. All Rights Reserved.
QU'AS-TU À DIRE POUR TA DÉFENSE ?
OUILLE !
JIM DAVIS

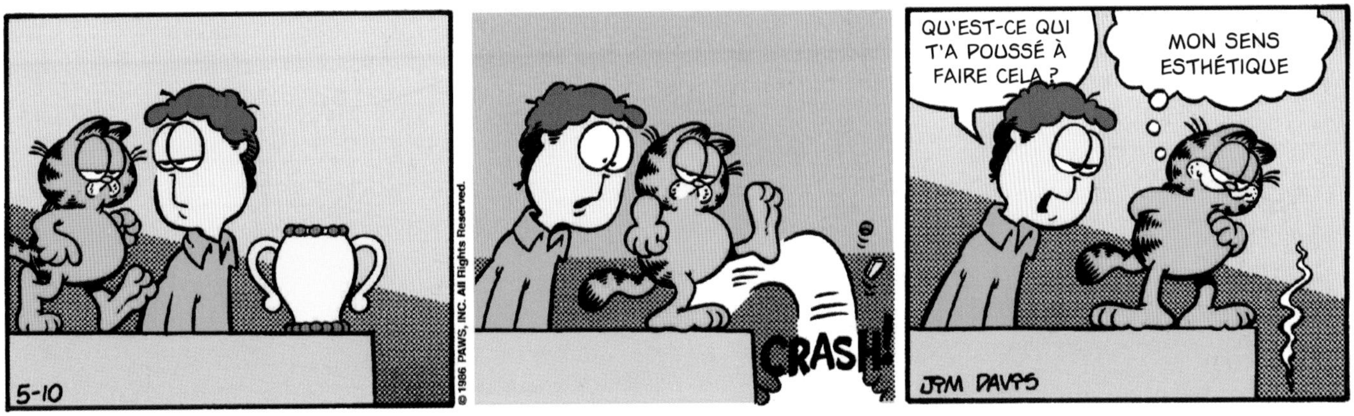
5-10
© 1986 PAWS, INC. All Rights Reserved.
CRASH!
QU'EST-CE QUI T'A POUSSÉ À FAIRE CELA ?
MON SENS ESTHÉTIQUE
JIM DAVIS

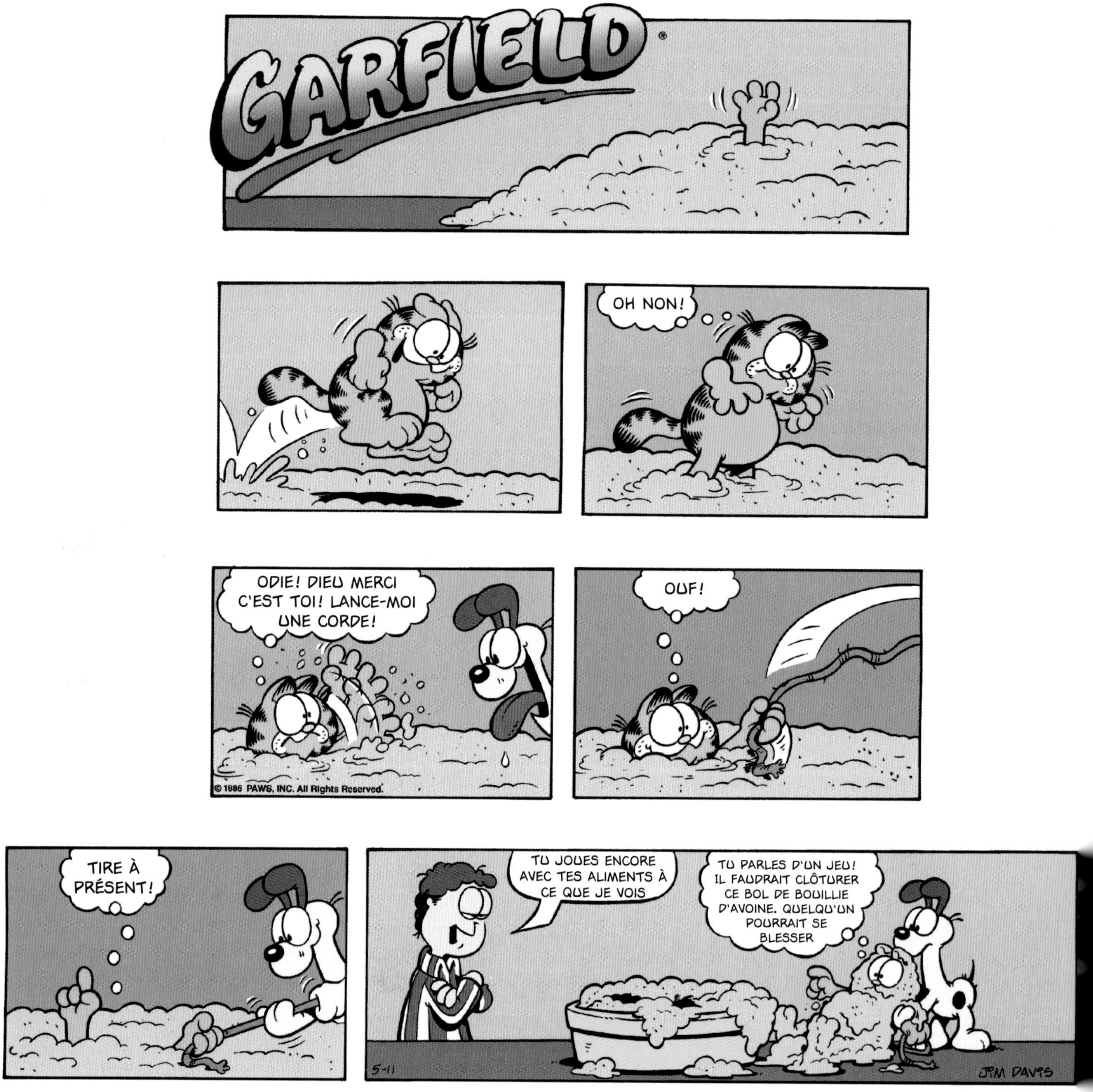
GARFIELD
OH NON!
ODIE! DIEU MERCI C'EST TOI! LANCE-MOI UNE CORDE!
© 1986 PAWS, INC. All Rights Reserved.
OUF!
TIRE À PRÉSENT!
TU JOUES ENCORE AVEC TES ALIMENTS À CE QUE JE VOIS
TU PARLES D'UN JEU! IL FAUDRAIT CLÔTURER CE BOL DE BOUILLIE D'AVOINE. QUELQU'UN POURRAIT SE BLESSER
5-11
JIM DAVIS

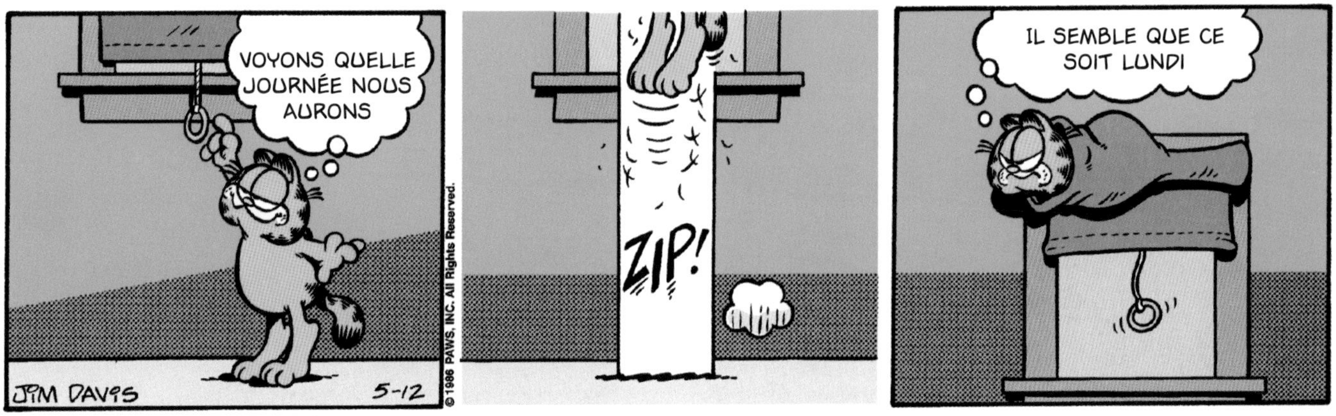
VOYONS QUELLE JOURNÉE NOUS AURONS
JIM DAVIS 5-12
© 1986 PAWS, INC. All Rights Reserved.
ZIP!
IL SEMBLE QUE CE SOIT LUNDI

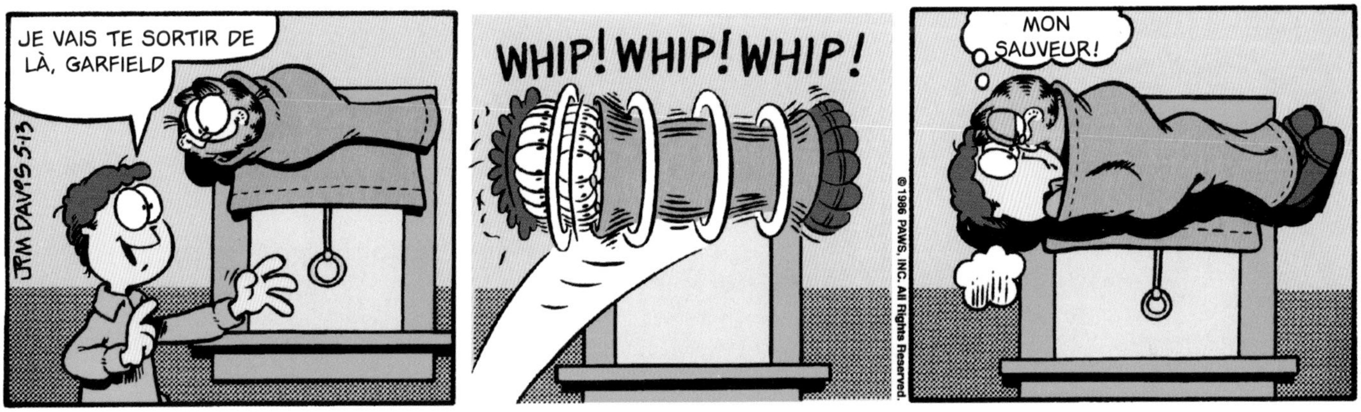
JE VAIS TE SORTIR DE LÀ, GARFIELD
JIM DAVIS 5-13
WHIP! WHIP! WHIP!
© 1986 PAWS, INC. All Rights Reserved.
MON SAUVEUR!

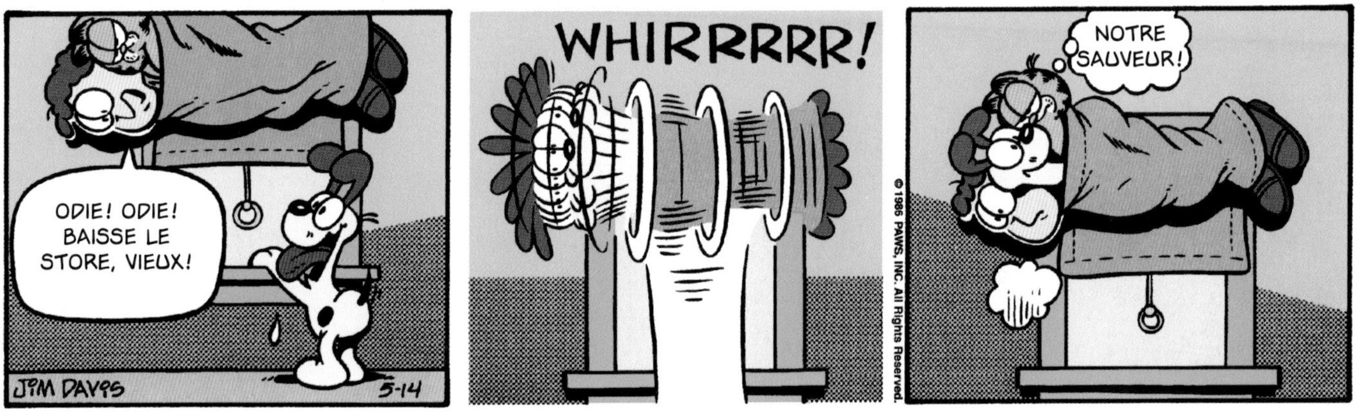
ODIE! ODIE! BAISSE LE STORE, VIEUX!
JIM DAVIS 5-14
WHIRRRRR!
© 1986 PAWS, INC. All Rights Reserved.
NOTRE SAUVEUR!

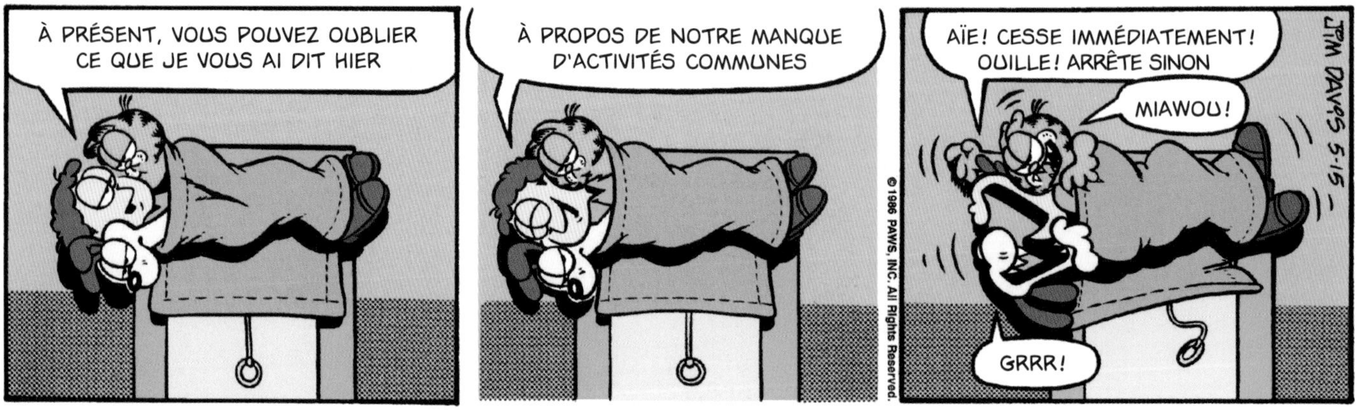
À PRÉSENT, VOUS POUVEZ OUBLIER CE QUE JE VOUS AI DIT HIER
À PROPOS DE NOTRE MANQUE D'ACTIVITÉS COMMUNES
AÏE! CESSE IMMÉDIATEMENT! OUILLE! ARRÊTE SINON
MIAWOU!
GRRR!
JIM DAVIS 5-15
© 1986 PAWS, INC. All Rights Reserved.

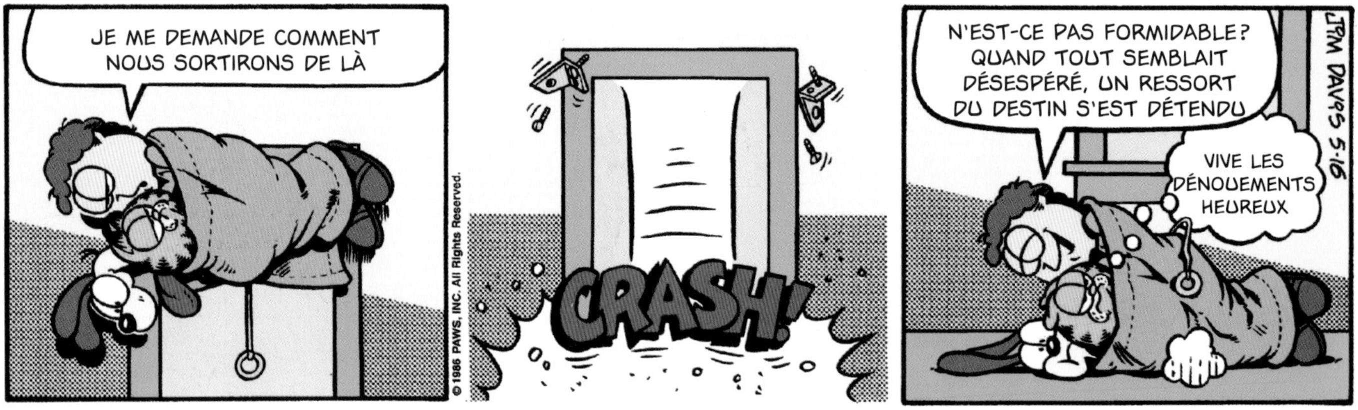
JE ME DEMANDE COMMENT NOUS SORTIRONS DE LÀ
© 1986 PAWS, INC. All Rights Reserved.
CRASH!
N'EST-CE PAS FORMIDABLE? QUAND TOUT SEMBLAIT DÉSESPÉRÉ, UN RESSORT DU DESTIN S'EST DÉTENDU
VIVE LES DÉNOUEMENTS HEUREUX
JIM DAVIS 5-16

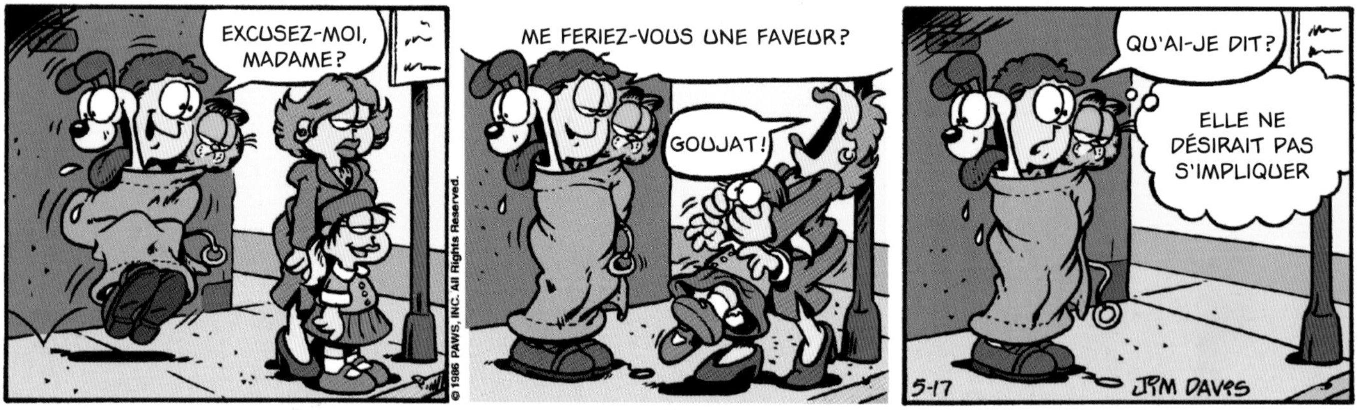
EXCUSEZ-MOI, MADAME?
© 1986 PAWS, INC. All Rights Reserved.
ME FERIEZ-VOUS UNE FAVEUR?
GOUJAT!
QU'AI-JE DIT?
ELLE NE DÉSIRAIT PAS S'IMPLIQUER
5-17
JIM DAVIS

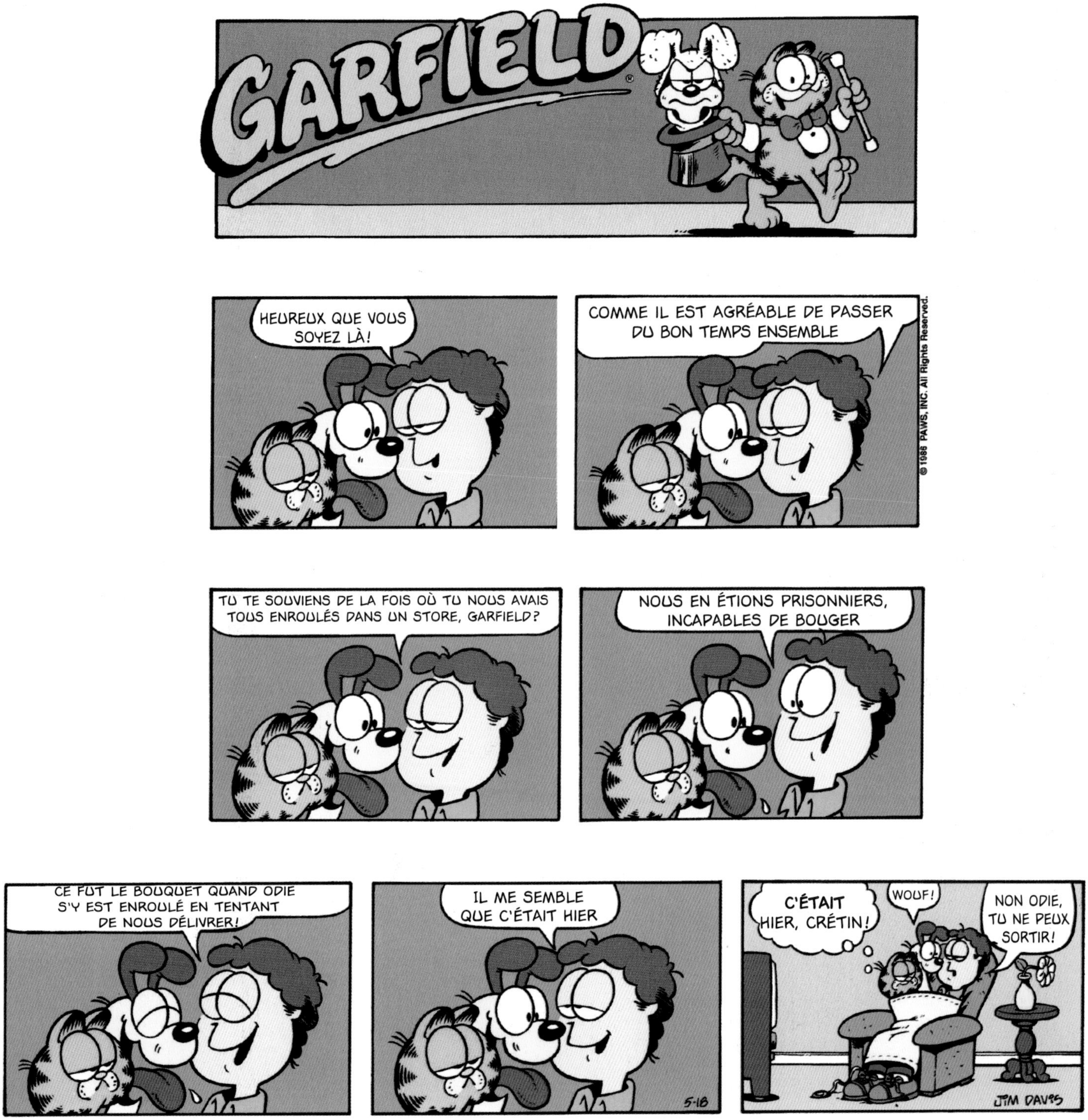
GARFIELD®
HEUREUX QUE VOUS SOYEZ LÀ!
COMME IL EST AGRÉABLE DE PASSER DU BON TEMPS ENSEMBLE
© 1986 PAWS, INC. All Rights Reserved.
TU TE SOUVIENS DE LA FOIS OÙ TU NOUS AVAIS TOUS ENROULÉS DANS UN STORE, GARFIELD?
NOUS EN ÉTIONS PRISONNIERS, INCAPABLES DE BOUGER
CE FUT LE BOUQUET QUAND ODIE S'Y EST ENROULÉ EN TENTANT DE NOUS DÉLIVRER!
IL ME SEMBLE QUE C'ÉTAIT HIER
5-18
C'ÉTAIT HIER, CRÉTIN!
WOUF!
NON ODIE, TU NE PEUX SORTIR!
JIM DAVIS

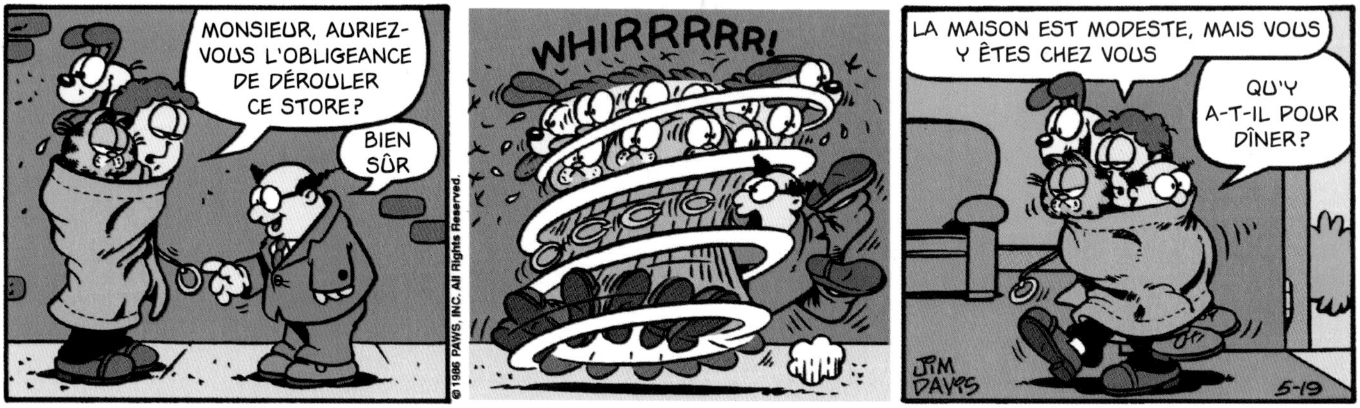
MONSIEUR, AURIEZ-VOUS L'OBLIGEANCE DE DÉROULER CE STORE?
BIEN SÛR
© 1986 PAWS, INC. All Rights Reserved.
WHIRRRRRR!
LA MAISON EST MODESTE, MAIS VOUS Y ÊTES CHEZ VOUS
QU'Y A-T-IL POUR DÎNER?
JIM DAVIS 5-19

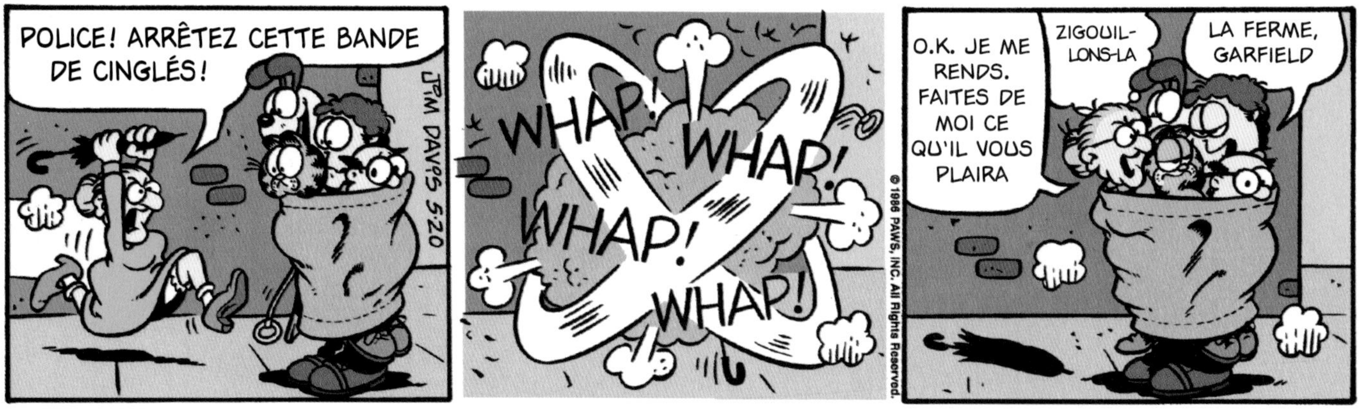
POLICE! ARRÊTEZ CETTE BANDE DE CINGLÉS!
JIM DAVIS 5-20
WHAP! WHAP! WHAP! WHAP!
© 1986 PAWS, INC. All Rights Reserved.
O.K. JE ME RENDS. FAITES DE MOI CE QU'IL VOUS PLAIRA
ZIGOUIL-LONS-LA
LA FERME, GARFIELD

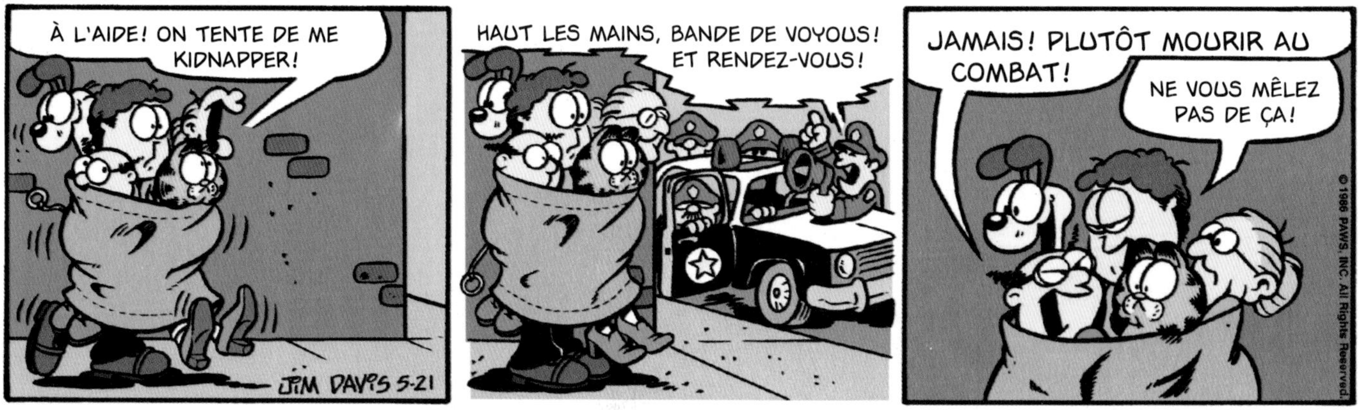
À L'AIDE! ON TENTE DE ME KIDNAPPER!
JIM DAVIS 5-21
HAUT LES MAINS, BANDE DE VOYOUS! ET RENDEZ-VOUS!
JAMAIS! PLUTÔT MOURIR AU COMBAT!
NE VOUS MÊLEZ PAS DE ÇA!
© 1986 PAWS, INC. All Rights Reserved.

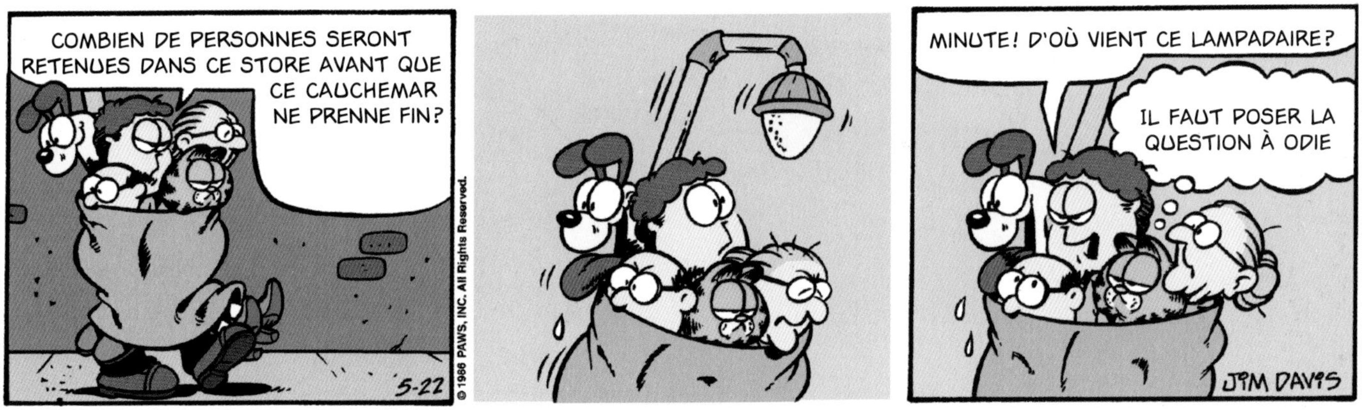
COMBIEN DE PERSONNES SERONT RETENUES DANS CE STORE AVANT QUE CE CAUCHEMAR NE PRENNE FIN?
5-22
© 1986 PAWS, INC. All Rights Reserved.
MINUTE! D'OÙ VIENT CE LAMPADAIRE?
IL FAUT POSER LA QUESTION À ODIE
JIM DAVIS

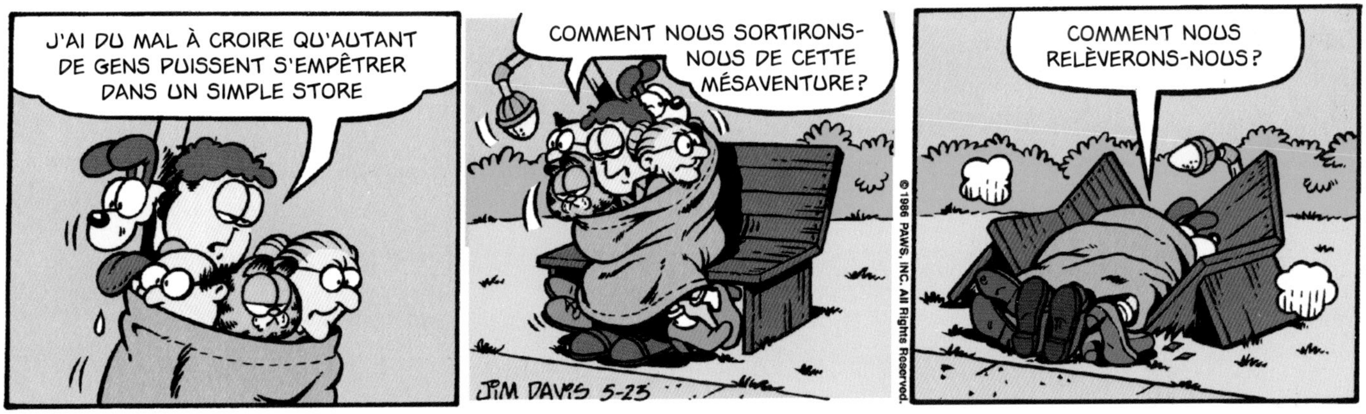
J'AI DU MAL À CROIRE QU'AUTANT DE GENS PUISSENT S'EMPÊTRER DANS UN SIMPLE STORE
COMMENT NOUS SORTIRONS-NOUS DE CETTE MÉSAVENTURE?
JIM DAVIS 5-23
© 1986 PAWS, INC. All Rights Reserved.
COMMENT NOUS RELÈVERONS-NOUS?

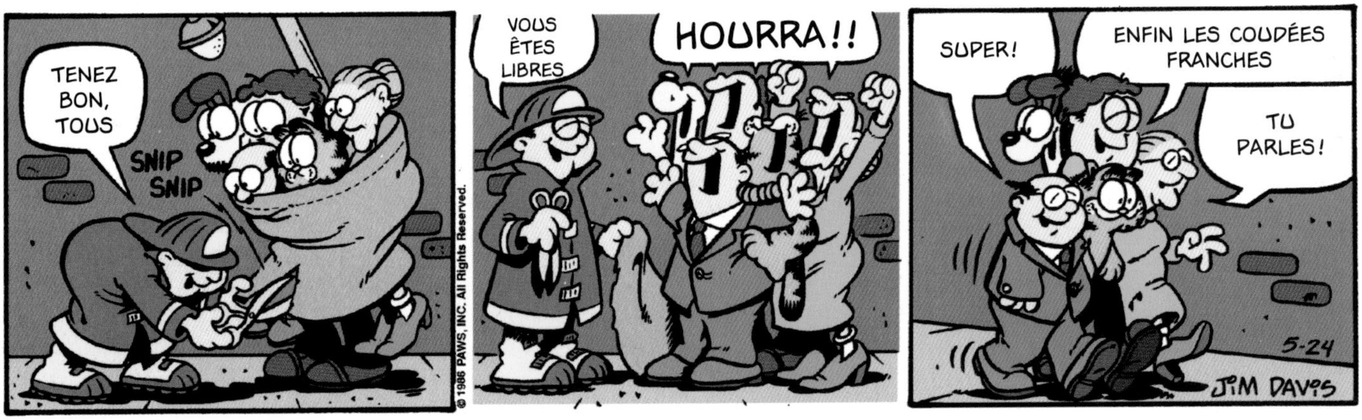
TENEZ BON, TOUS
SNIP SNIP
© 1986 PAWS, INC. All Rights Reserved.
VOUS ÊTES LIBRES
HOURRA!!
SUPER!
ENFIN LES COUDÉES FRANCHES
TU PARLES!
5-24
JIM DAVIS

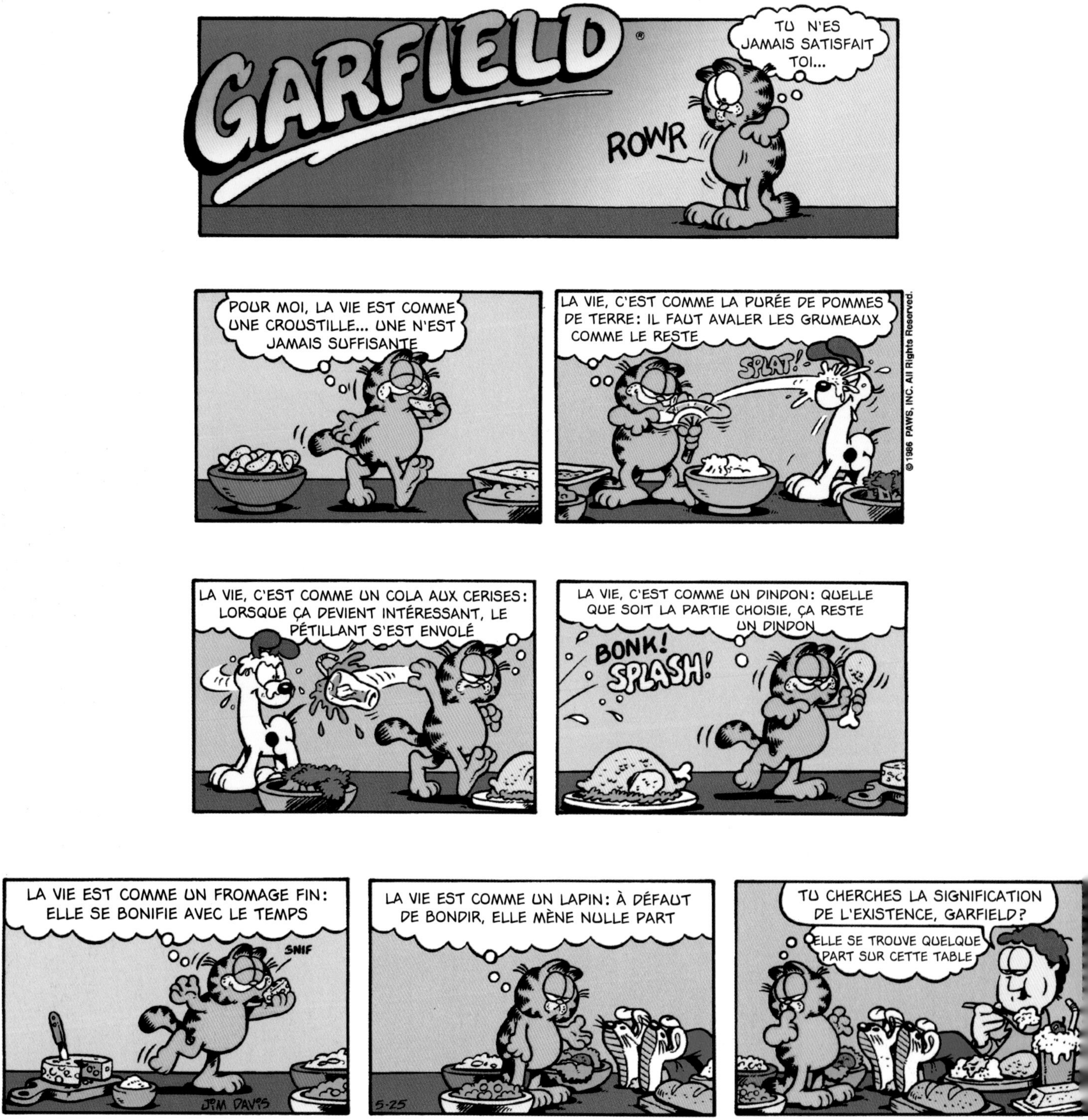
GARFIELD®
TU N'ES JAMAIS SATISFAIT TOI...
ROWR
POUR MOI, LA VIE EST COMME UNE CROUSTILLE... UNE N'EST JAMAIS SUFFISANTE
LA VIE, C'EST COMME LA PURÉE DE POMMES DE TERRE: IL FAUT AVALER LES GRUMEAUX COMME LE RESTE
SPLAT!
© 1986 PAWS, INC. All Rights Reserved.
LA VIE, C'EST COMME UN COLA AUX CERISES: LORSQUE ÇA DEVIENT INTÉRESSANT, LE PÉTILLANT S'EST ENVOLÉ
LA VIE, C'EST COMME UN DINDON: QUELLE QUE SOIT LA PARTIE CHOISIE, ÇA RESTE UN DINDON
BONK!
SPLASH!
LA VIE EST COMME UN FROMAGE FIN: ELLE SE BONIFIE AVEC LE TEMPS
SNIF
JIM DAVIS
LA VIE EST COMME UN LAPIN: À DÉFAUT DE BONDIR, ELLE MÈNE NULLE PART
5-25
TU CHERCHES LA SIGNIFICATION DE L'EXISTENCE, GARFIELD?
ELLE SE TROUVE QUELQUE PART SUR CETTE TABLE

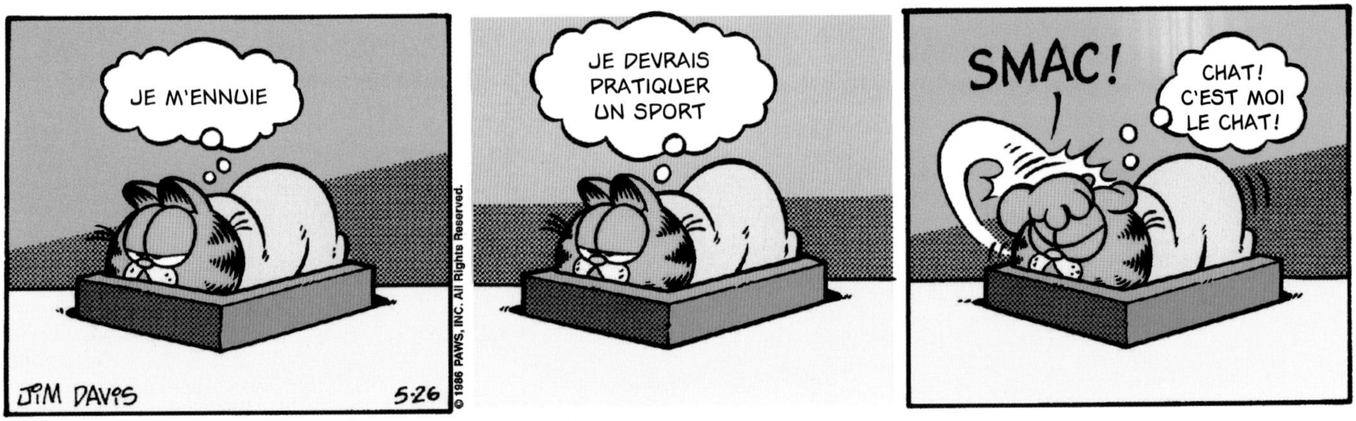
JE M'ENNUIE
JIM DAVIS 5-26
© 1986 PAWS, INC. All Rights Reserved.
JE DEVRAIS PRATIQUER UN SPORT
SMAC!
CHAT! C'EST MOI LE CHAT!

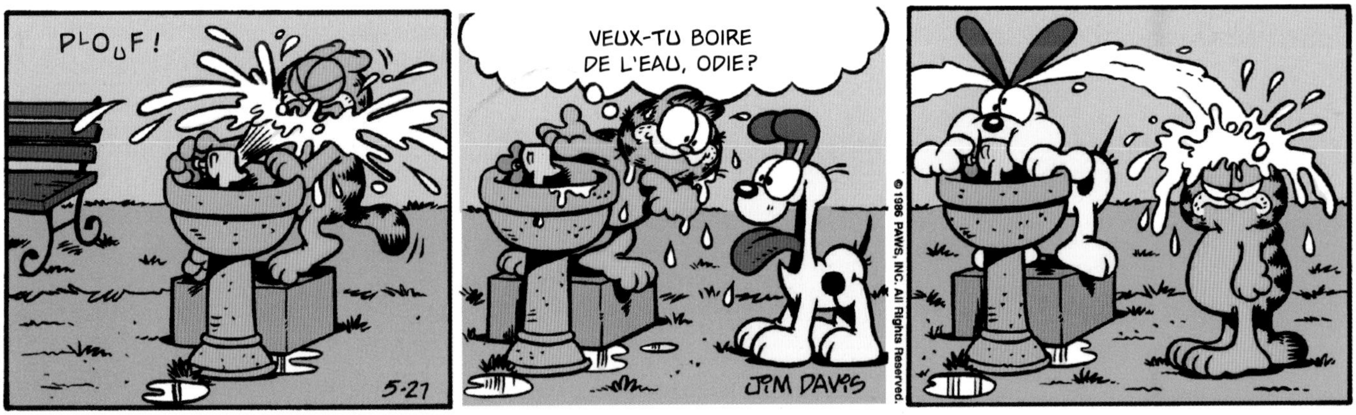
PLOUF!
5-27
VEUX-TU BOIRE DE L'EAU, ODIE?
JIM DAVIS
© 1986 PAWS, INC. All Rights Reserved.

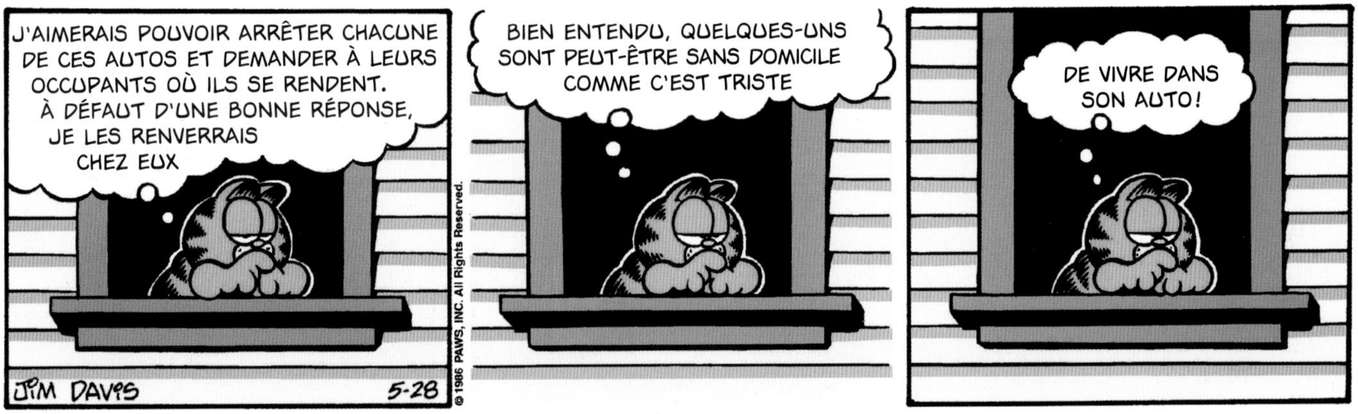
J'AIMERAIS POUVOIR ARRÊTER CHACUNE DE CES AUTOS ET DEMANDER À LEURS OCCUPANTS OÙ ILS SE RENDENT. À DÉFAUT D'UNE BONNE RÉPONSE, JE LES RENVERRAIS CHEZ EUX
JIM DAVIS 5-28
© 1986 PAWS, INC. All Rights Reserved.
BIEN ENTENDU, QUELQUES-UNS SONT PEUT-ÊTRE SANS DOMICILE COMME C'EST TRISTE
DE VIVRE DANS SON AUTO!

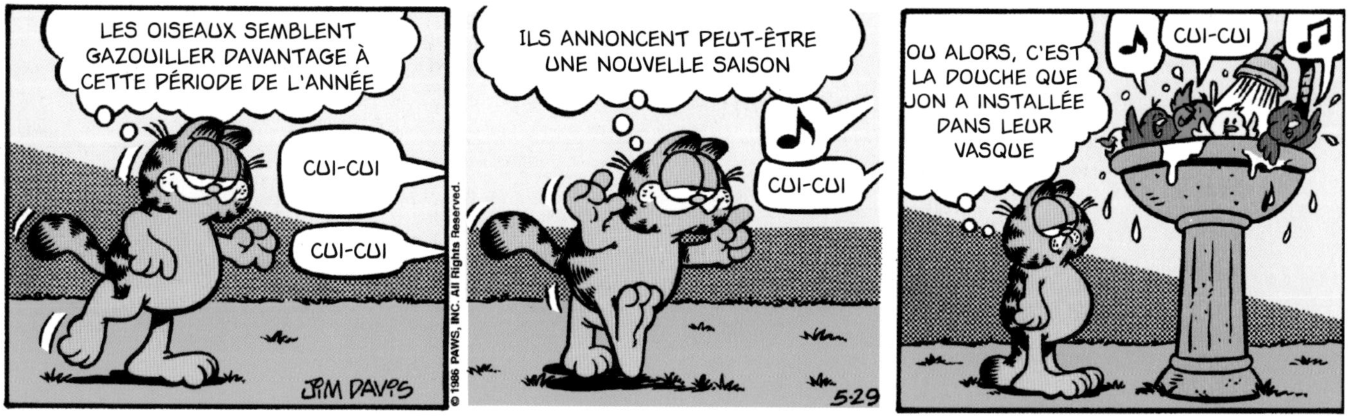
LES OISEAUX SEMBLENT GAZOUILLER DAVANTAGE À CETTE PÉRIODE DE L'ANNÉE
CUI-CUI
CUI-CUI
JIM DAVIS
ILS ANNONCENT PEUT-ÊTRE UNE NOUVELLE SAISON
CUI-CUI
5-29
OU ALORS, C'EST LA DOUCHE QUE JON A INSTALLÉE DANS LEUR VASQUE
CUI-CUI

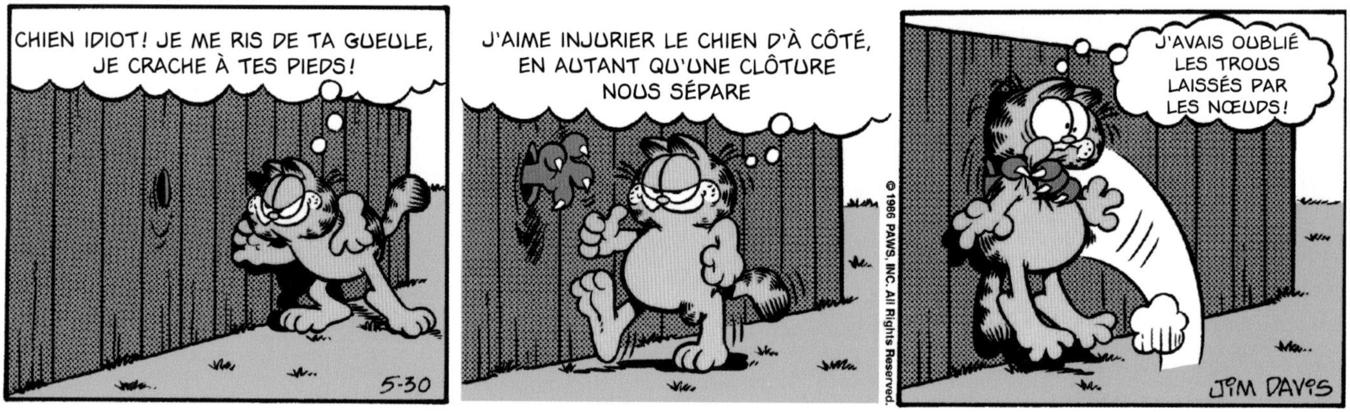
CHIEN IDIOT! JE ME RIS DE TA GUEULE, JE CRACHE À TES PIEDS!
5-30
J'AIME INJURIER LE CHIEN D'À CÔTÉ, EN AUTANT QU'UNE CLÔTURE NOUS SÉPARE
J'AVAIS OUBLIÉ LES TROUS LAISSÉS PAR LES NŒUDS!
JIM DAVIS

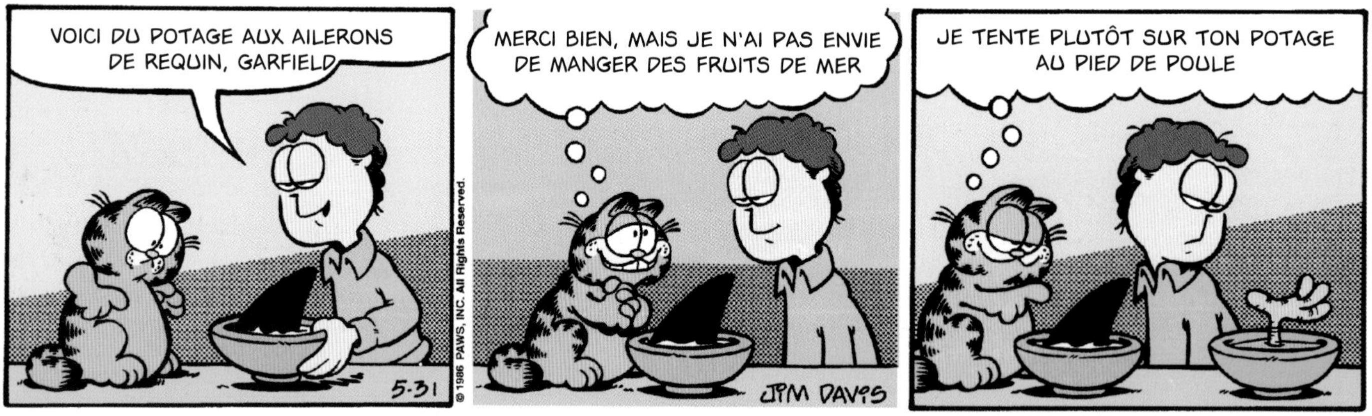
VOICI DU POTAGE AUX AILERONS DE REQUIN, GARFIELD
5-31
MERCI BIEN, MAIS JE N'AI PAS ENVIE DE MANGER DES FRUITS DE MER
JIM DAVIS
JE TENTE PLUTÔT SUR TON POTAGE AU PIED DE POULE

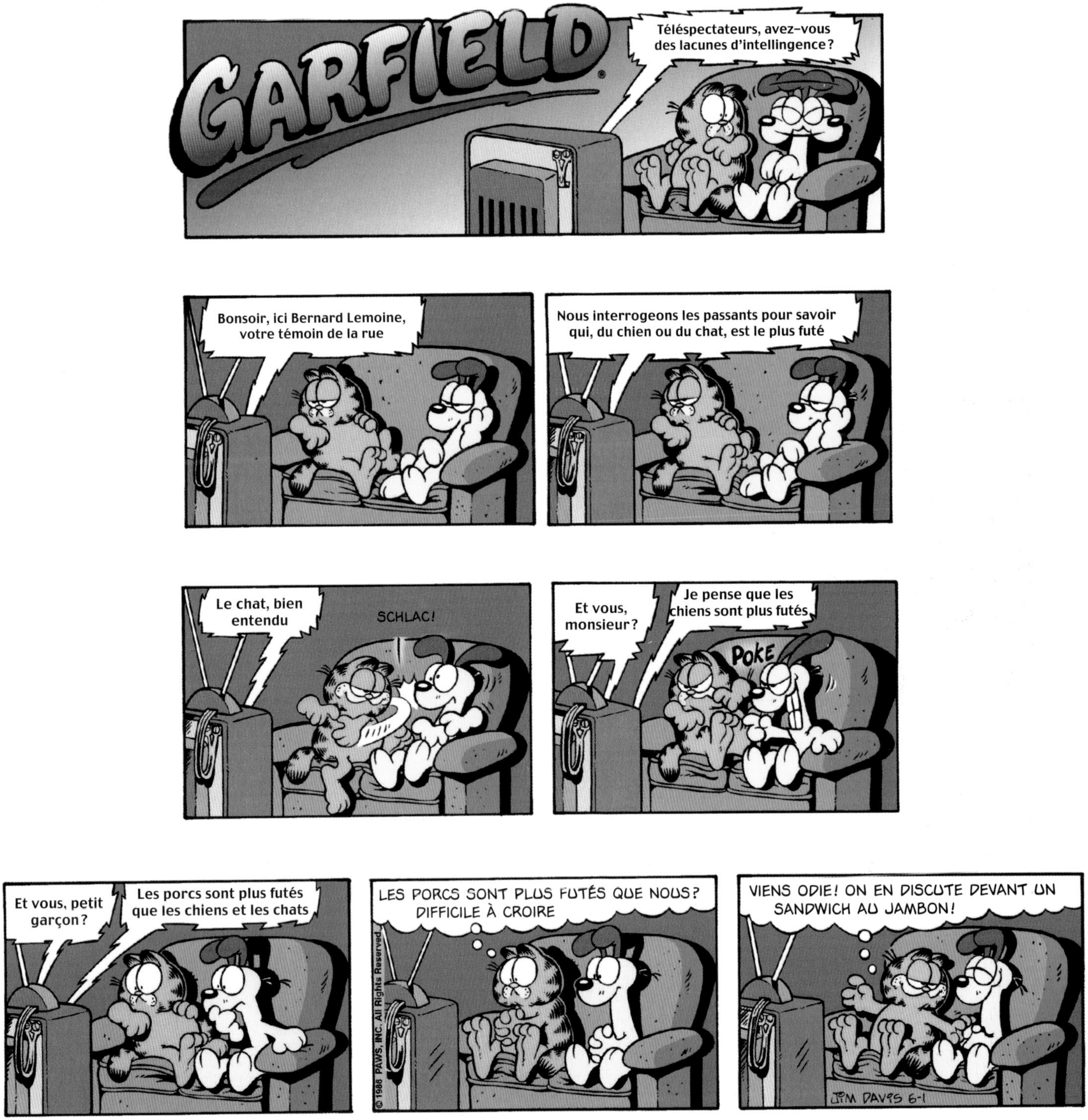
GARFIELD
Téléspectateurs, avez-vous des lacunes d'intellingence?
Bonsoir, ici Bernard Lemoine, votre témoin de la rue
Nous interrogeons les passants pour savoir qui, du chien ou du chat, est le plus futé
Le chat, bien entendu
SCHLAC!
Et vous, monsieur?
Je pense que les chiens sont plus futés
POKE
Et vous, petit garçon?
Les porcs sont plus futés que les chiens et les chats
LES PORCS SONT PLUS FUTÉS QUE NOUS? DIFFICILE À CROIRE
© 1986 PAWS, INC. All Rights Reserved
VIENS ODIE! ON EN DISCUTE DEVANT UN SANDWICH AU JAMBON!
JIM DAVIS 6-1

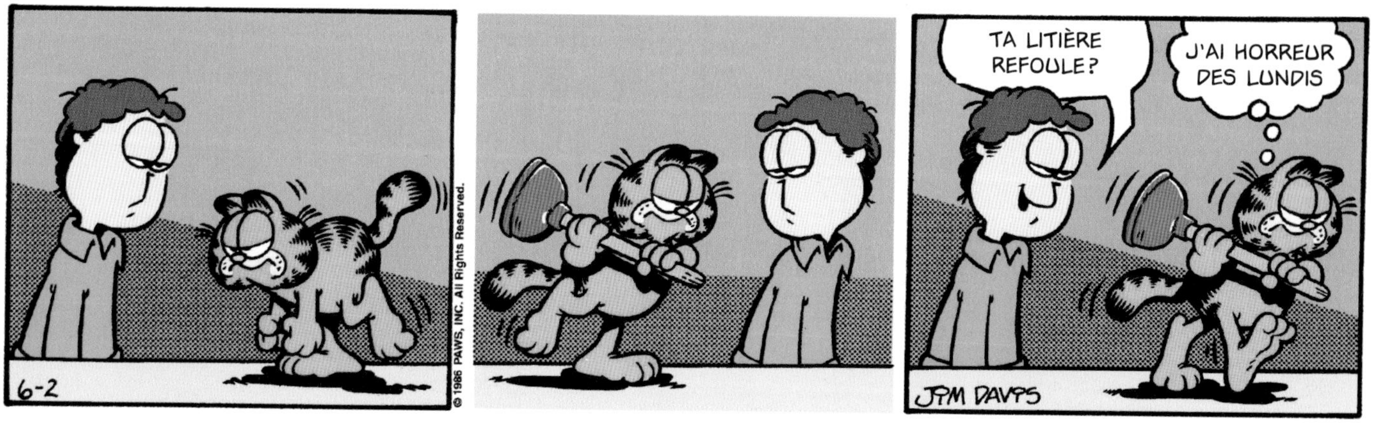
6-2
© 1986 PAWS, INC. All Rights Reserved.
TA LITIÈRE REFOULE?
J'AI HORREUR DES LUNDIS
JIM DAVIS

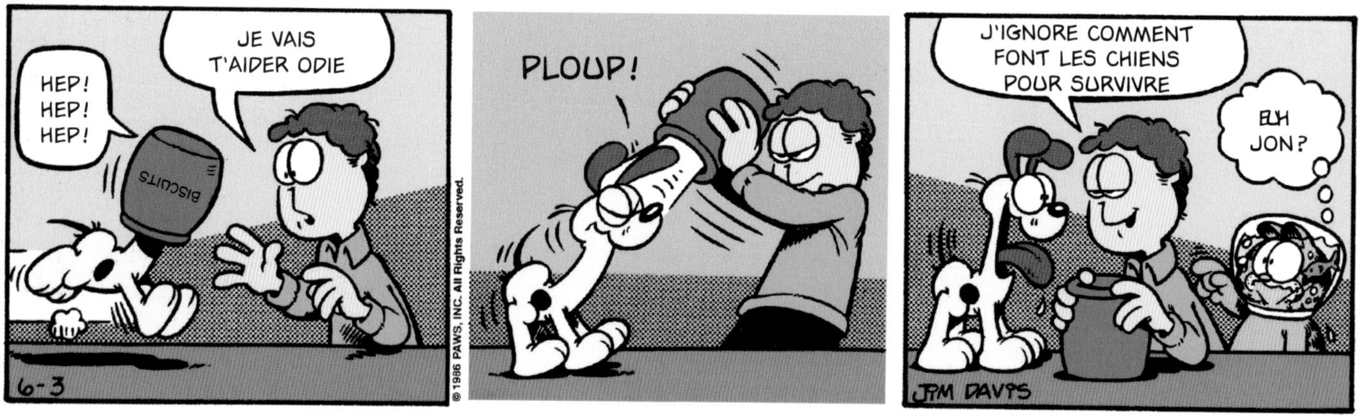
HEP! HEP! HEP!
BISCUITS
JE VAIS T'AIDER ODIE
6-3
© 1986 PAWS, INC. All Rights Reserved.
PLOUP!
J'IGNORE COMMENT FONT LES CHIENS POUR SURVIVRE
EUH JON?
JIM DAVIS

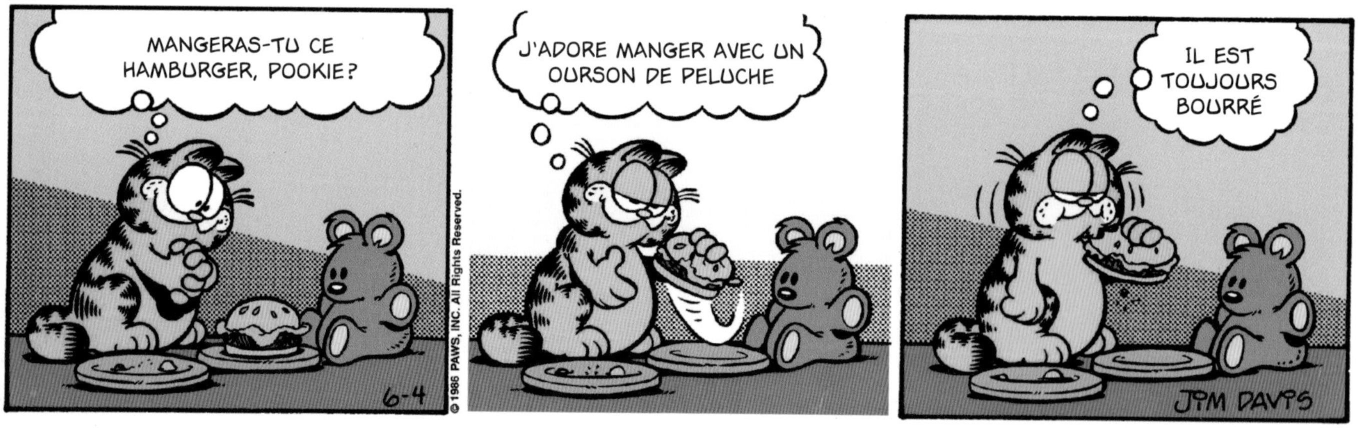
MANGERAS-TU CE HAMBURGER, POOKIE?
6-4
© 1986 PAWS, INC. All Rights Reserved.
J'ADORE MANGER AVEC UN OURSON DE PELUCHE
IL EST TOUJOURS BOURRÉ
JIM DAVIS

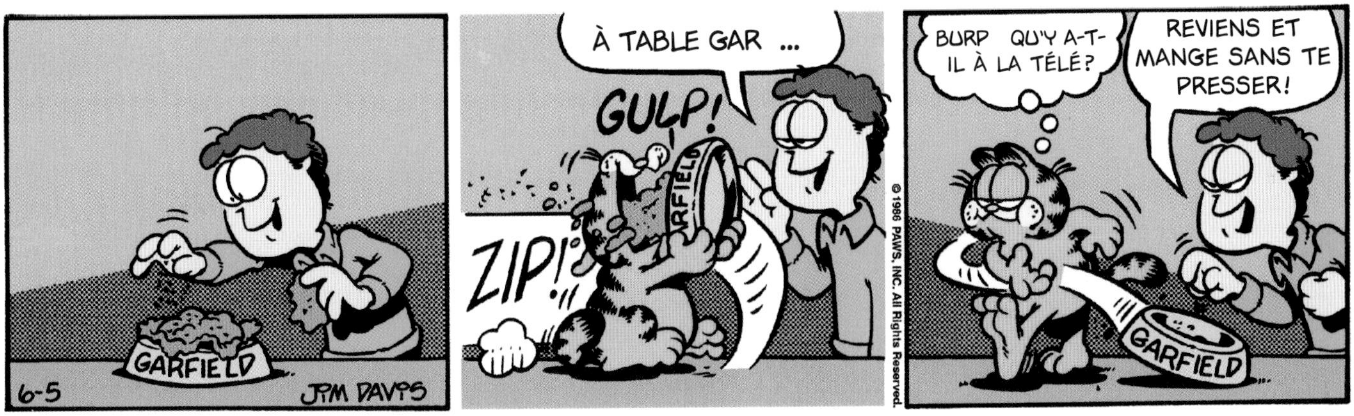
6-5
JIM DAVIS
GARFIELD
À TABLE GAR ...
GULP!
ZIP!
GARFIELD
© 1986 PAWS, INC. All Rights Reserved.
BURP QU'Y A-T-IL À LA TÉLÉ?
REVIENS ET MANGE SANS TE PRESSER!
GARFIELD

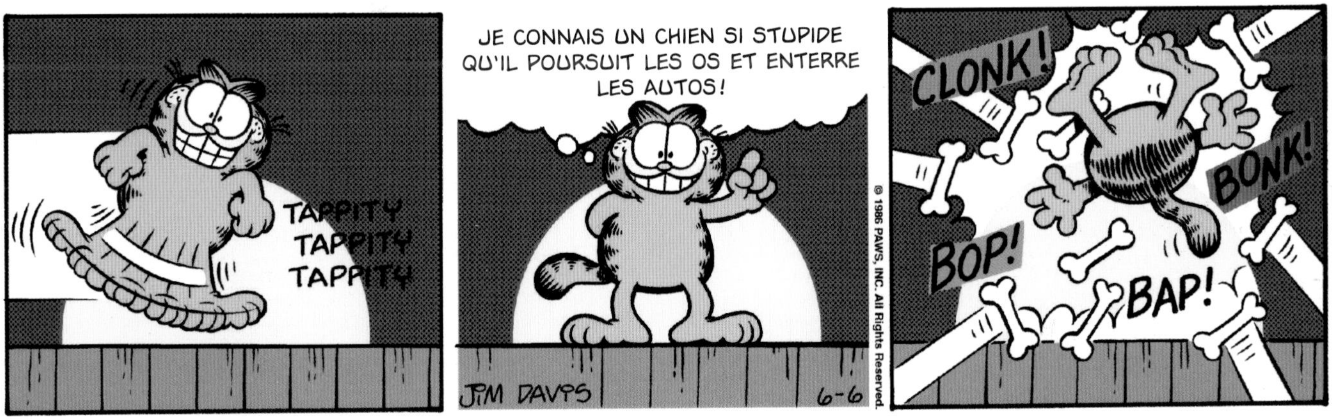
TAPPITY
TAPPITY
TAPPITY
JE CONNAIS UN CHIEN SI STUPIDE QU'IL POURSUIT LES OS ET ENTERRE LES AUTOS!
JIM DAVIS
6-6
© 1986 PAWS, INC. All Rights Reserved.
CLONK!
BONK!
BOP!
BAP!

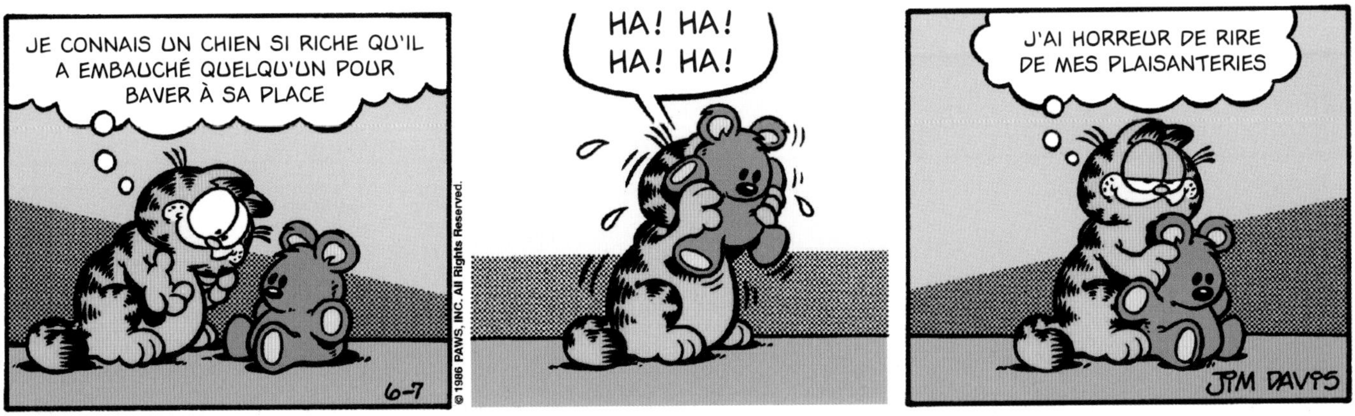
JE CONNAIS UN CHIEN SI RICHE QU'IL A EMBAUCHÉ QUELQU'UN POUR BAVER À SA PLACE
6-7
© 1986 PAWS, INC. All Rights Reserved.
HA! HA! HA! HA!
J'AI HORREUR DE RIRE DE MES PLAISANTERIES
JIM DAVIS

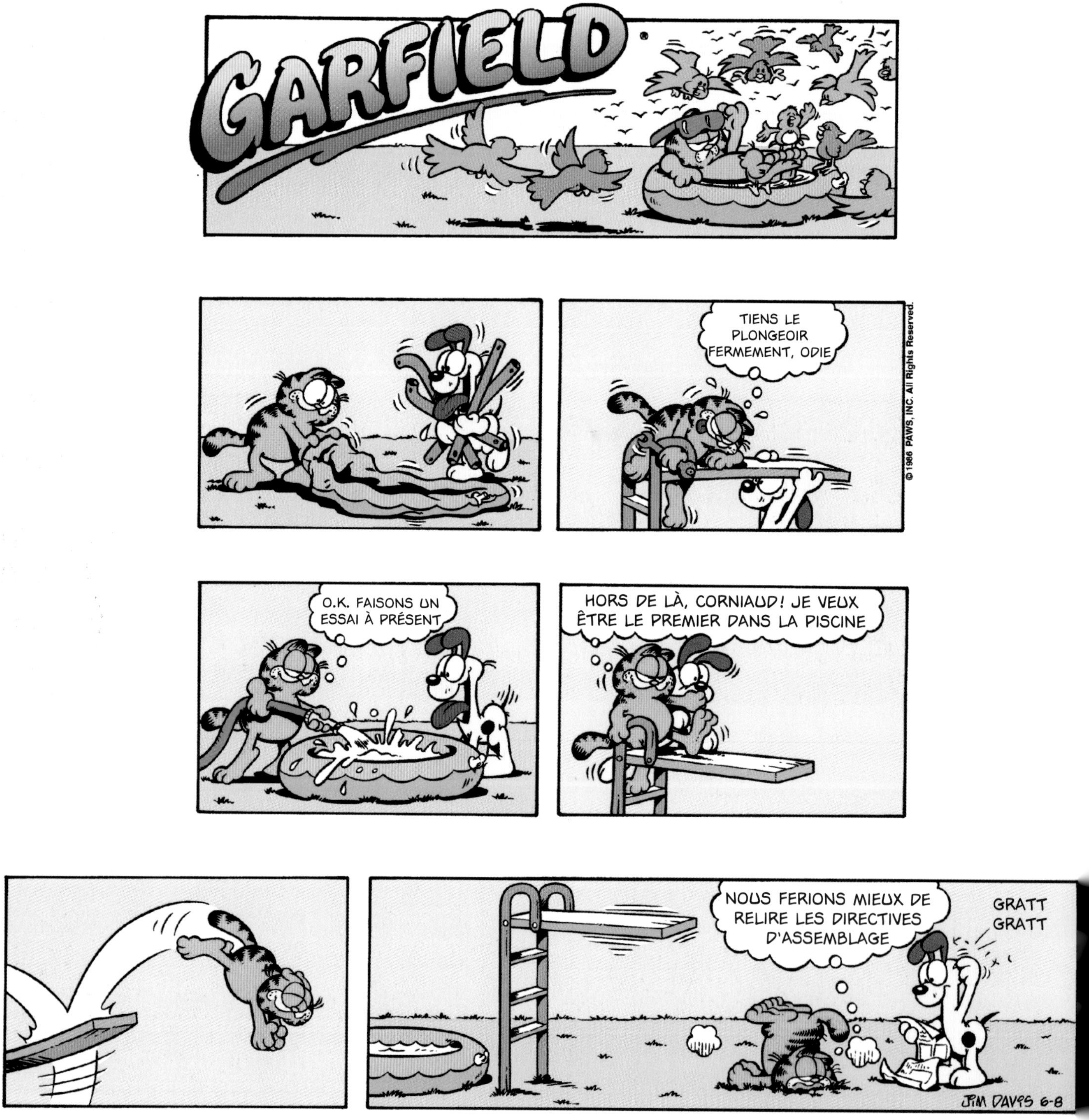
GARFIELD
TIENS LE PLONGEOIR FERMEMENT, ODIE
© 1986 PAWS, INC. All Rights Reserved.
O.K. FAISONS UN ESSAI À PRÉSENT
HORS DE LÀ, CORNIAUD! JE VEUX ÊTRE LE PREMIER DANS LA PISCINE
NOUS FERIONS MIEUX DE RELIRE LES DIRECTIVES D'ASSEMBLAGE
GRATT GRATT
JIM DAVIS 6-8

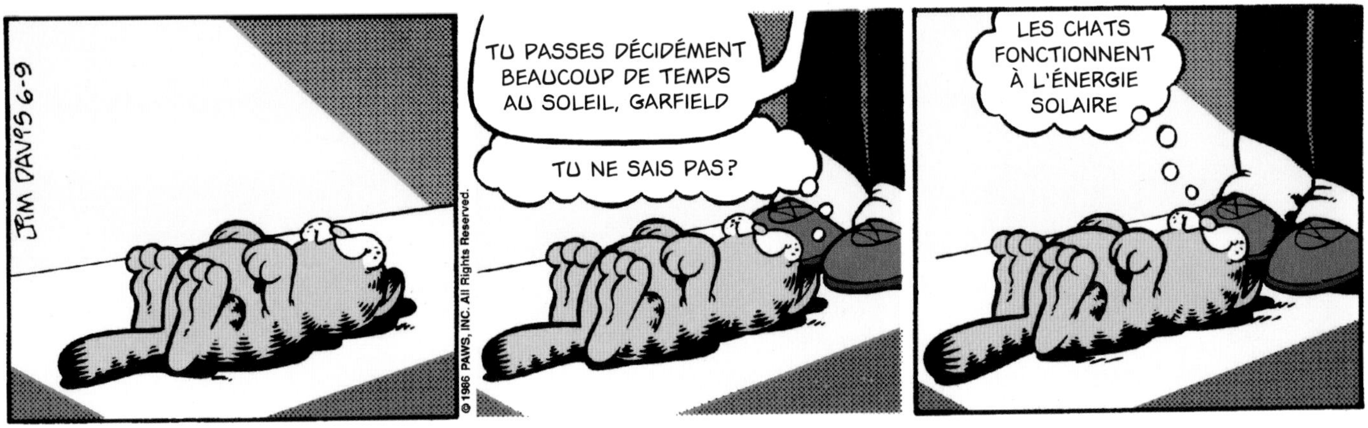
JIM DAVIS 6-9
TU PASSES DÉCIDÉMENT BEAUCOUP DE TEMPS AU SOLEIL, GARFIELD
TU NE SAIS PAS?
LES CHATS FONCTIONNENT À L'ÉNERGIE SOLAIRE
© 1986 PAWS, INC. All Rights Reserved.

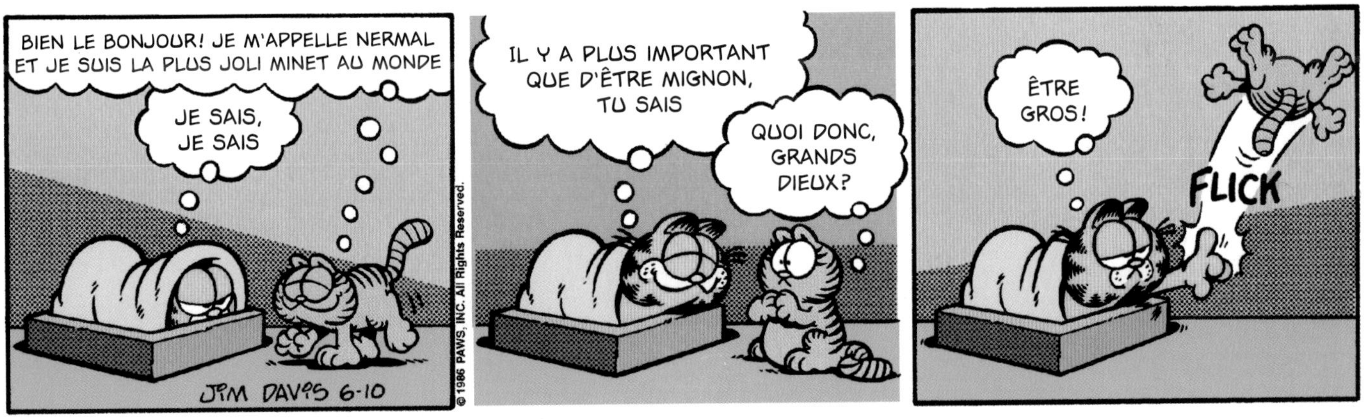
BIEN LE BONJOUR! JE M'APPELLE NERMAL ET JE SUIS LA PLUS JOLI MINET AU MONDE
JE SAIS, JE SAIS
JIM DAVIS 6-10
IL Y A PLUS IMPORTANT QUE D'ÊTRE MIGNON, TU SAIS
QUOI DONC, GRANDS DIEUX?
ÊTRE GROS!
FLICK
© 1986 PAWS, INC. All Rights Reserved.

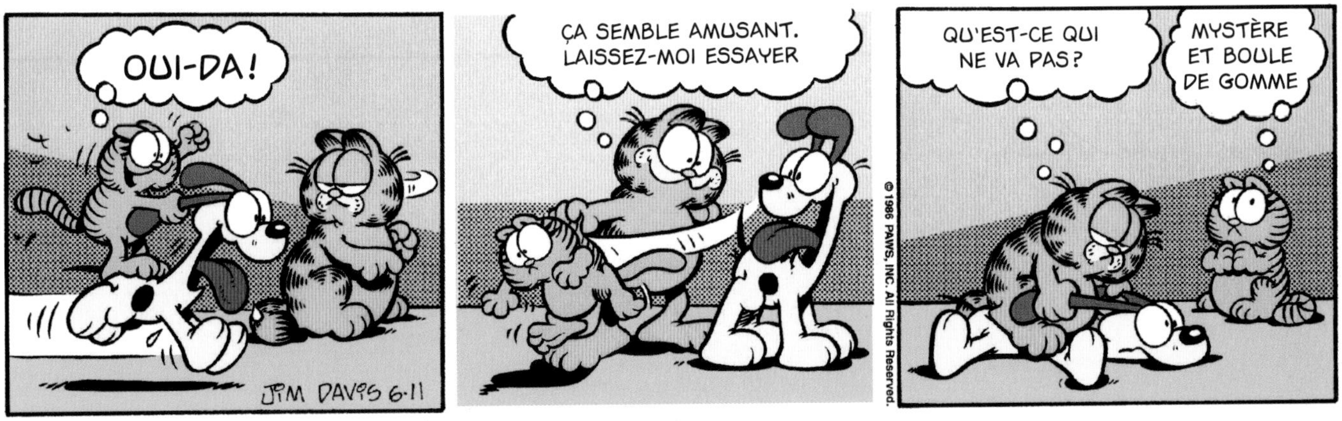
OUI-DA!
JIM DAVIS 6-11
ÇA SEMBLE AMUSANT. LAISSEZ-MOI ESSAYER
QU'EST-CE QUI NE VA PAS?
MYSTÈRE ET BOULE DE GOMME
© 1986 PAWS, INC. All Rights Reserved.

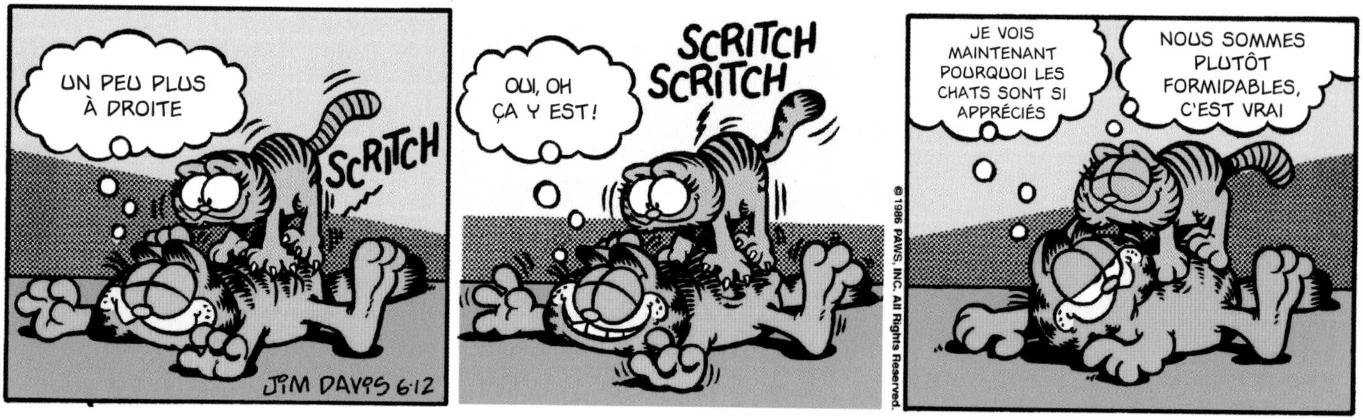
UN PEU PLUS À DROITE
SCRITCH
JIM DAVIS 6-12
OUI, OH ÇA Y EST!
SCRITCH SCRITCH
© 1986 PAWS, INC. All Rights Reserved.
JE VOIS MAINTENANT POURQUOI LES CHATS SONT SI APPRÉCIÉS
NOUS SOMMES PLUTÔT FORMIDABLES, C'EST VRAI

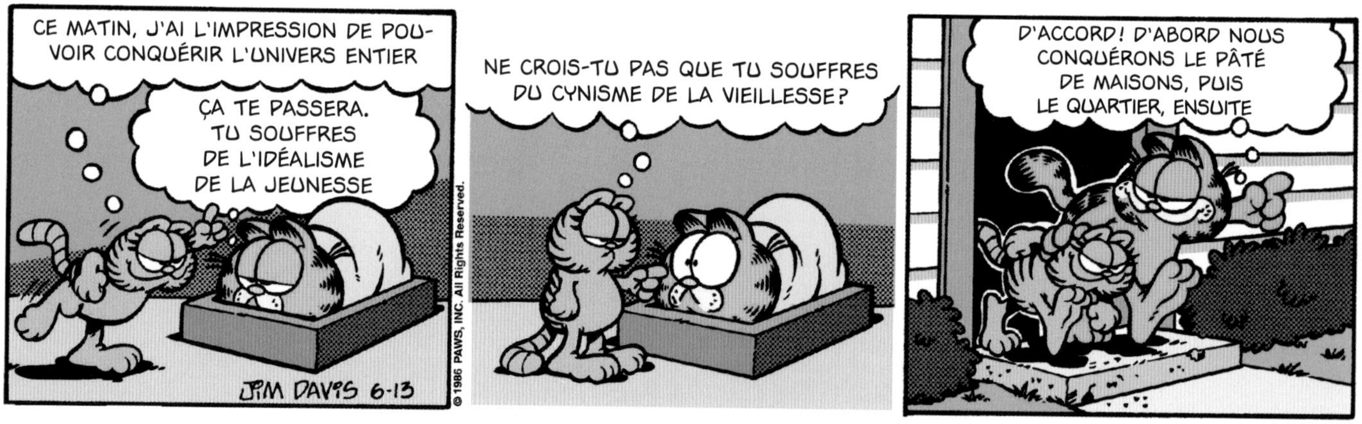
CE MATIN, J'AI L'IMPRESSION DE POUVOIR CONQUÉRIR L'UNIVERS ENTIER
ÇA TE PASSERA. TU SOUFFRES DE L'IDÉALISME DE LA JEUNESSE
JIM DAVIS 6-13
© 1986 PAWS, INC. All Rights Reserved.
NE CROIS-TU PAS QUE TU SOUFFRES DU CYNISME DE LA VIEILLESSE?
D'ACCORD! D'ABORD NOUS CONQUÉRONS LE PÂTÉ DE MAISONS, PUIS LE QUARTIER, ENSUITE

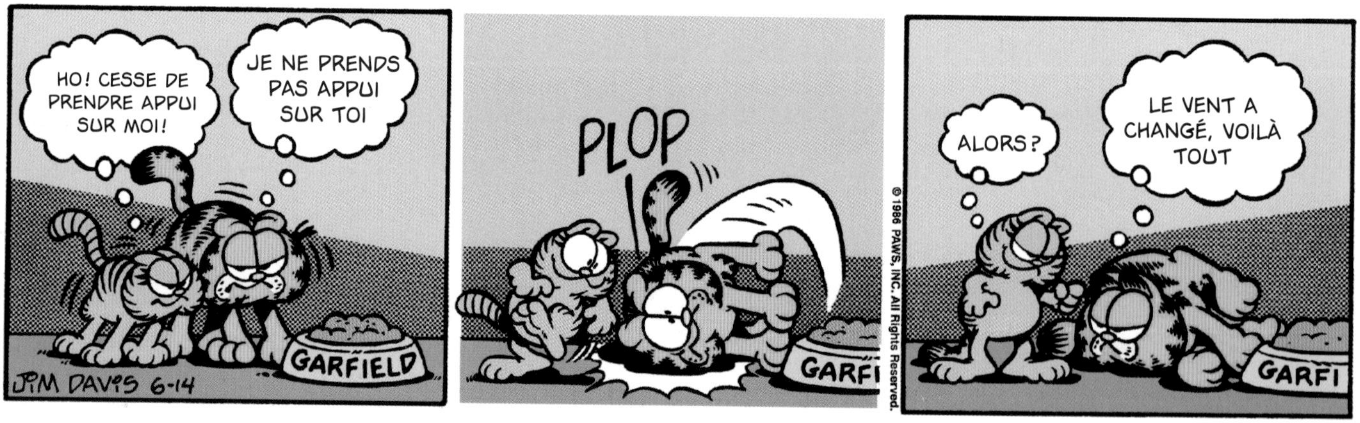
HO! CESSE DE PRENDRE APPUI SUR MOI!
JE NE PRENDS PAS APPUI SUR TOI
GARFIELD
JIM DAVIS 6-14
PLOP
GARFI
© 1986 PAWS, INC. All Rights Reserved.
ALORS?
LE VENT A CHANGÉ, VOILÀ TOUT
GARFI

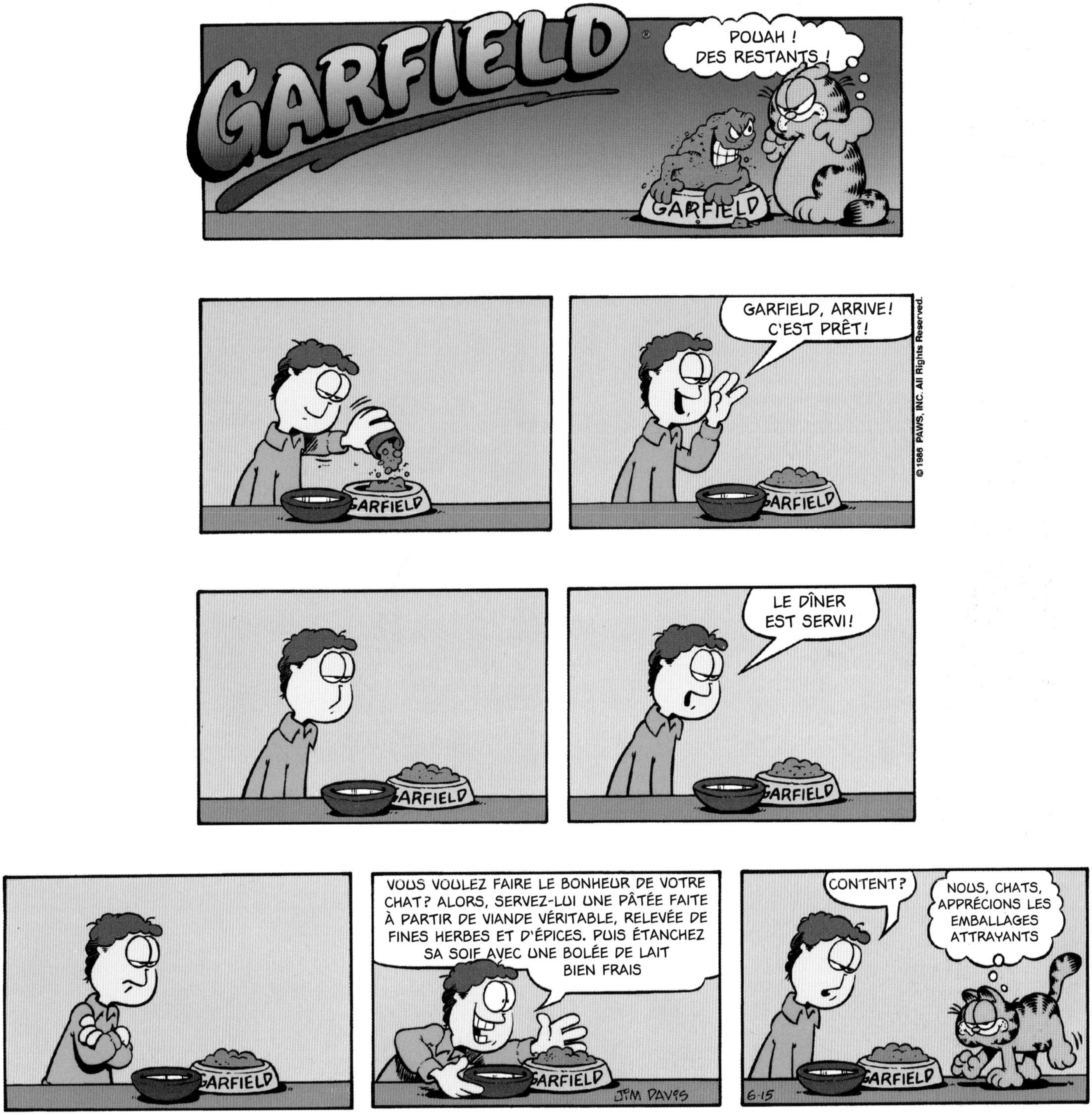
GARFIELD
POUAH ! DES RESTANTS !
GARFIELD
GARFIELD, ARRIVE! C'EST PRÊT!
© 1986 PAWS, INC. All Rights Reserved.
LE DÎNER EST SERVI!
VOUS VOULEZ FAIRE LE BONHEUR DE VOTRE CHAT? ALORS, SERVEZ-LUI UNE PÂTÉE FAITE À PARTIR DE VIANDE VÉRITABLE, RELEVÉE DE FINES HERBES ET D'ÉPICES. PUIS ÉTANCHEZ SA SOIF AVEC UNE BOLÉE DE LAIT BIEN FRAIS
JIM DAVIS
CONTENT?
NOUS, CHATS, APPRÉCIONS LES EMBALLAGES ATTRAYANTS
6-15

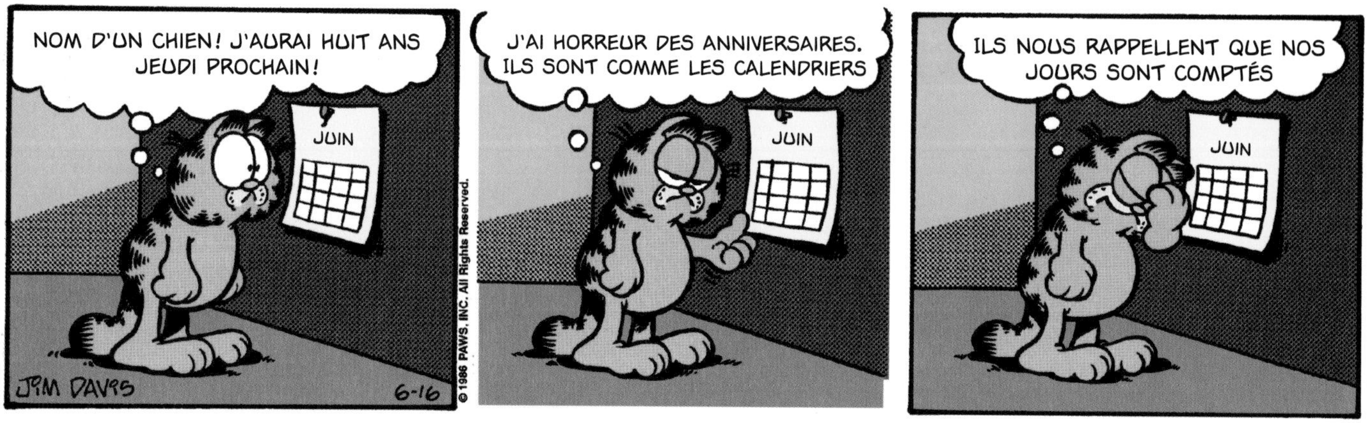
NOM D'UN CHIEN! J'AURAI HUIT ANS JEUDI PROCHAIN!
JIM DAVIS 6-16
J'AI HORREUR DES ANNIVERSAIRES. ILS SONT COMME LES CALENDRIERS
ILS NOUS RAPPELLENT QUE NOS JOURS SONT COMPTÉS
JUIN

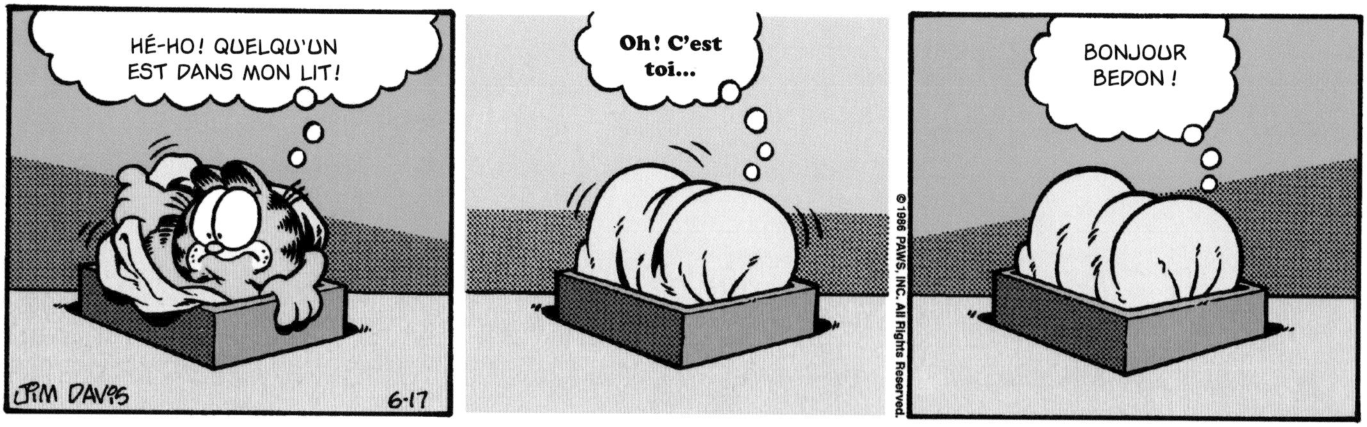
HÉ-HO! QUELQU'UN EST DANS MON LIT!
JIM DAVIS 6-17
Oh! C'est toi...
BONJOUR BEDON!

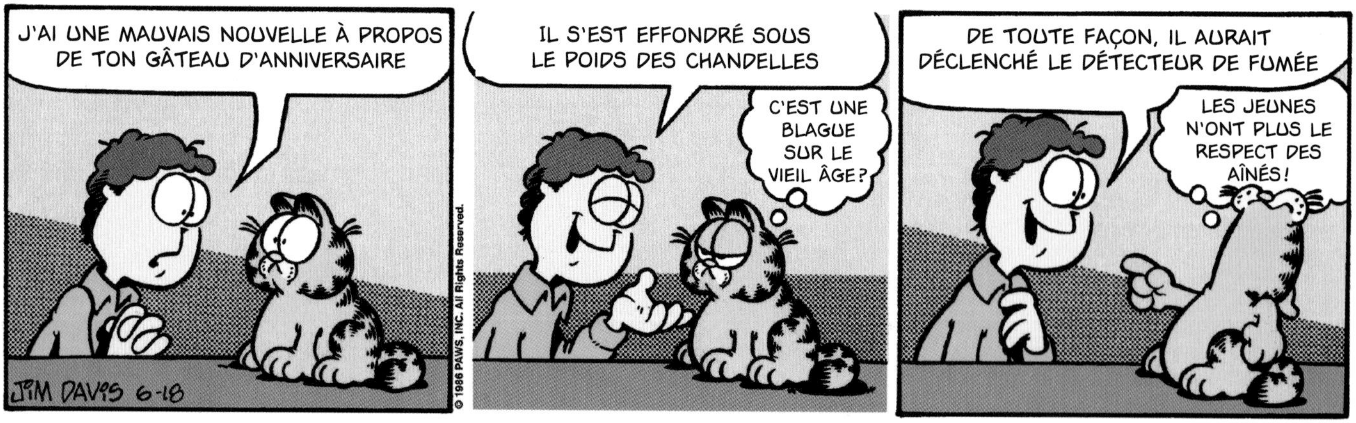
J'AI UNE MAUVAIS NOUVELLE À PROPOS DE TON GÂTEAU D'ANNIVERSAIRE
JIM DAVIS 6-18
IL S'EST EFFONDRÉ SOUS LE POIDS DES CHANDELLES
C'EST UNE BLAGUE SUR LE VIEIL ÂGE?
DE TOUTE FAÇON, IL AURAIT DÉCLENCHÉ LE DÉTECTEUR DE FUMÉE
LES JEUNES N'ONT PLUS LE RESPECT DES AÎNÉS!

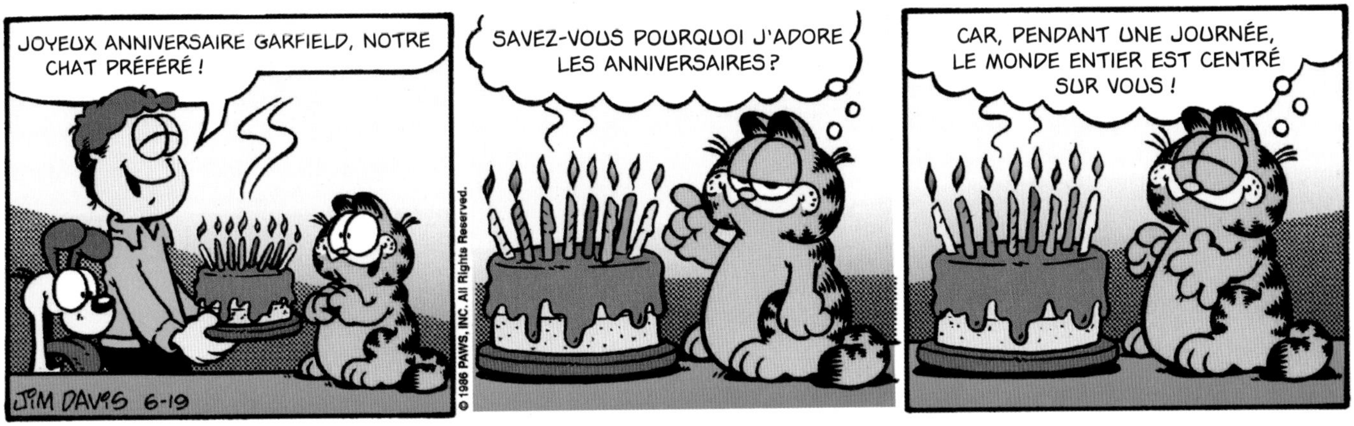
JOYEUX ANNIVERSAIRE GARFIELD, NOTRE CHAT PRÉFÉRÉ !
JIM DAVIS 6-19
© 1986 PAWS, INC. All Rights Reserved.
SAVEZ-VOUS POURQUOI J'ADORE LES ANNIVERSAIRES ?
CAR, PENDANT UNE JOURNÉE, LE MONDE ENTIER EST CENTRÉ SUR VOUS !

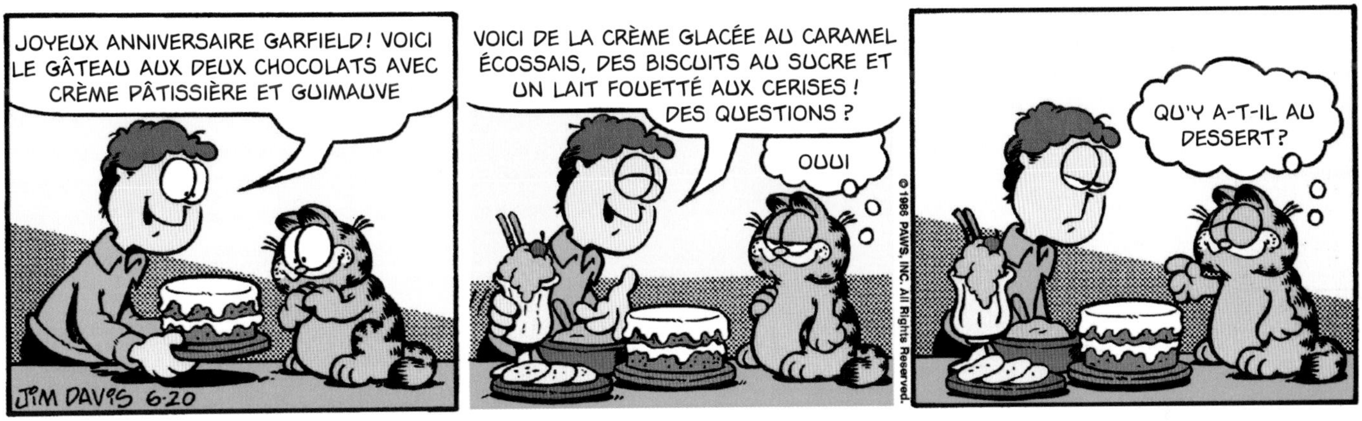
JOYEUX ANNIVERSAIRE GARFIELD ! VOICI LE GÂTEAU AUX DEUX CHOCOLATS AVEC CRÈME PÂTISSIÈRE ET GUIMAUVE
JIM DAVIS 6-20
VOICI DE LA CRÈME GLACÉE AU CARAMEL ÉCOSSAIS, DES BISCUITS AU SUCRE ET UN LAIT FOUETTÉ AUX CERISES !
DES QUESTIONS ?
OUUI
© 1986 PAWS, INC. All Rights Reserved.
QU'Y A-T-IL AU DESSERT ?

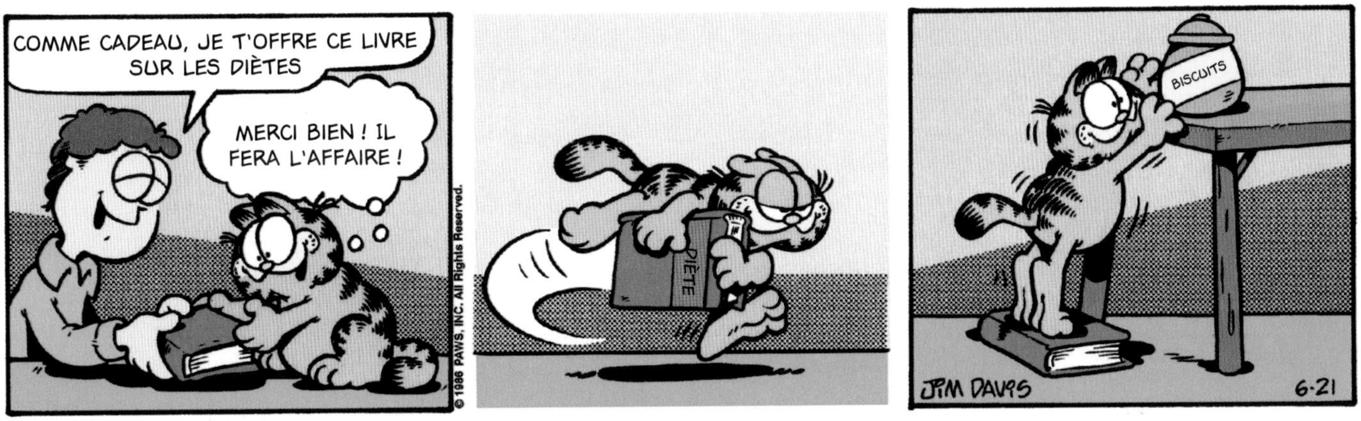
COMME CADEAU, JE T'OFFRE CE LIVRE SUR LES DIÈTES
MERCI BIEN ! IL FERA L'AFFAIRE !
© 1986 PAWS, INC. All Rights Reserved.
DIÈTE
BISCUITS
JIM DAVIS 6-21

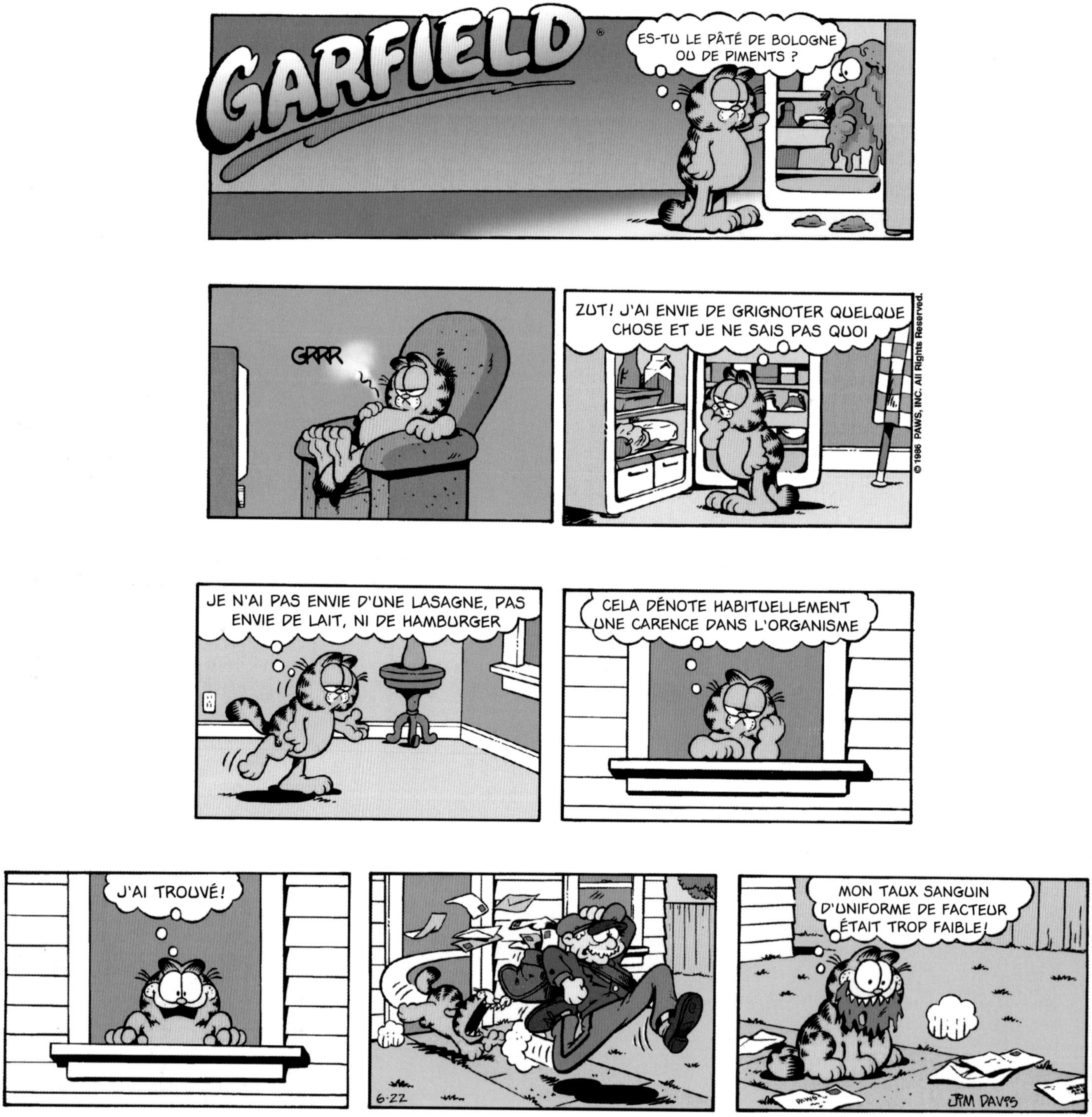
GARFIELD
ES-TU LE PÂTÉ DE BOLOGNE OU DE PIMENTS ?
GRRR
ZUT! J'AI ENVIE DE GRIGNOTER QUELQUE CHOSE ET JE NE SAIS PAS QUOI
© 1986 PAWS, INC. All Rights Reserved.
JE N'AI PAS ENVIE D'UNE LASAGNE, PAS ENVIE DE LAIT, NI DE HAMBURGER
CELA DÉNOTE HABITUELLEMENT UNE CARENCE DANS L'ORGANISME
J'AI TROUVÉ!
6-22
MON TAUX SANGUIN D'UNIFORME DE FACTEUR ÉTAIT TROP FAIBLE!
JIM DAVIS

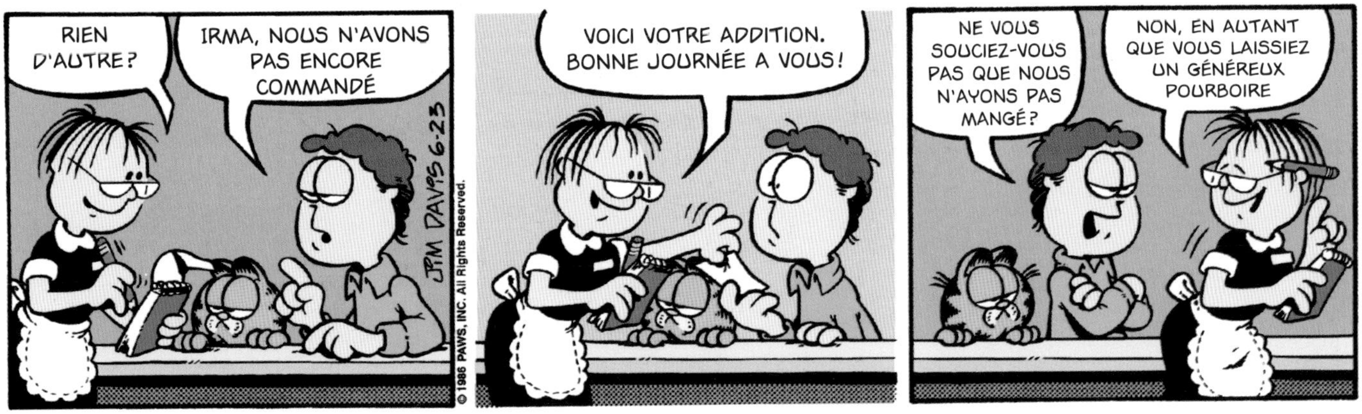
RIEN D'AUTRE?
IRMA, NOUS N'AVONS PAS ENCORE COMMANDÉ
© 1986 PAWS, INC. All Rights Reserved.
VOICI VOTRE ADDITION. BONNE JOURNÉE A VOUS!
NE VOUS SOUCIEZ-VOUS PAS QUE NOUS N'AYONS PAS MANGÉ?
NON, EN AUTANT QUE VOUS LAISSIEZ UN GÉNÉREUX POURBOIRE

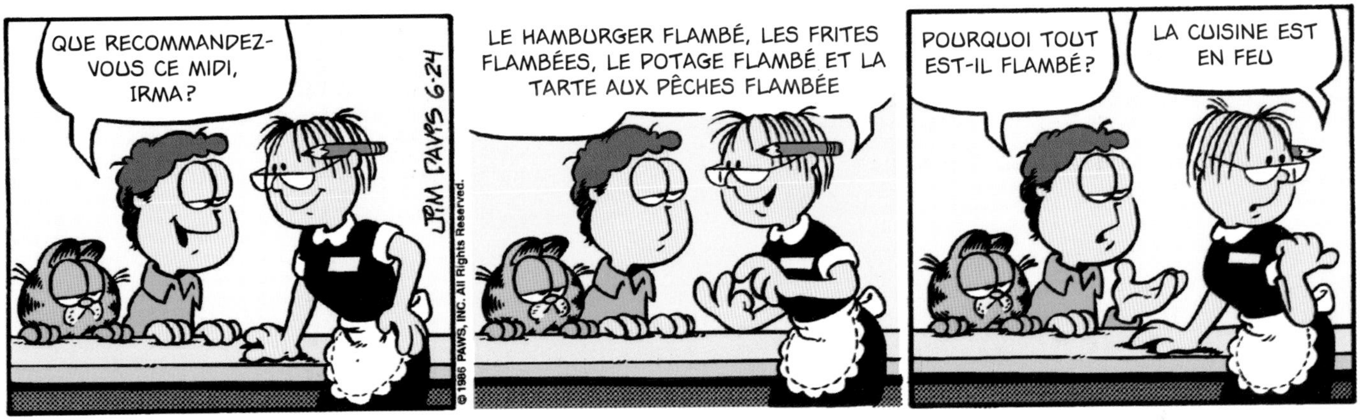
QUE RECOMMANDEZ-VOUS CE MIDI, IRMA?
© 1986 PAWS, INC. All Rights Reserved.
LE HAMBURGER FLAMBÉ, LES FRITES FLAMBÉES, LE POTAGE FLAMBÉ ET LA TARTE AUX PÊCHES FLAMBÉE
POURQUOI TOUT EST-IL FLAMBÉ?
LA CUISINE EST EN FEU

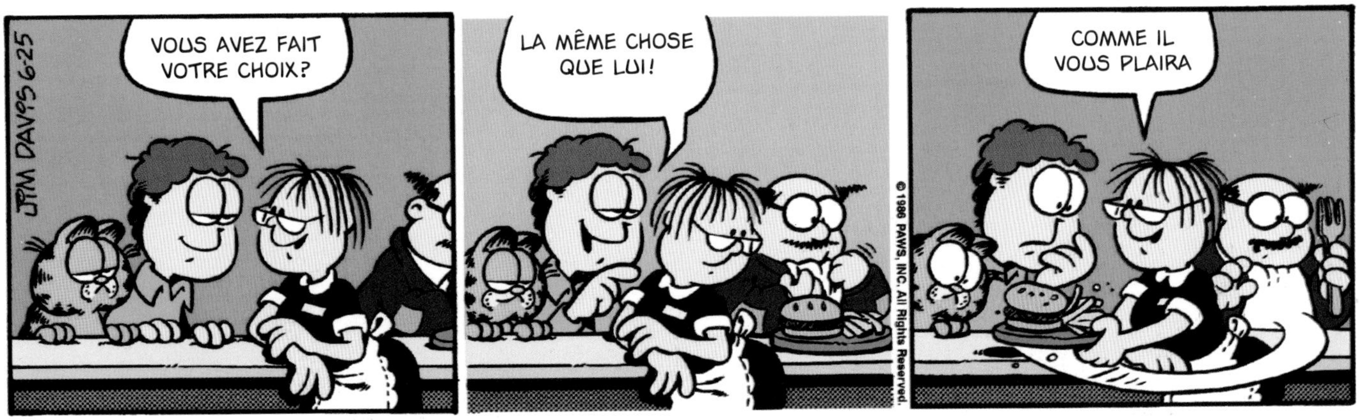
VOUS AVEZ FAIT VOTRE CHOIX?
LA MÊME CHOSE QUE LUI!
© 1986 PAWS, INC. All Rights Reserved.
COMME IL VOUS PLAIRA

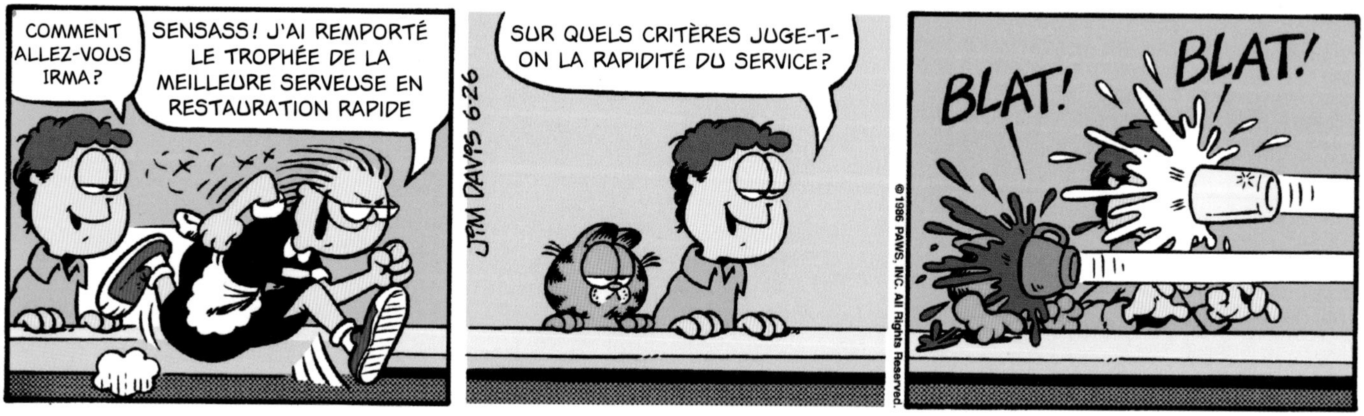
COMMENT ALLEZ-VOUS IRMA?
SENSASS! J'AI REMPORTÉ LE TROPHÉE DE LA MEILLEURE SERVEUSE EN RESTAURATION RAPIDE
SUR QUELS CRITÈRES JUGE-T-ON LA RAPIDITÉ DU SERVICE?
BLAT!
BLAT!
© 1986 PAWS, INC. All Rights Reserved.

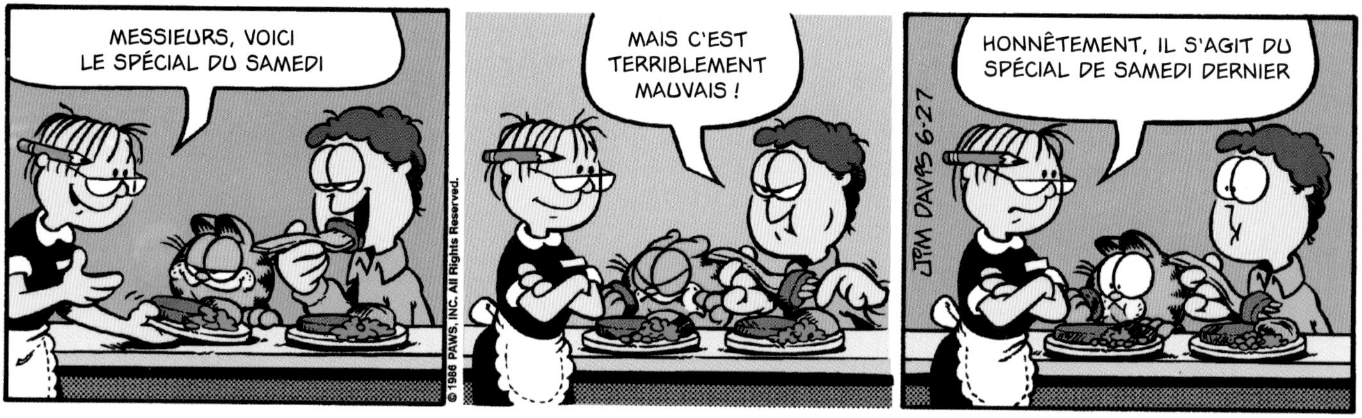
MESSIEURS, VOICI LE SPÉCIAL DU SAMEDI
MAIS C'EST TERRIBLEMENT MAUVAIS!
HONNÊTEMENT, IL S'AGIT DU SPÉCIAL DE SAMEDI DERNIER
© 1986 PAWS, INC. All Rights Reserved.

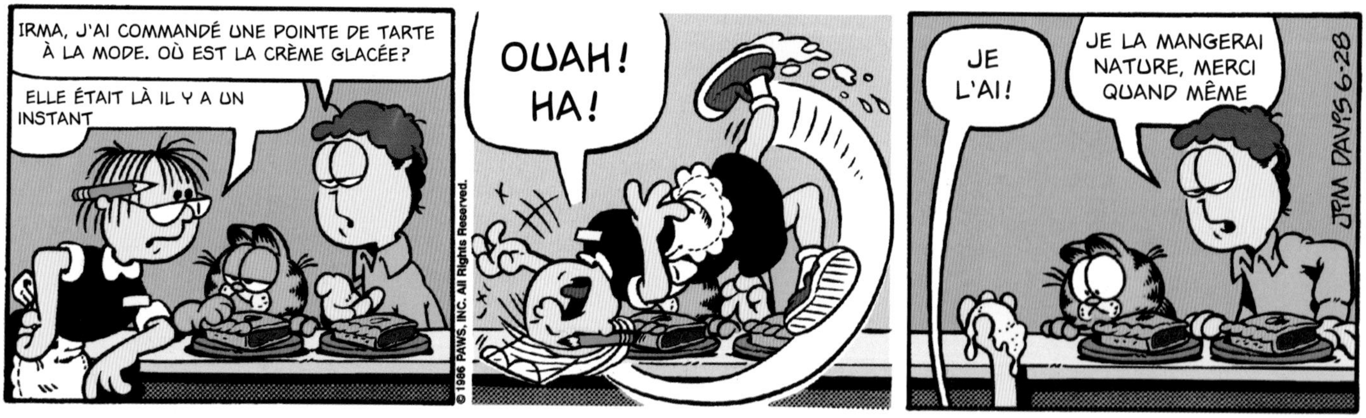
IRMA, J'AI COMMANDÉ UNE POINTE DE TARTE À LA MODE. OÙ EST LA CRÈME GLACÉE?
ELLE ÉTAIT LÀ IL Y A UN INSTANT
OUAH! HA!
JE L'AI!
JE LA MANGERAI NATURE, MERCI QUAND MÊME
© 1986 PAWS, INC. All Rights Reserved.

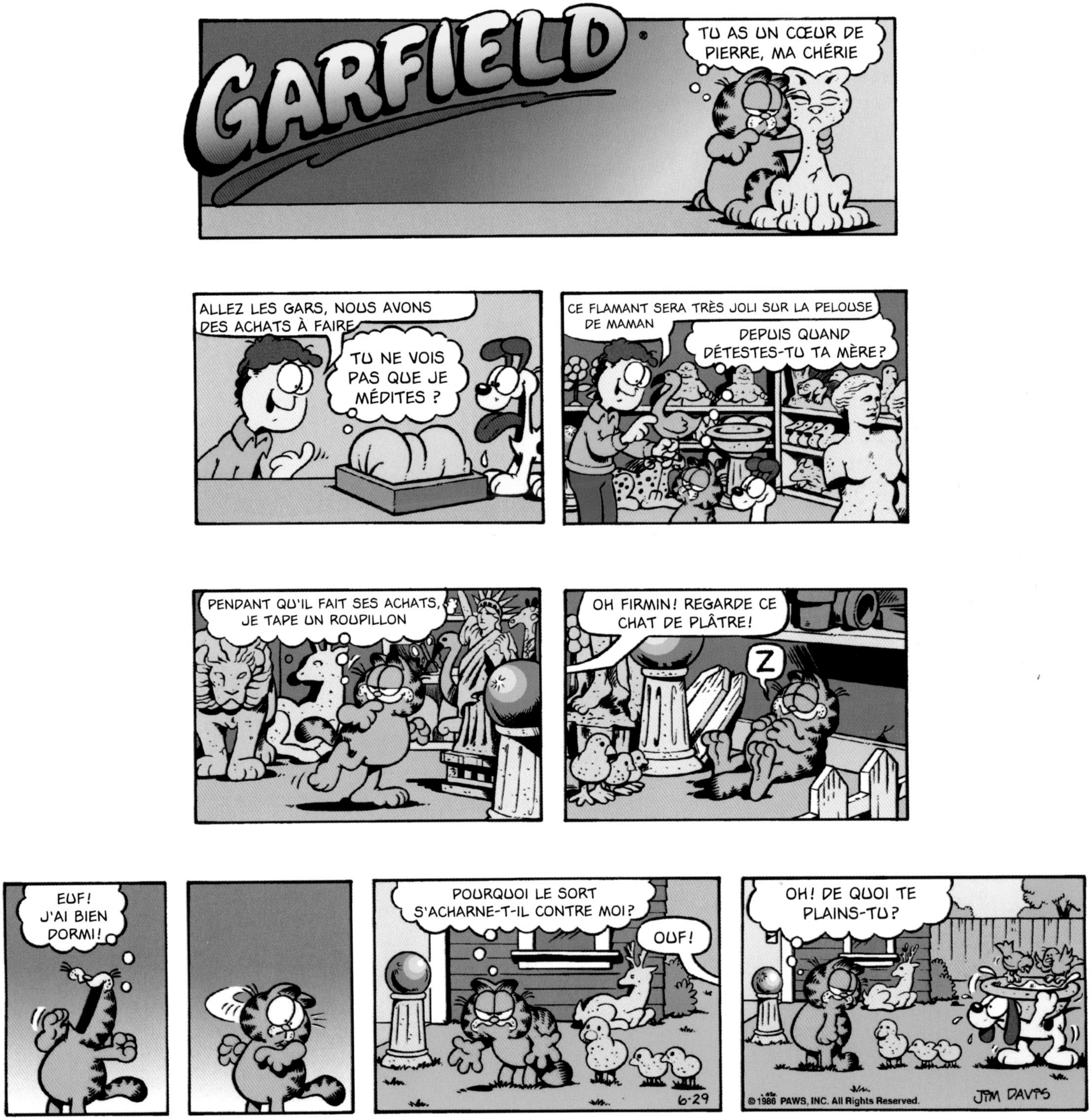
GARFIELD
TU AS UN CŒUR DE PIERRE, MA CHÉRIE
ALLEZ LES GARS, NOUS AVONS DES ACHATS À FAIRE
TU NE VOIS PAS QUE JE MÉDITES ?
CE FLAMANT SERA TRÈS JOLI SUR LA PELOUSE DE MAMAN
DEPUIS QUAND DÉTESTES-TU TA MÈRE?
PENDANT QU'IL FAIT SES ACHATS, JE TAPE UN ROUPILLON
OH FIRMIN! REGARDE CE CHAT DE PLÂTRE!
Z
EUF! J'AI BIEN DORMI!
POURQUOI LE SORT S'ACHARNE-T-IL CONTRE MOI?
OUF!
6-29
OH! DE QUOI TE PLAINS-TU?
© 1986 PAWS, INC. All Rights Reserved.
JIM DAVIS

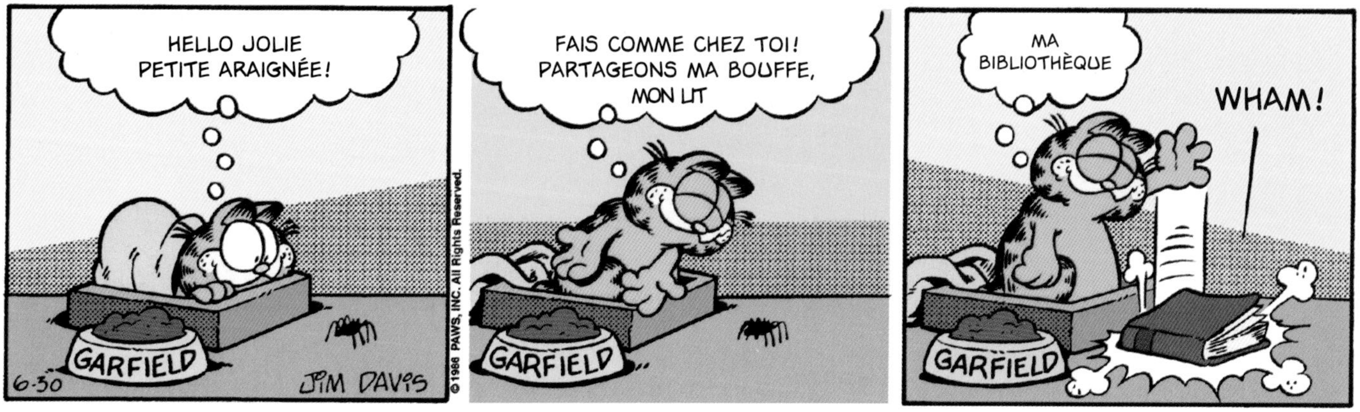
HELLO JOLIE PETITE ARAIGNÉE!
GARFIELD
6-30
JIM DAVIS
© 1986 PAWS, INC. All Rights Reserved.
FAIS COMME CHEZ TOI! PARTAGEONS MA BOUFFE, MON LIT
GARFIELD
MA BIBLIOTHÈQUE
WHAM!
GARFIELD

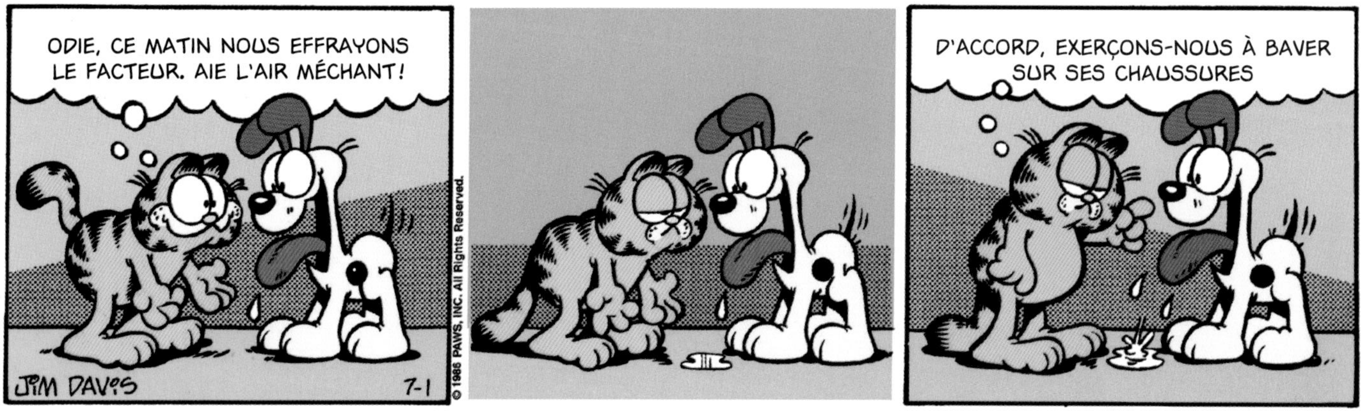
ODIE, CE MATIN NOUS EFFRAYONS LE FACTEUR. AIE L'AIR MÉCHANT!
JIM DAVIS
7-1
© 1986 PAWS, INC. All Rights Reserved.
D'ACCORD, EXERÇONS-NOUS À BAVER SUR SES CHAUSSURES

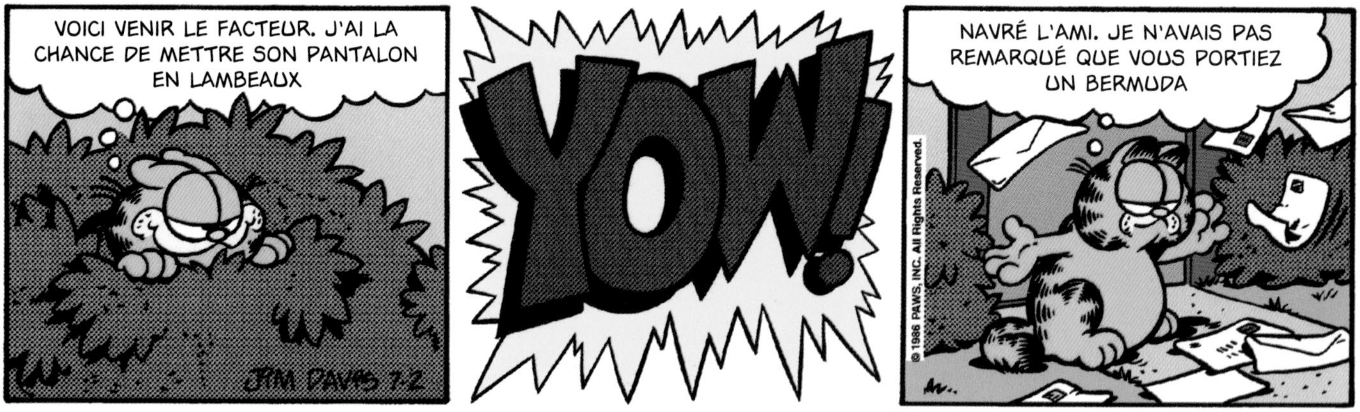
VOICI VENIR LE FACTEUR. J'AI LA CHANCE DE METTRE SON PANTALON EN LAMBEAUX
JIM DAVIS 7-2
YOW!
NAVRÉ L'AMI. JE N'AVAIS PAS REMARQUÉ QUE VOUS PORTIEZ UN BERMUDA
© 1986 PAWS, INC. All Rights Reserved.

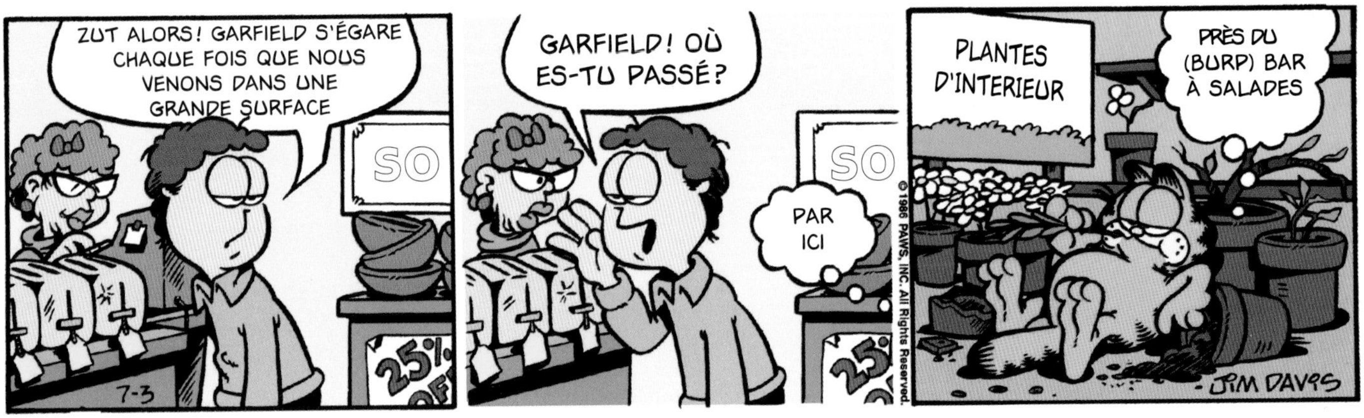
ZUT ALORS! GARFIELD S'ÉGARE CHAQUE FOIS QUE NOUS VENONS DANS UNE GRANDE SURFACE
7-3
GARFIELD! OÙ ES-TU PASSÉ?
PAR ICI
© 1986 PAWS, INC. All Rights Reserved.
PLANTES D'INTERIEUR
PRÈS DU (BURP) BAR À SALADES
JIM DAVIS

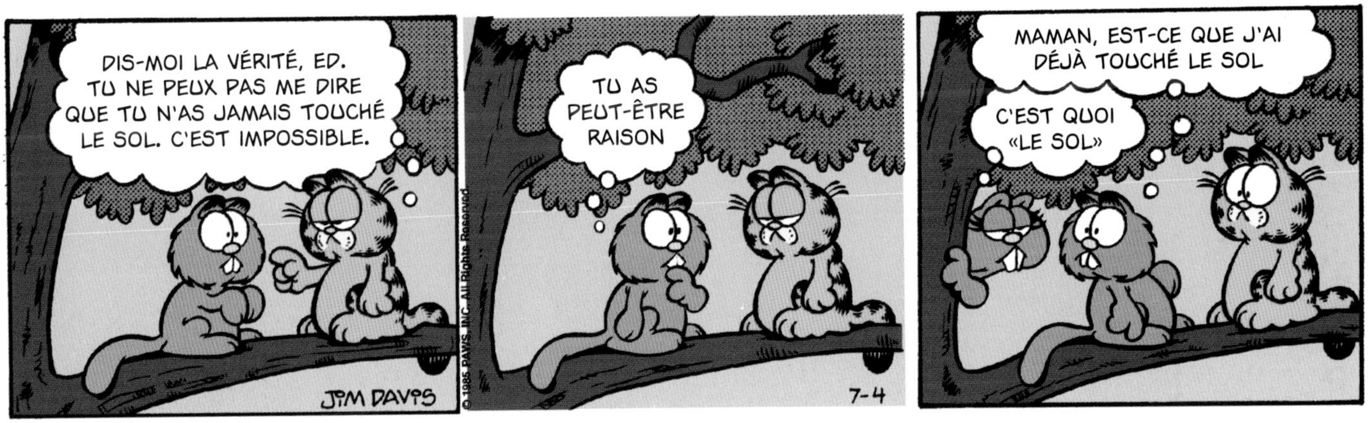
DIS-MOI LA VÉRITÉ, ED. TU NE PEUX PAS ME DIRE QUE TU N'AS JAMAIS TOUCHÉ LE SOL. C'EST IMPOSSIBLE.
JIM DAVIS
© 1985 PAWS, INC. All Rights Reserved.
TU AS PEUT-ÊTRE RAISON
7-4
MAMAN, EST-CE QUE J'AI DÉJÀ TOUCHÉ LE SOL
C'EST QUOI «LE SOL»

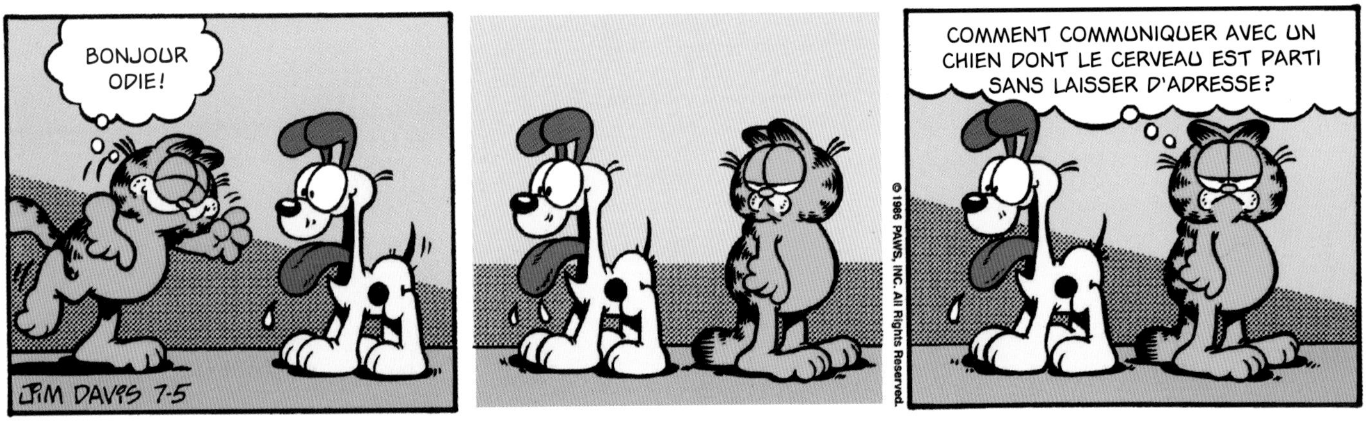
BONJOUR ODIE!
JIM DAVIS 7-5
© 1986 PAWS, INC. All Rights Reserved.
COMMENT COMMUNIQUER AVEC UN CHIEN DONT LE CERVEAU EST PARTI SANS LAISSER D'ADRESSE?

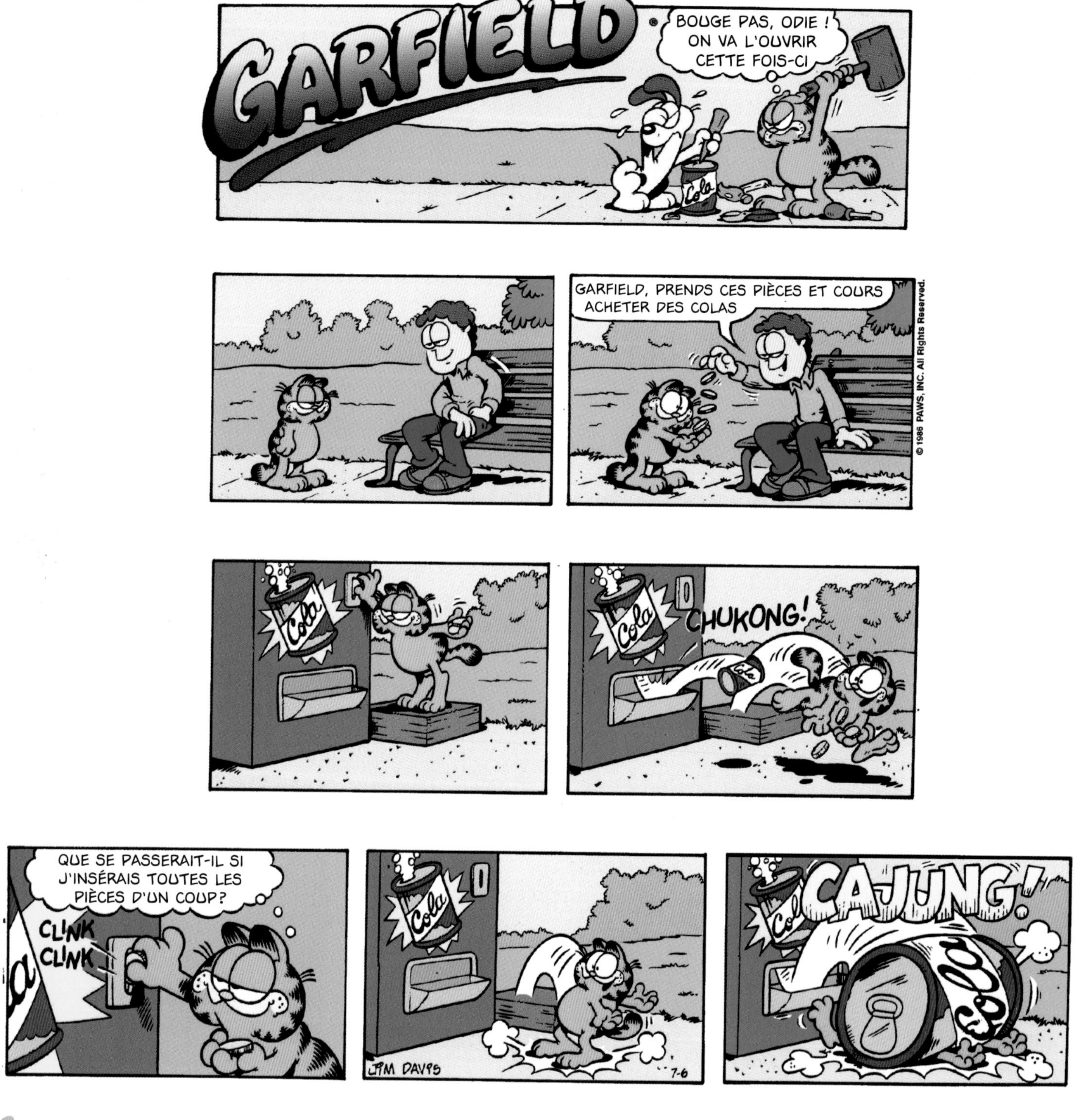

GARFIELD
BOUGE PAS, ODIE ! ON VA L'OUVRIR CETTE FOIS-CI
Cola
GARFIELD, PRENDS CES PIÈCES ET COURS ACHETER DES COLAS
© 1986 PAWS, INC. All Rights Reserved.
Cola
CHUKONG!
QUE SE PASSERAIT-IL SI J'INSÉRAIS TOUTES LES PIÈCES D'UN COUP?
CLINK
CLINK
JIM DAVIS
7-6
CAJUNG!

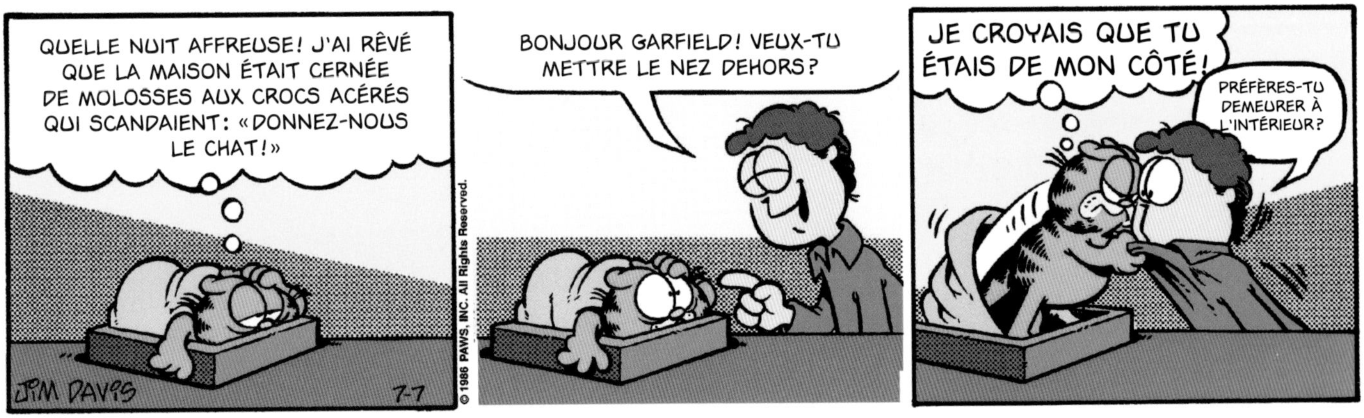
QUELLE NUIT AFFREUSE! J'AI RÊVÉ QUE LA MAISON ÉTAIT CERNÉE DE MOLOSSES AUX CROCS ACÉRÉS QUI SCANDAIENT: «DONNEZ-NOUS LE CHAT!»
JIM DAVIS
7-7
© 1986 PAWS, INC. All Rights Reserved.
BONJOUR GARFIELD! VEUX-TU METTRE LE NEZ DEHORS?
JE CROYAIS QUE TU ÉTAIS DE MON CÔTÉ!
PRÉFÈRES-TU DEMEURER À L'INTÉRIEUR?

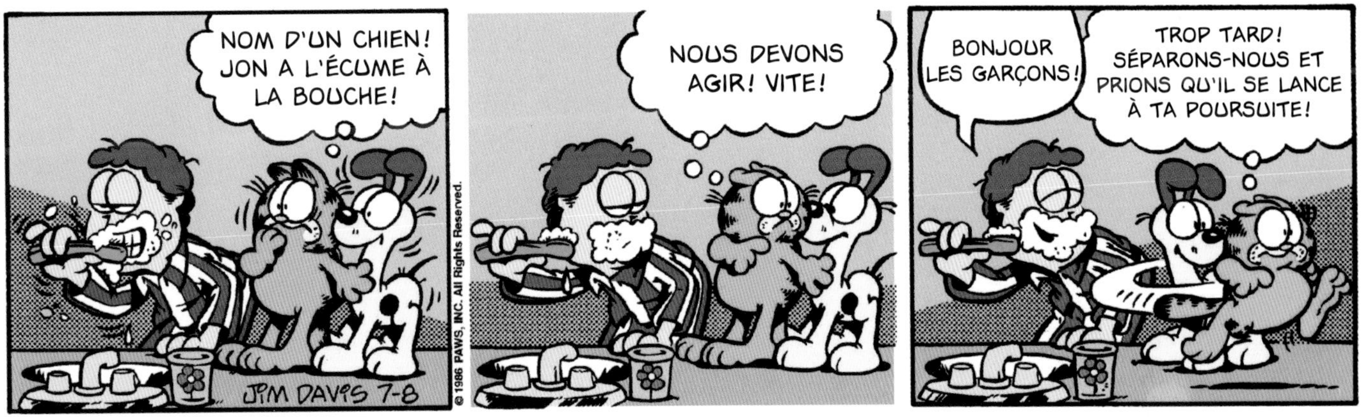
NOM D'UN CHIEN! JON A L'ÉCUME À LA BOUCHE!
JIM DAVIS 7-8
© 1986 PAWS, INC. All Rights Reserved.
NOUS DEVONS AGIR! VITE!
BONJOUR LES GARÇONS!
TROP TARD! SÉPARONS-NOUS ET PRIONS QU'IL SE LANCE À TA POURSUITE!

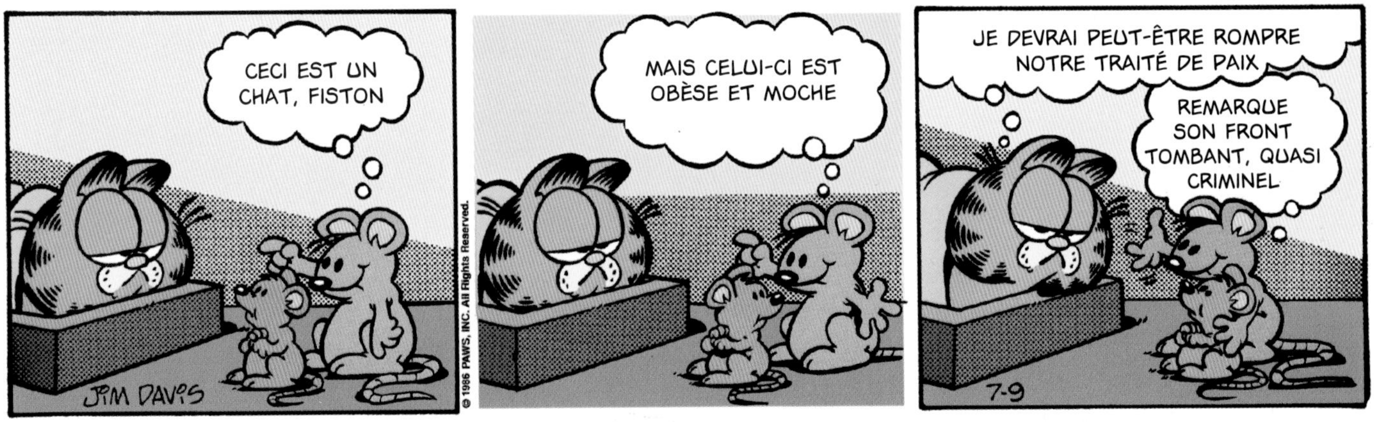
CECI EST UN CHAT, FISTON
JIM DAVIS
© 1986 PAWS, INC. All Rights Reserved.
MAIS CELUI-CI EST OBÈSE ET MOCHE
JE DEVRAI PEUT-ÊTRE ROMPRE NOTRE TRAITÉ DE PAIX
REMARQUE SON FRONT TOMBANT, QUASI CRIMINEL
7-9

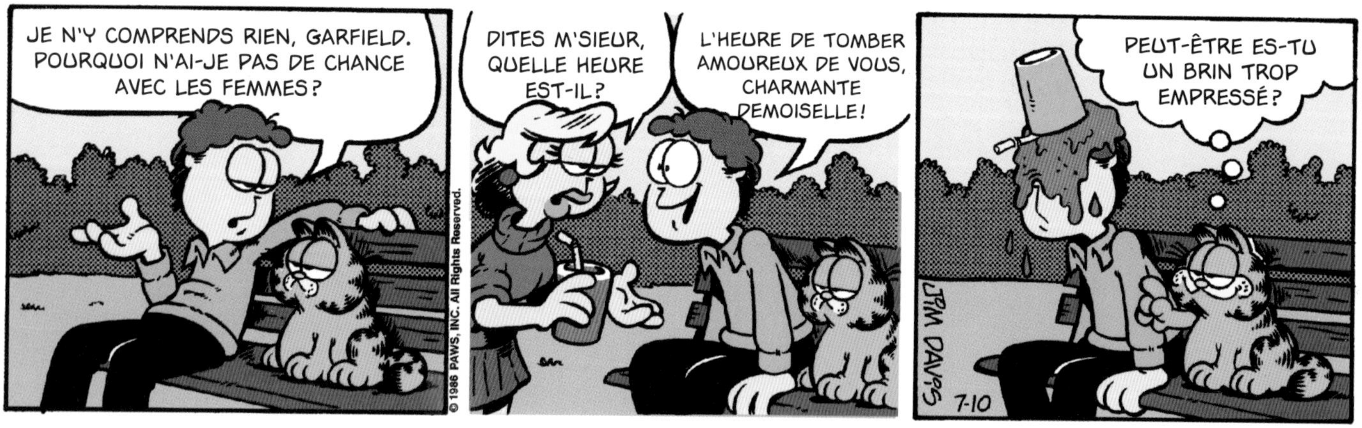
JE N'Y COMPRENDS RIEN, GARFIELD. POURQUOI N'AI-JE PAS DE CHANCE AVEC LES FEMMES?
© 1986 PAWS, INC. All Rights Reserved.
DITES M'SIEUR, QUELLE HEURE EST-IL?
L'HEURE DE TOMBER AMOUREUX DE VOUS, CHARMANTE DEMOISELLE!
PEUT-ÊTRE ES-TU UN BRIN TROP EMPRESSÉ?
JIM DAVIS 7-10

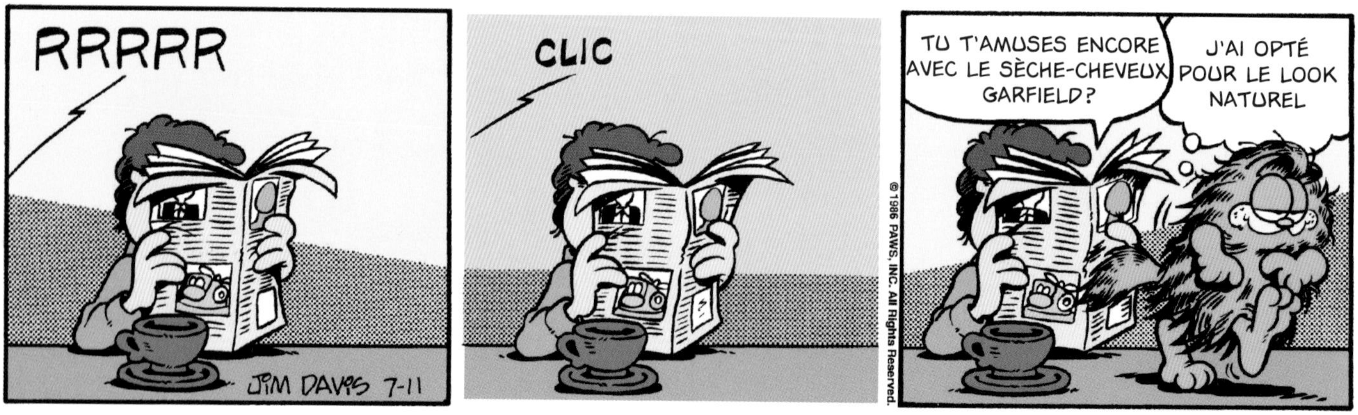
RRRRR
JIM DAVIS 7-11
CLIC
© 1986 PAWS, INC. All Rights Reserved.
TU T'AMUSES ENCORE AVEC LE SÈCHE-CHEVEUX GARFIELD?
J'AI OPTÉ POUR LE LOOK NATUREL

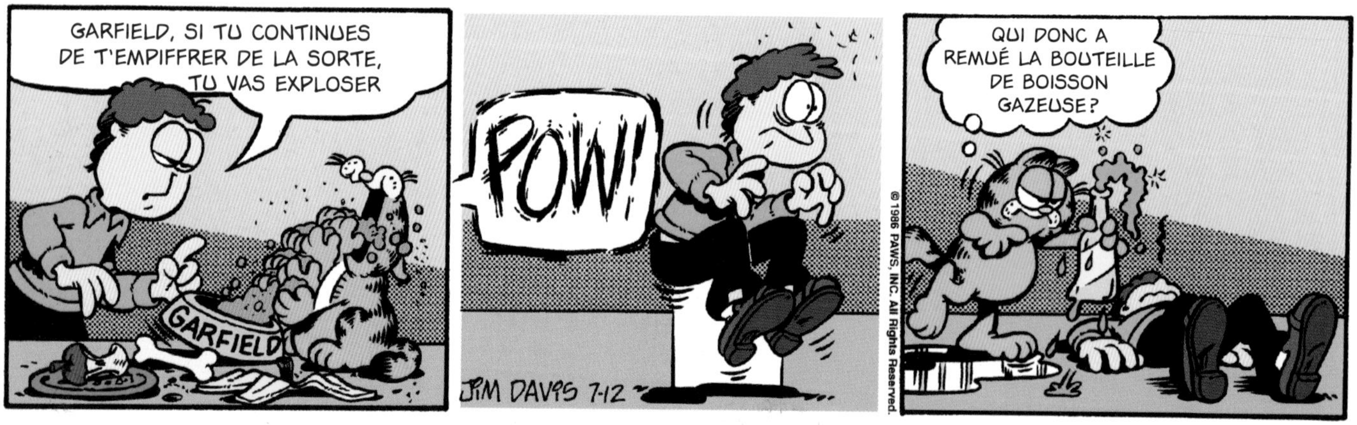
GARFIELD, SI TU CONTINUES DE T'EMPIFFRER DE LA SORTE, TU VAS EXPLOSER
GARFIELD
POW!
JIM DAVIS 7-12
© 1986 PAWS, INC. All Rights Reserved.
QUI DONC A REMUÉ LA BOUTEILLE DE BOISSON GAZEUSE?

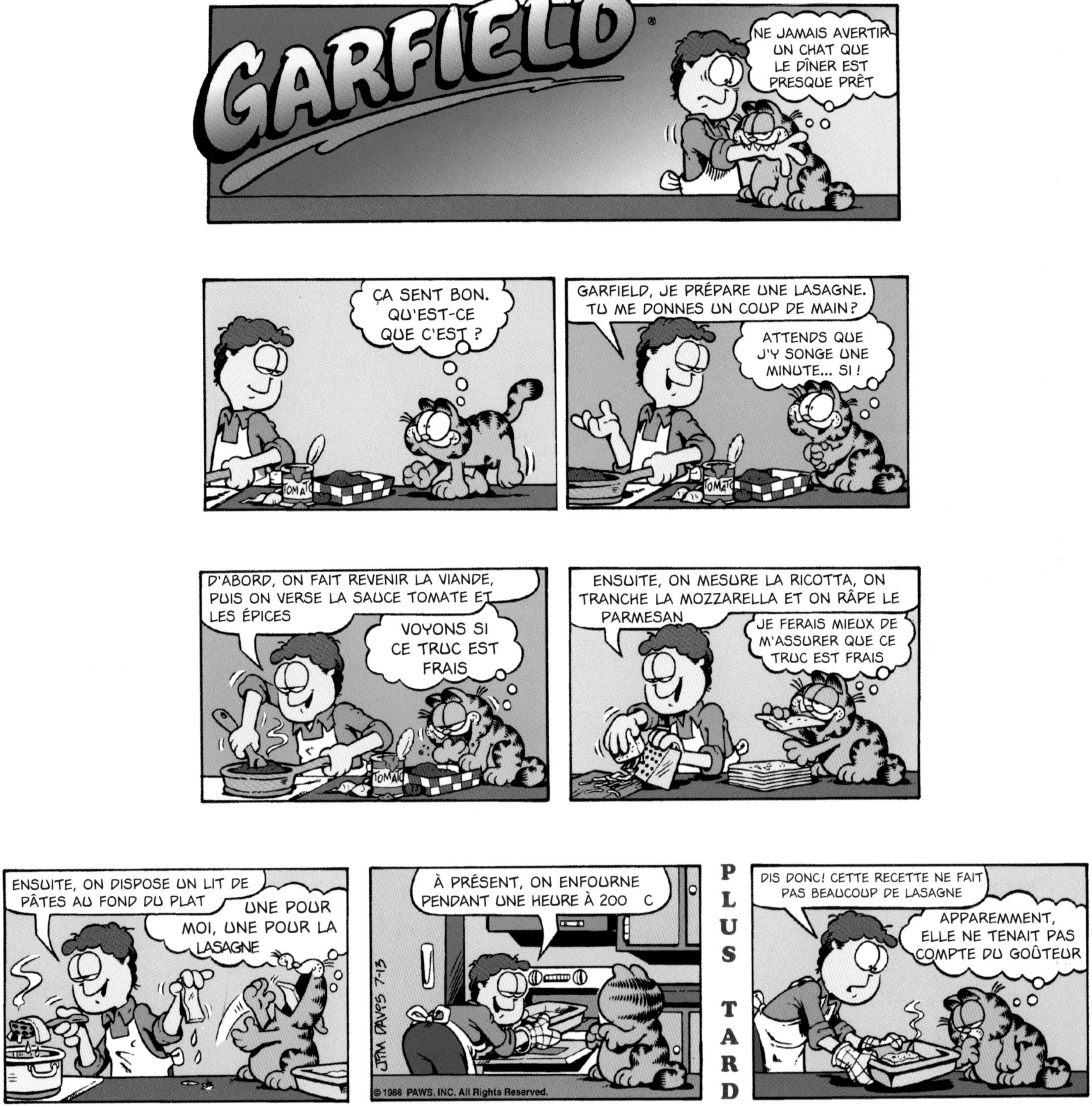
GARFIELD
NE JAMAIS AVERTIR UN CHAT QUE LE DÎNER EST PRESQUE PRÊT
ÇA SENT BON. QU'EST-CE QUE C'EST ?
GARFIELD, JE PRÉPARE UNE LASAGNE. TU ME DONNES UN COUP DE MAIN?
ATTENDS QUE J'Y SONGE UNE MINUTE... SI !
D'ABORD, ON FAIT REVENIR LA VIANDE, PUIS ON VERSE LA SAUCE TOMATE ET LES ÉPICES
VOYONS SI CE TRUC EST FRAIS
ENSUITE, ON MESURE LA RICOTTA, ON TRANCHE LA MOZZARELLA ET ON RÂPE LE PARMESAN
JE FERAIS MIEUX DE M'ASSURER QUE CE TRUC EST FRAIS
ENSUITE, ON DISPOSE UN LIT DE PÂTES AU FOND DU PLAT
UNE POUR MOI, UNE POUR LA LASAGNE
À PRÉSENT, ON ENFOURNE PENDANT UNE HEURE À 200 C
JIM DAVIS 7-13
© 1986 PAWS, INC. All Rights Reserved.
PLUS TARD
DIS DONC! CETTE RECETTE NE FAIT PAS BEAUCOUP DE LASAGNE
APPAREMMENT, ELLE NE TENAIT PAS COMPTE DU GOÛTEUR

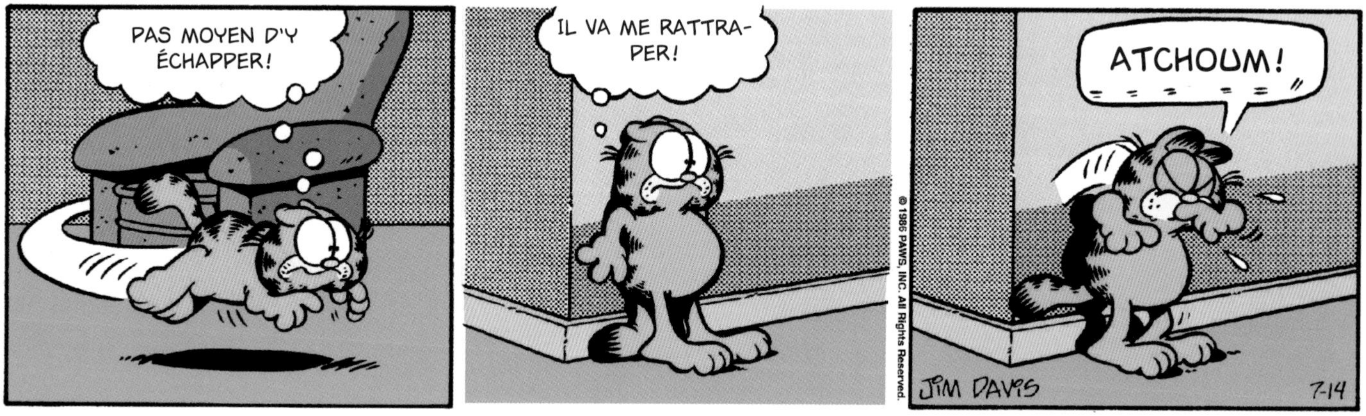
PAS MOYEN D'Y ÉCHAPPER!
IL VA ME RATTRAPER!
ATCHOUM!
© 1986 PAWS, INC. All Rights Reserved.
JIM DAVIS
7-14

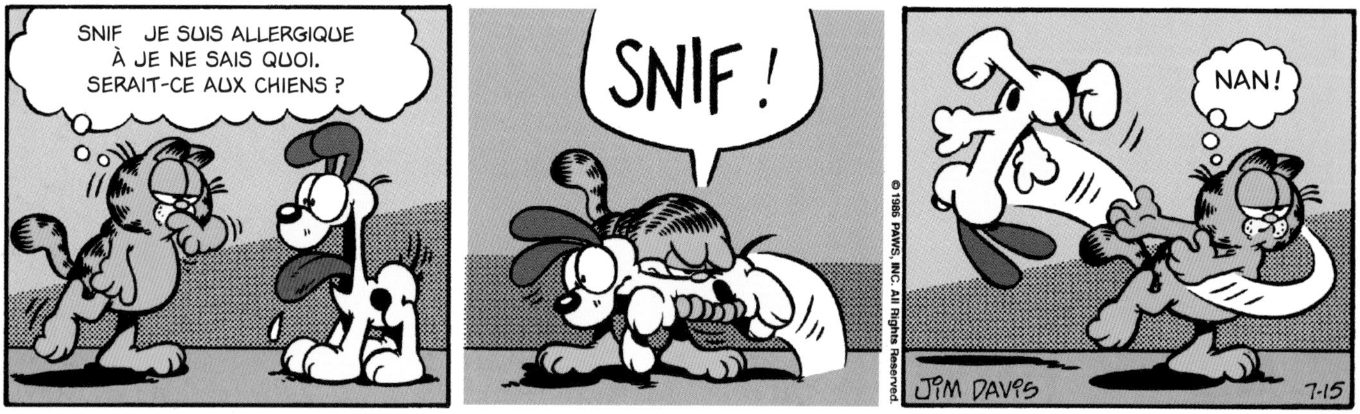
SNIF JE SUIS ALLERGIQUE À JE NE SAIS QUOI. SERAIT-CE AUX CHIENS ?
SNIF !
NAN!
© 1986 PAWS, INC. All Rights Reserved.
JIM DAVIS
7-15

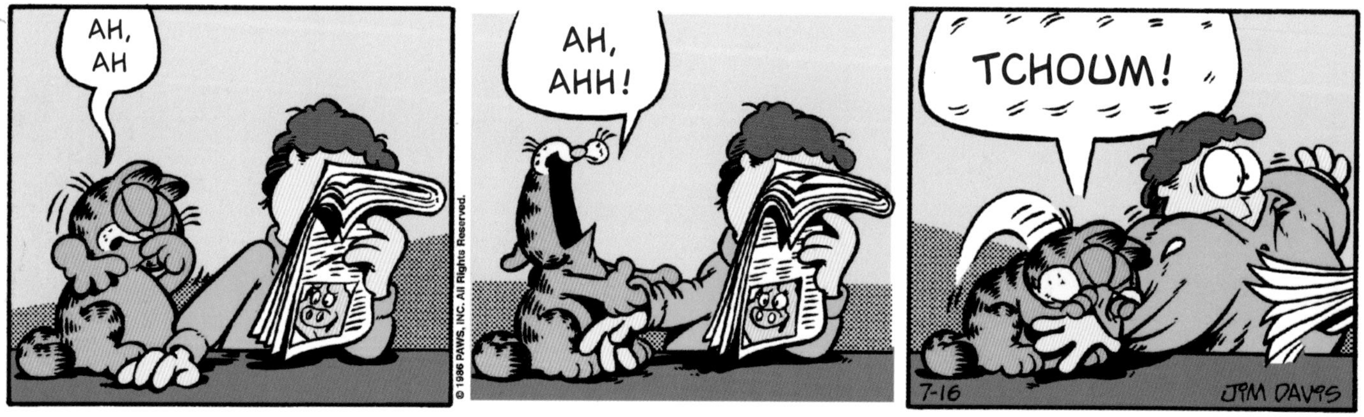
AH, AH
AH, AHH!
TCHOUM!
© 1986 PAWS, INC. All Rights Reserved.
7-16
JIM DAVIS

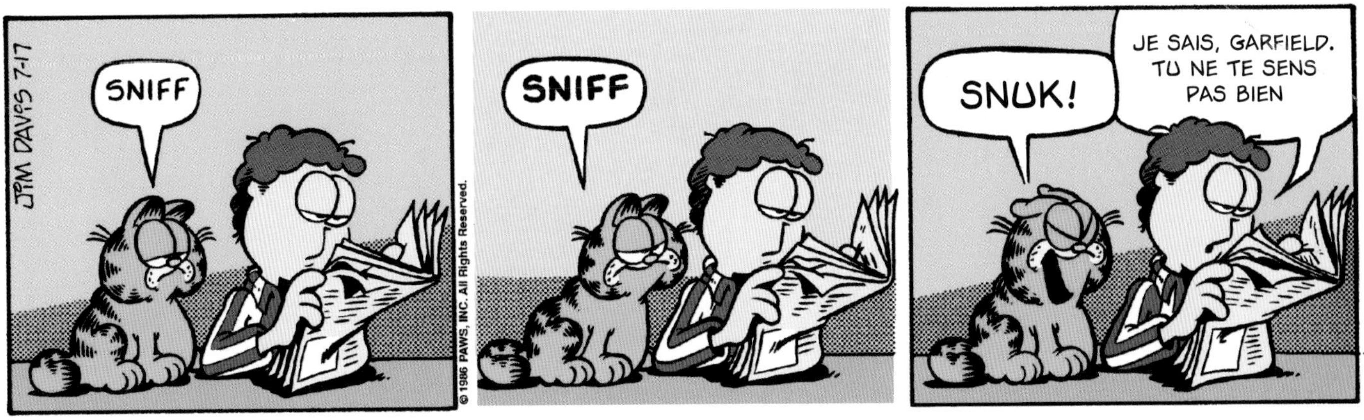
JIM DAVIS 7-17
SNIFF
SNIFF
© 1986 PAWS, INC. All Rights Reserved.
SNUK!
JE SAIS, GARFIELD. TU NE TE SENS PAS BIEN

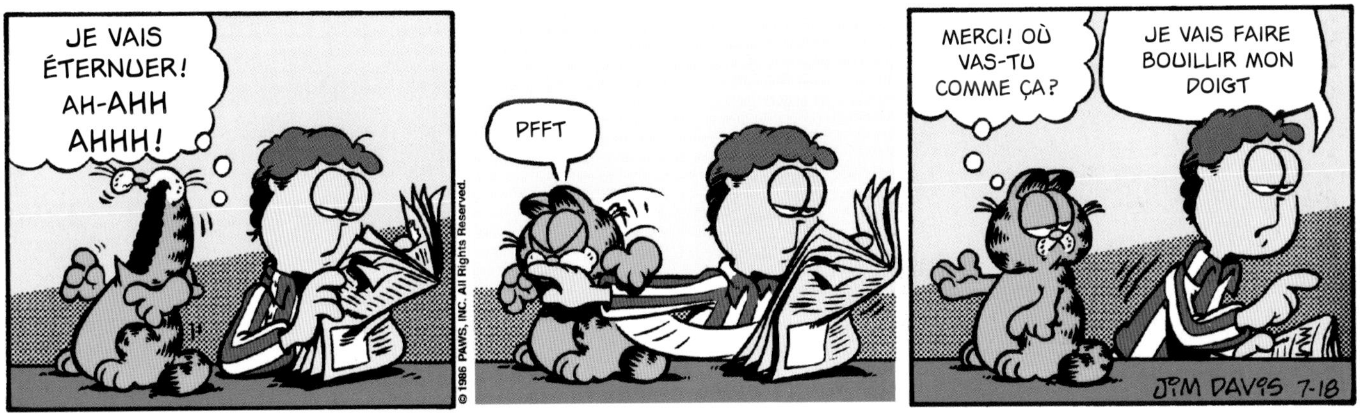
JE VAIS ÉTERNUER! AH-AHH AHHH!
© 1986 PAWS, INC. All Rights Reserved.
PFFT
MERCI! OÙ VAS-TU COMME ÇA?
JE VAIS FAIRE BOUILLIR MON DOIGT
JIM DAVIS 7-18

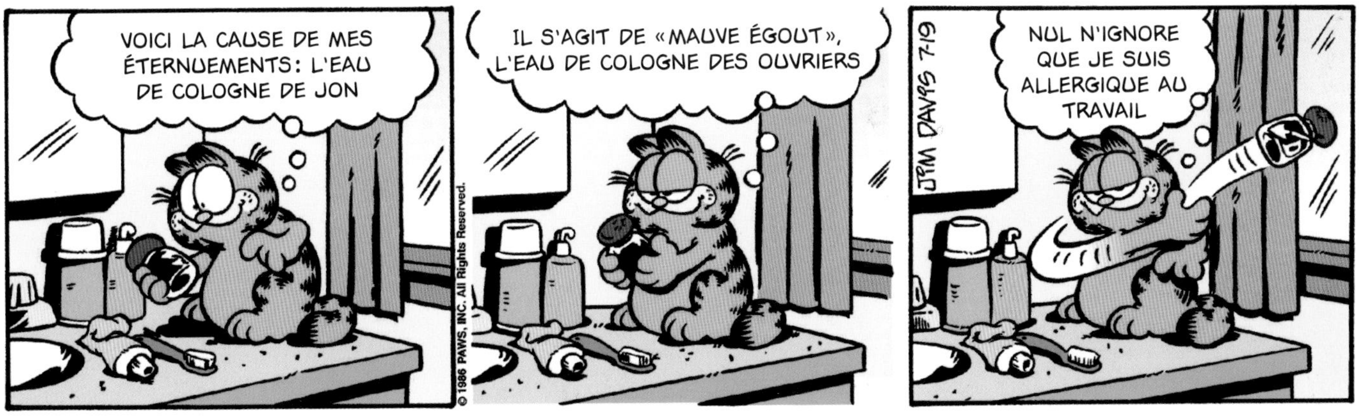
VOICI LA CAUSE DE MES ÉTERNUEMENTS: L'EAU DE COLOGNE DE JON
© 1986 PAWS, INC. All Rights Reserved.
IL S'AGIT DE «MAUVE ÉGOUT», L'EAU DE COLOGNE DES OUVRIERS
JIM DAVIS 7-19
NUL N'IGNORE QUE JE SUIS ALLERGIQUE AU TRAVAIL

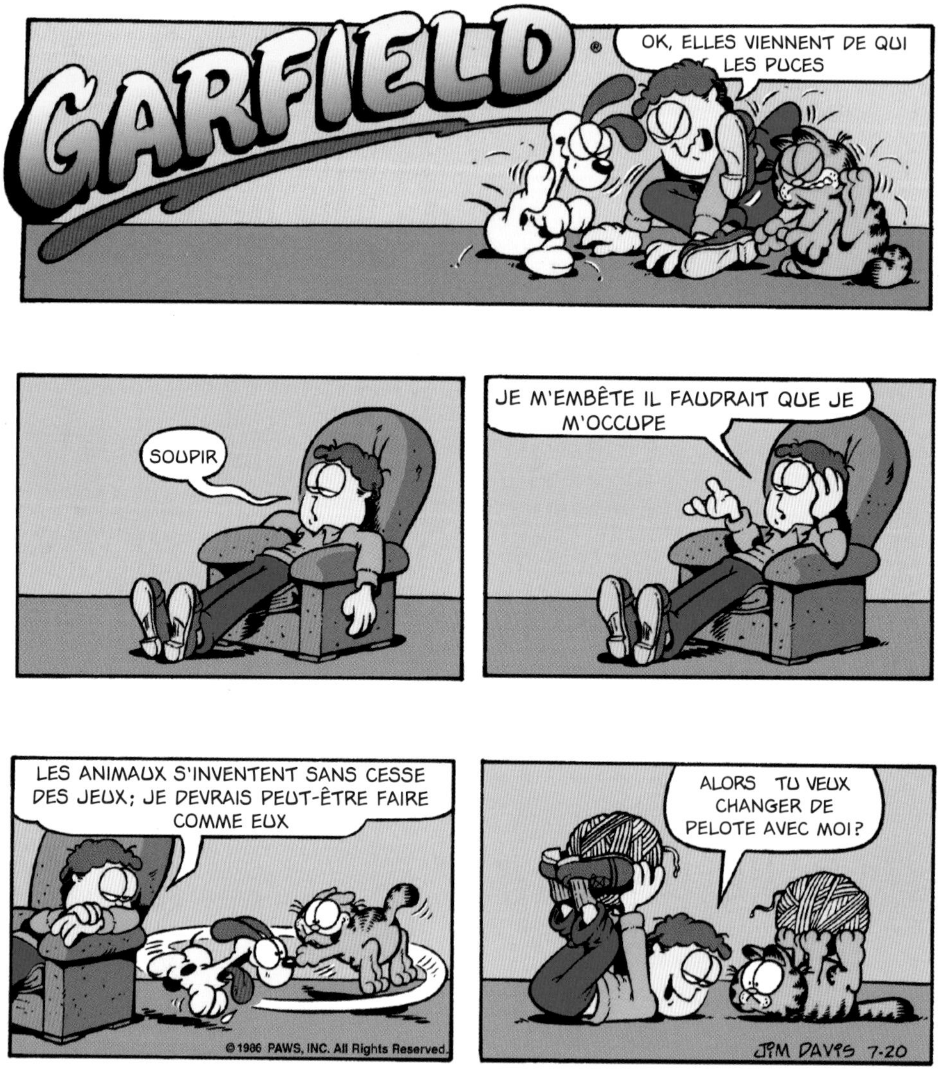
GARFIELD
OK, ELLES VIENNENT DE QUI
LES PUCES
SOUPIR
JE M'EMBÊTE IL FAUDRAIT QUE JE M'OCCUPE
LES ANIMAUX S'INVENTENT SANS CESSE DES JEUX; JE DEVRAIS PEUT-ÊTRE FAIRE COMME EUX
©1986 PAWS, INC. All Rights Reserved.
ALORS TU VEUX CHANGER DE PELOTE AVEC MOI?
JIM DAVIS 7-20

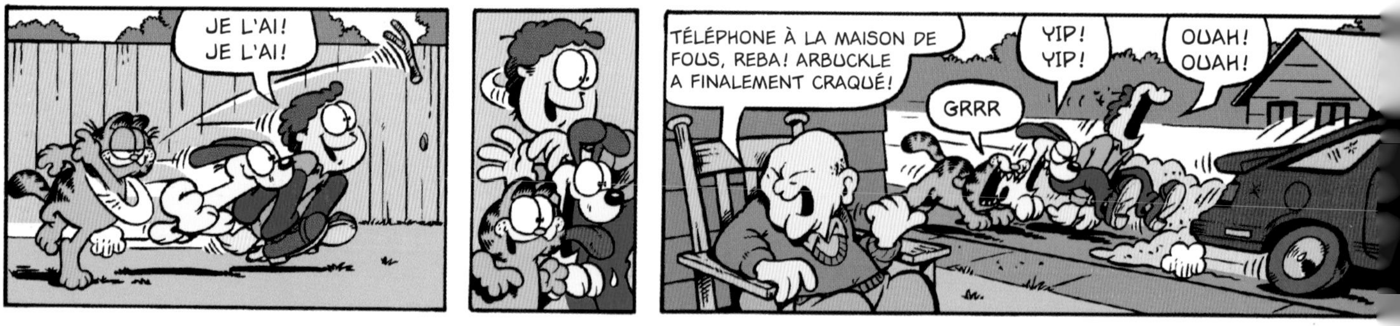
JE L'AI! JE L'AI!
TÉLÉPHONE À LA MAISON DE FOUS, REBA! ARBUCKLE A FINALEMENT CRAQUÉ!
GRRR
YIP! YIP!
OUAH! OUAH!

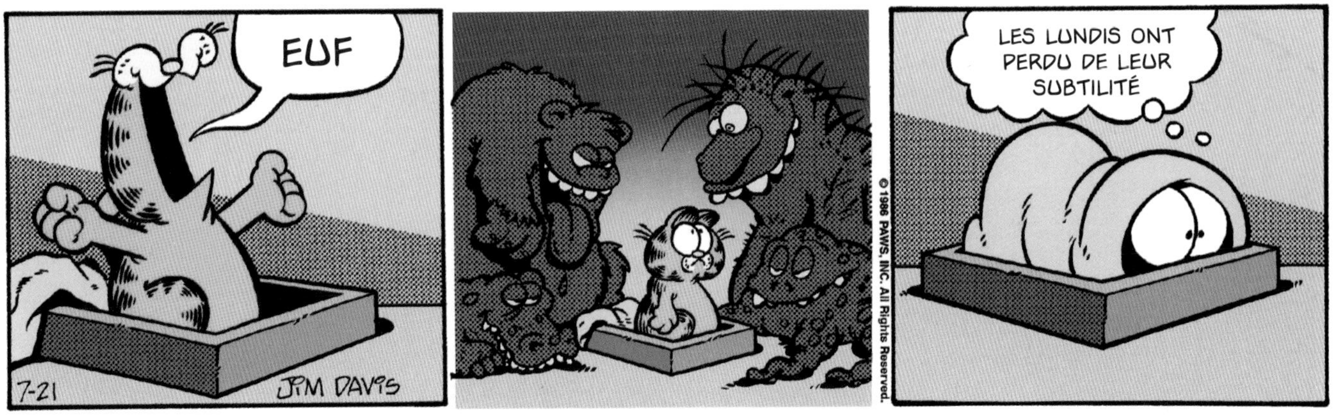
EUF
JIM DAVIS
7-21
© 1986 PAWS, INC. All Rights Reserved.
LES LUNDIS ONT PERDU DE LEUR SUBTILITÉ

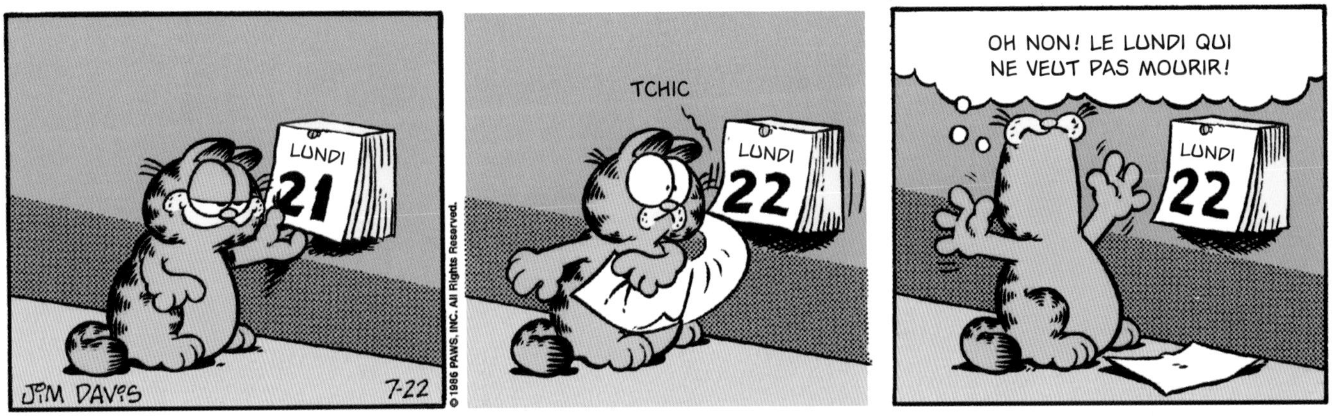
LUNDI 21
JIM DAVIS
7-22
© 1986 PAWS, INC. All Rights Reserved.
TCHIC
LUNDI 22
OH NON! LE LUNDI QUI NE VEUT PAS MOURIR!
LUNDI 22

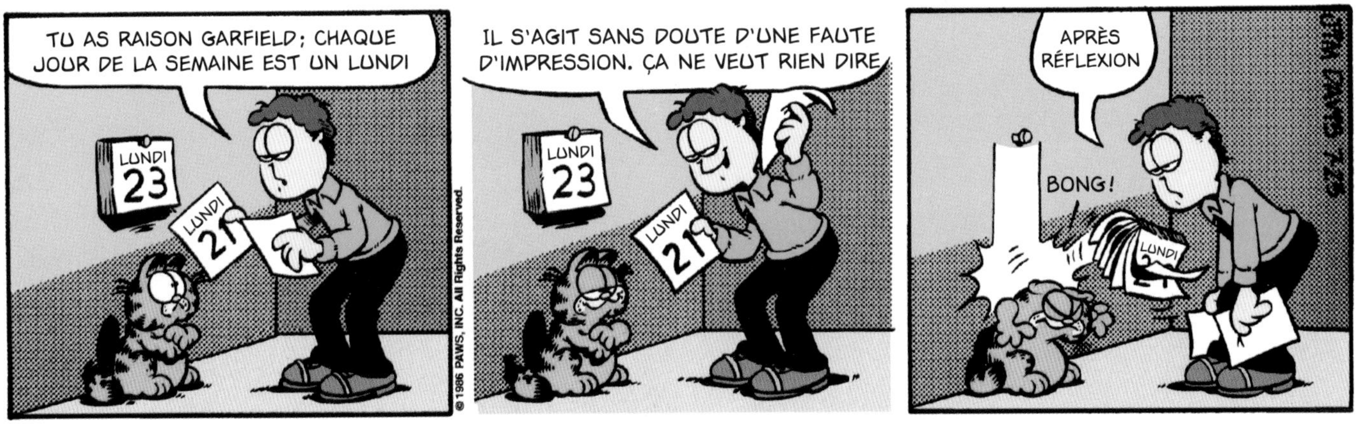
TU AS RAISON GARFIELD; CHAQUE JOUR DE LA SEMAINE EST UN LUNDI
LUNDI 23
LUNDI 21
© 1986 PAWS, INC. All Rights Reserved.
IL S'AGIT SANS DOUTE D'UNE FAUTE D'IMPRESSION. ÇA NE VEUT RIEN DIRE
LUNDI 23
LUNDI 21
APRÈS RÉFLEXION
BONG!
JIM DAVIS 7-23

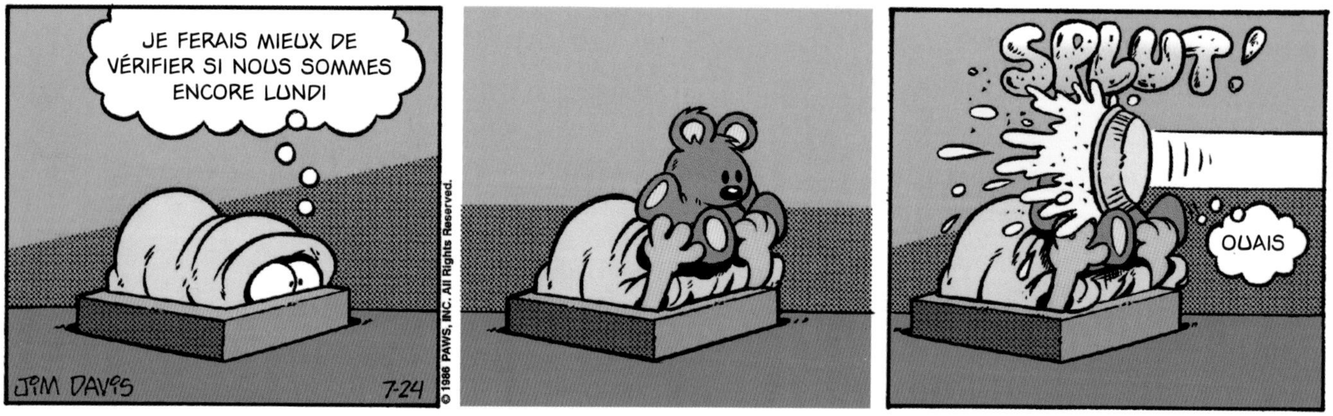
JE FERAIS MIEUX DE VÉRIFIER SI NOUS SOMMES ENCORE LUNDI
JIM DAVIS 7-24
© 1986 PAWS, INC. All Rights Reserved.
SPLUT!
OUAIS

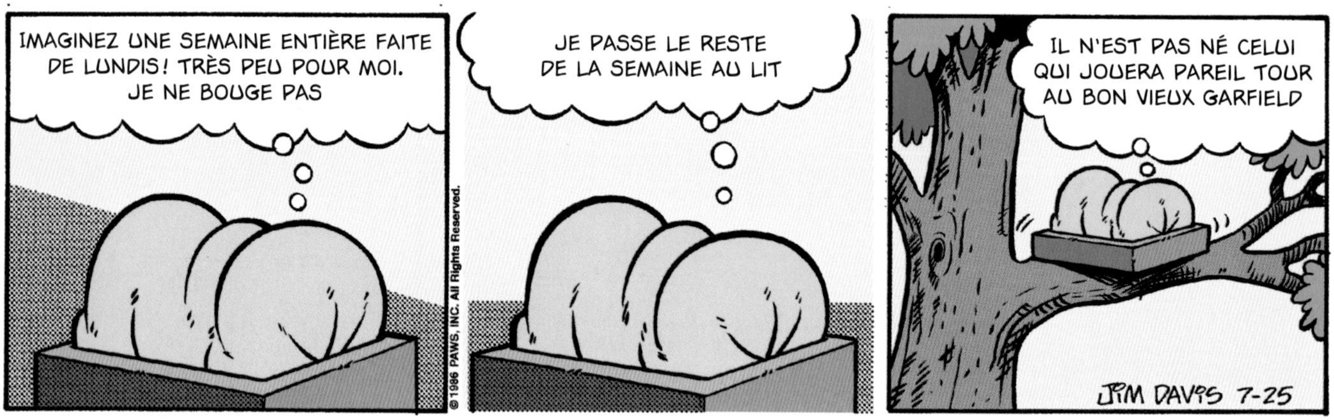
IMAGINEZ UNE SEMAINE ENTIÈRE FAITE DE LUNDIS! TRÈS PEU POUR MOI. JE NE BOUGE PAS
© 1986 PAWS, INC. All Rights Reserved.
JE PASSE LE RESTE DE LA SEMAINE AU LIT
IL N'EST PAS NÉ CELUI QUI JOUERA PAREIL TOUR AU BON VIEUX GARFIELD
JIM DAVIS 7-25

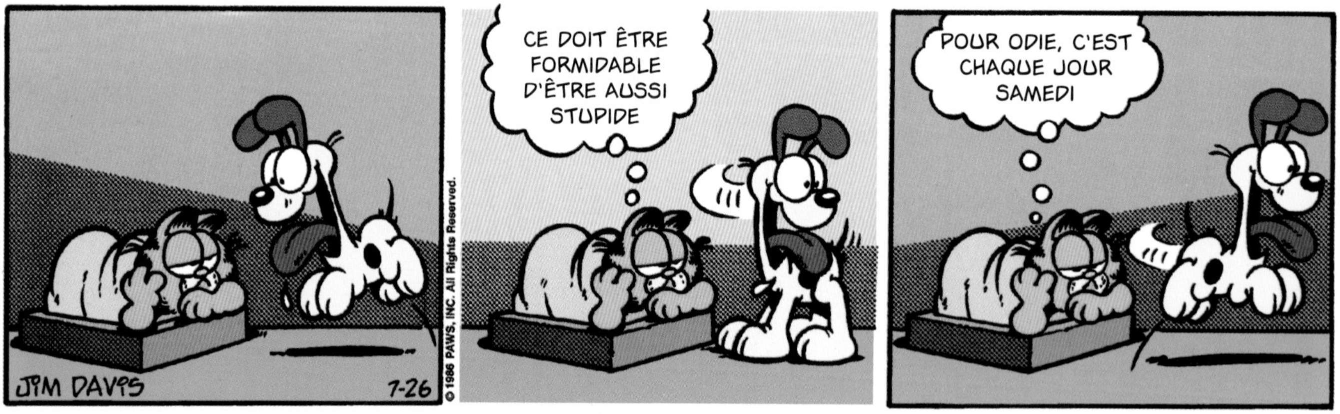
JIM DAVIS 7-26
© 1986 PAWS, INC. All Rights Reserved.
CE DOIT ÊTRE FORMIDABLE D'ÊTRE AUSSI STUPIDE
POUR ODIE, C'EST CHAQUE JOUR SAMEDI

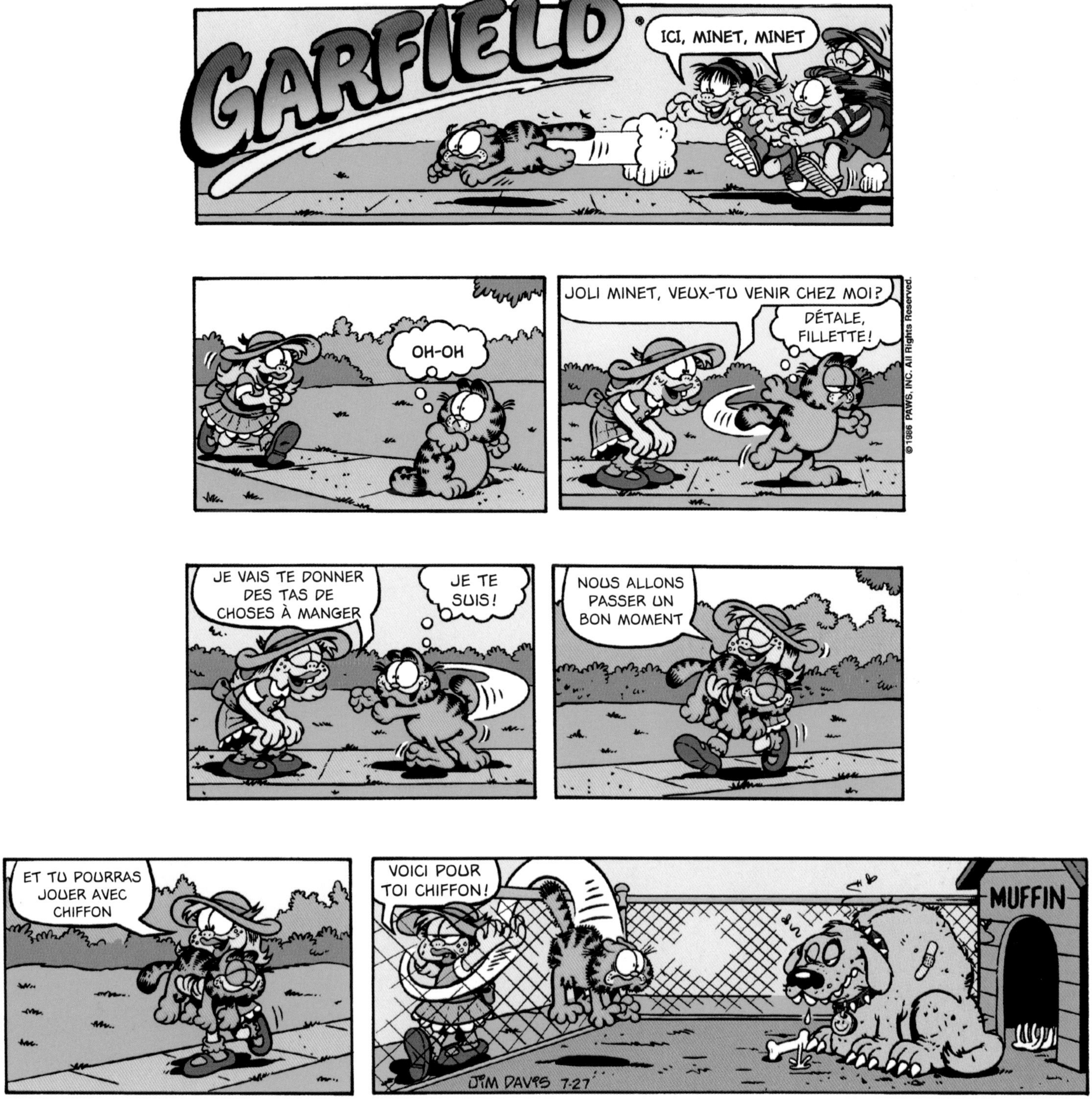
GARFIELD®
ICI, MINET, MINET
OH-OH
JOLI MINET, VEUX-TU VENIR CHEZ MOI?
DÉTALE, FILLETTE!
© 1986 PAWS, INC. All Rights Reserved.
JE VAIS TE DONNER DES TAS DE CHOSES À MANGER
JE TE SUIS!
NOUS ALLONS PASSER UN BON MOMENT
ET TU POURRAS JOUER AVEC CHIFFON
VOICI POUR TOI CHIFFON!
MUFFIN
JIM DAVIS 7-27

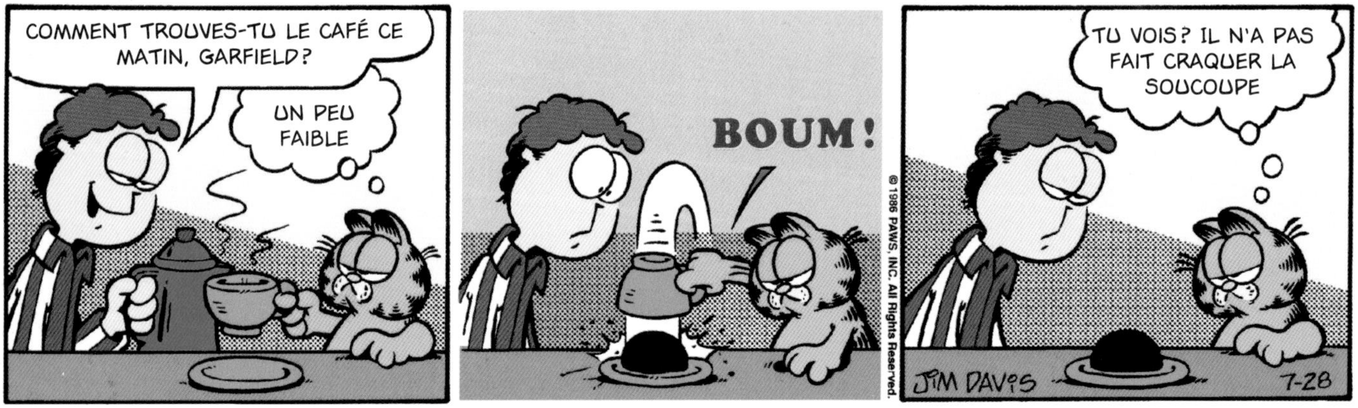
COMMENT TROUVES-TU LE CAFÉ CE MATIN, GARFIELD?
UN PEU FAIBLE
BOUM!
© 1986 PAWS, INC. All Rights Reserved.
TU VOIS? IL N'A PAS FAIT CRAQUER LA SOUCOUPE
JIM DAVIS
7-28

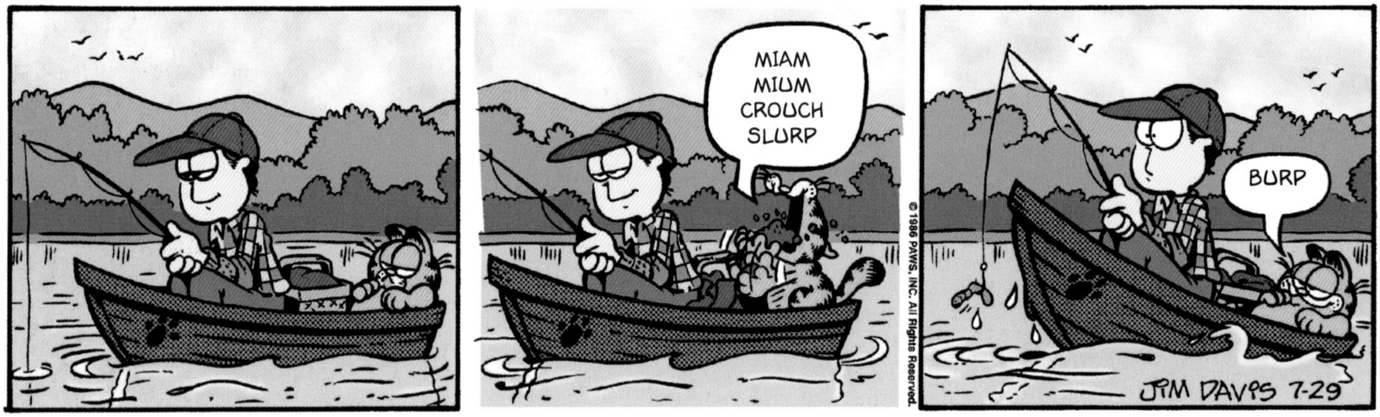
MIAM MIUM CROUCH SLURP
© 1986 PAWS, INC. All Rights Reserved.
BURP
JIM DAVIS 7-29

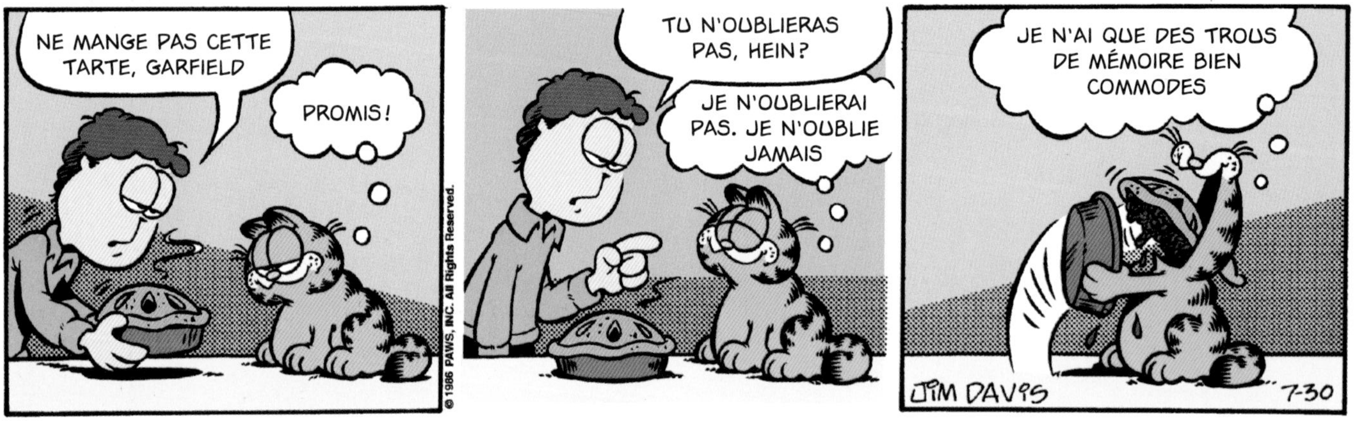
NE MANGE PAS CETTE TARTE, GARFIELD
PROMIS!
© 1986 PAWS, INC. All Rights Reserved.
TU N'OUBLIERAS PAS, HEIN?
JE N'OUBLIERAI PAS. JE N'OUBLIE JAMAIS
JE N'AI QUE DES TROUS DE MÉMOIRE BIEN COMMODES
JIM DAVIS
7-30

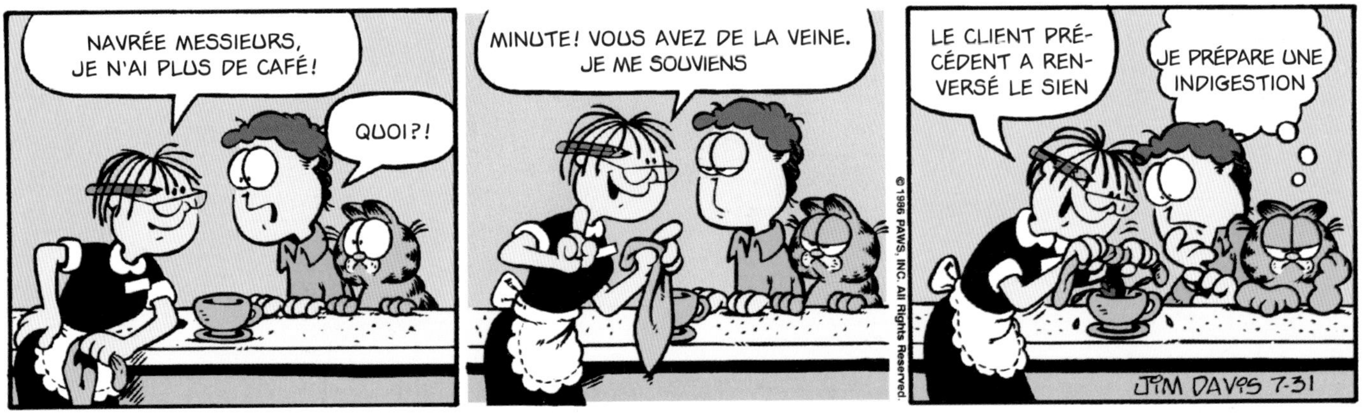
NAVRÉE MESSIEURS, JE N'AI PLUS DE CAFÉ!
QUOI?!
MINUTE! VOUS AVEZ DE LA VEINE. JE ME SOUVIENS
© 1986 PAWS, INC. All Rights Reserved.
LE CLIENT PRÉCÉDENT A RENVERSÉ LE SIEN
JE PRÉPARE UNE INDIGESTION
JIM DAVIS 7-31

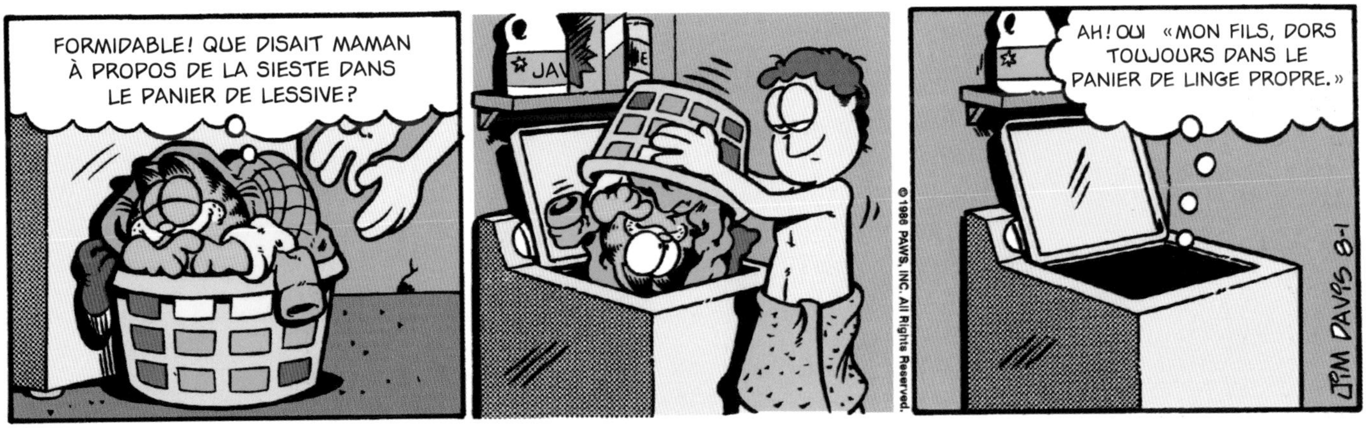
FORMIDABLE! QUE DISAIT MAMAN À PROPOS DE LA SIESTE DANS LE PANIER DE LESSIVE?
© 1986 PAWS, INC. All Rights Reserved.
AH! OUI «MON FILS, DORS TOUJOURS DANS LE PANIER DE LINGE PROPRE.»
JIM DAVIS 8-1

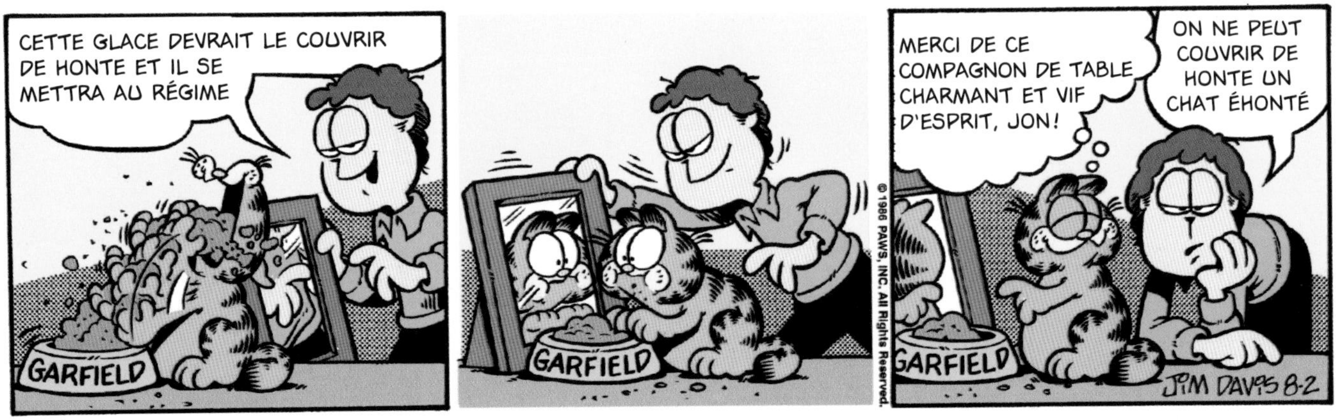
CETTE GLACE DEVRAIT LE COUVRIR DE HONTE ET IL SE METTRA AU RÉGIME
GARFIELD
GARFIELD
© 1986 PAWS, INC. All Rights Reserved.
MERCI DE CE COMPAGNON DE TABLE CHARMANT ET VIF D'ESPRIT, JON!
ON NE PEUT COUVRIR DE HONTE UN CHAT ÉHONTÉ
GARFIELD
JIM DAVIS 8-2

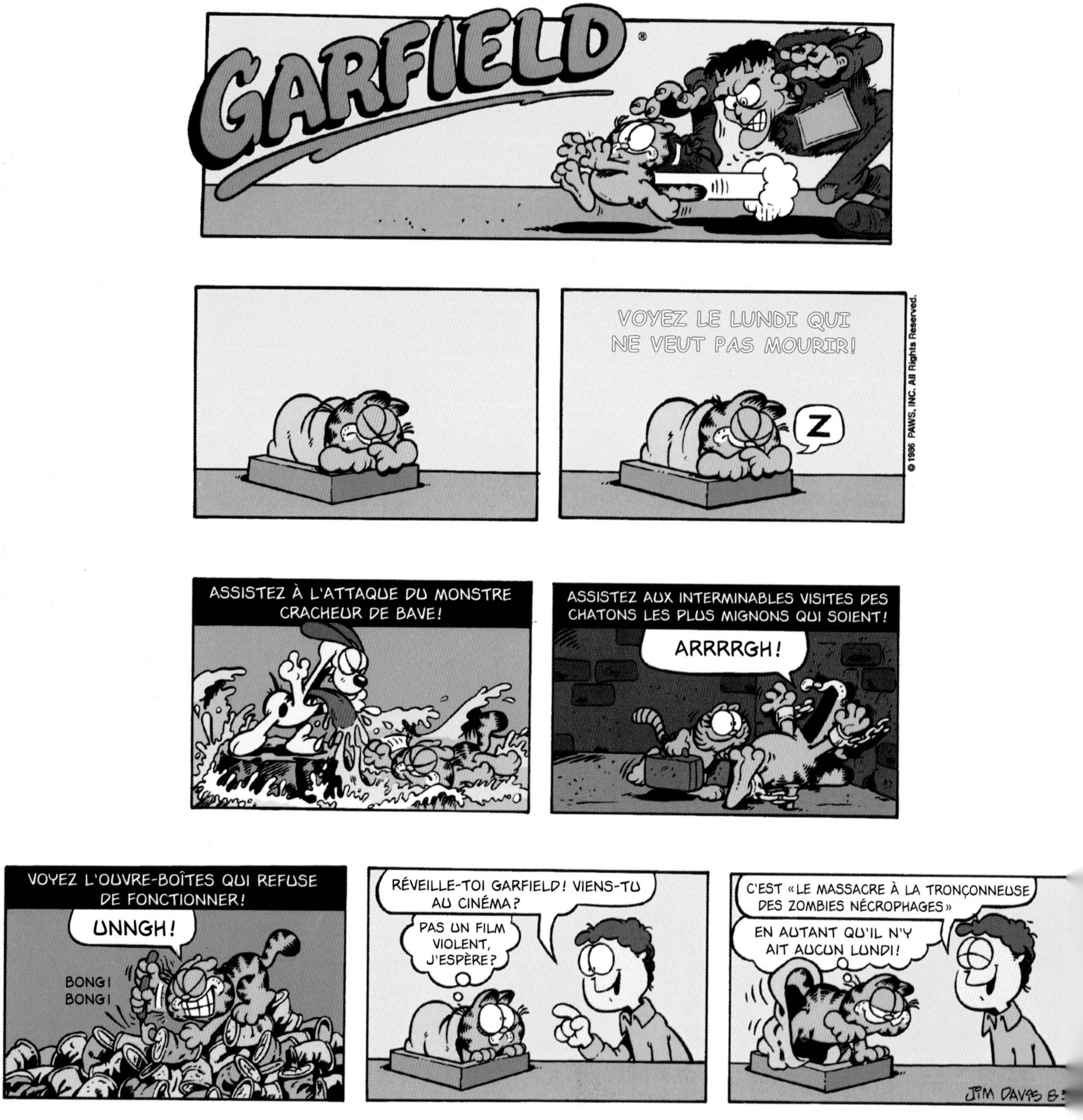
GARFIELD®
VOYEZ LE LUNDI QUI NE VEUT PAS MOURIR!
Z
© 1986 PAWS, INC. All Rights Reserved.
ASSISTEZ À L'ATTAQUE DU MONSTRE CRACHEUR DE BAVE!
ASSISTEZ AUX INTERMINABLES VISITES DES CHATONS LES PLUS MIGNONS QUI SOIENT!
ARRRRGH!
VOYEZ L'OUVRE-BOÎTES QUI REFUSE DE FONCTIONNER!
UNNGH!
BONG! BONG!
RÉVEILLE-TOI GARFIELD! VIENS-TU AU CINÉMA?
PAS UN FILM VIOLENT, J'ESPÈRE?
C'EST «LE MASSACRE À LA TRONÇONNEUSE DES ZOMBIES NÉCROPHAGES»
EN AUTANT QU'IL N'Y AIT AUCUN LUNDI!
JIM DAVIS

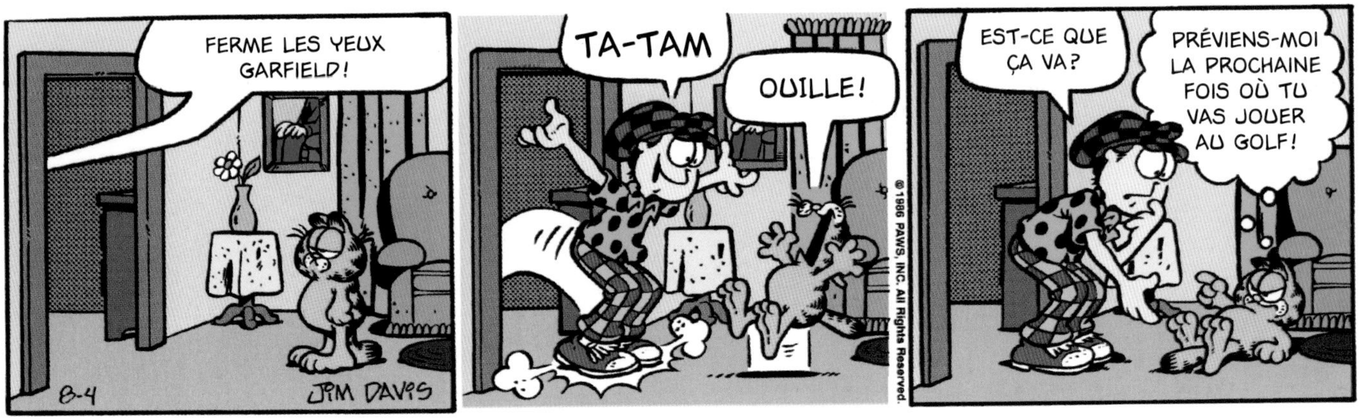
FERME LES YEUX GARFIELD!
8-4
JIM DAVIS
TA-TAM
OUILLE!
© 1986 PAWS, INC. All Rights Reserved.
EST-CE QUE ÇA VA?
PRÉVIENS-MOI LA PROCHAINE FOIS OÙ TU VAS JOUER AU GOLF!

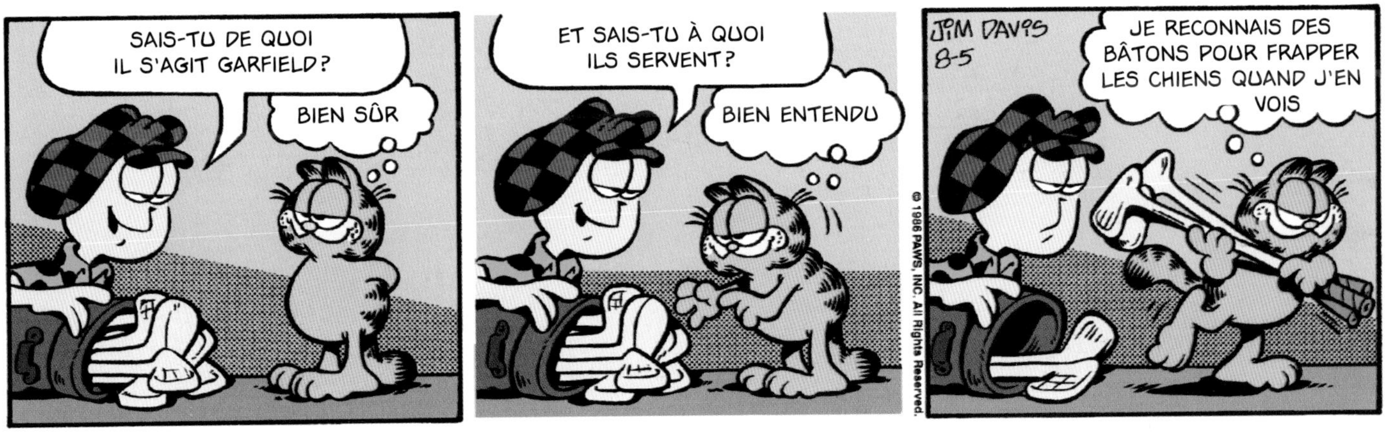
SAIS-TU DE QUOI IL S'AGIT GARFIELD?
BIEN SÛR
ET SAIS-TU À QUOI ILS SERVENT?
BIEN ENTENDU
© 1986 PAWS, INC. All Rights Reserved.
JIM DAVIS
8-5
JE RECONNAIS DES BÂTONS POUR FRAPPER LES CHIENS QUAND J'EN VOIS

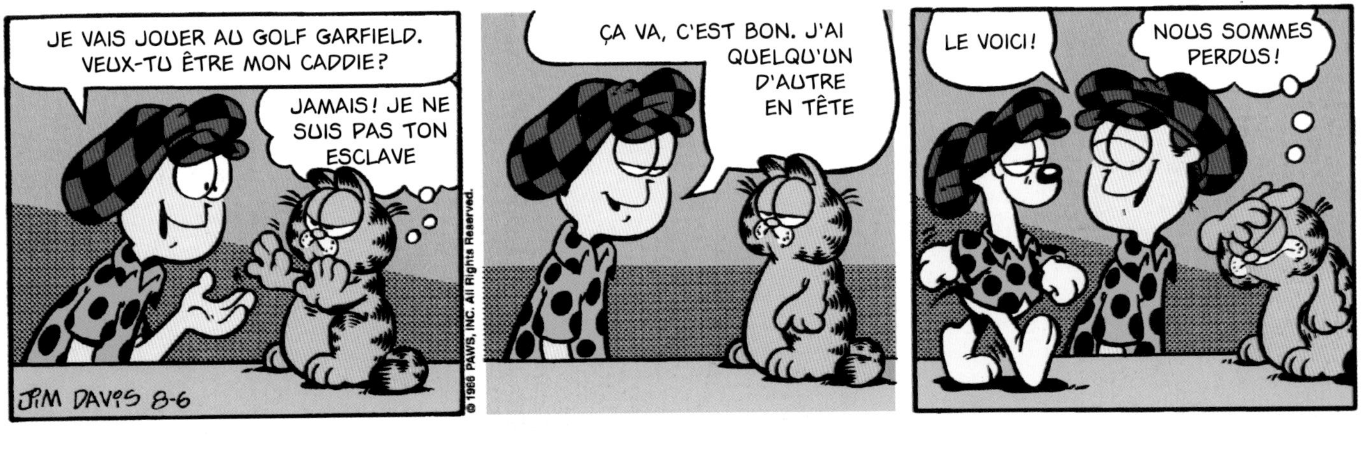
JE VAIS JOUER AU GOLF GARFIELD. VEUX-TU ÊTRE MON CADDIE?
JAMAIS! JE NE SUIS PAS TON ESCLAVE
JIM DAVIS 8-6
© 1986 PAWS, INC. All Rights Reserved.
ÇA VA, C'EST BON. J'AI QUELQU'UN D'AUTRE EN TÊTE
LE VOICI!
NOUS SOMMES PERDUS!

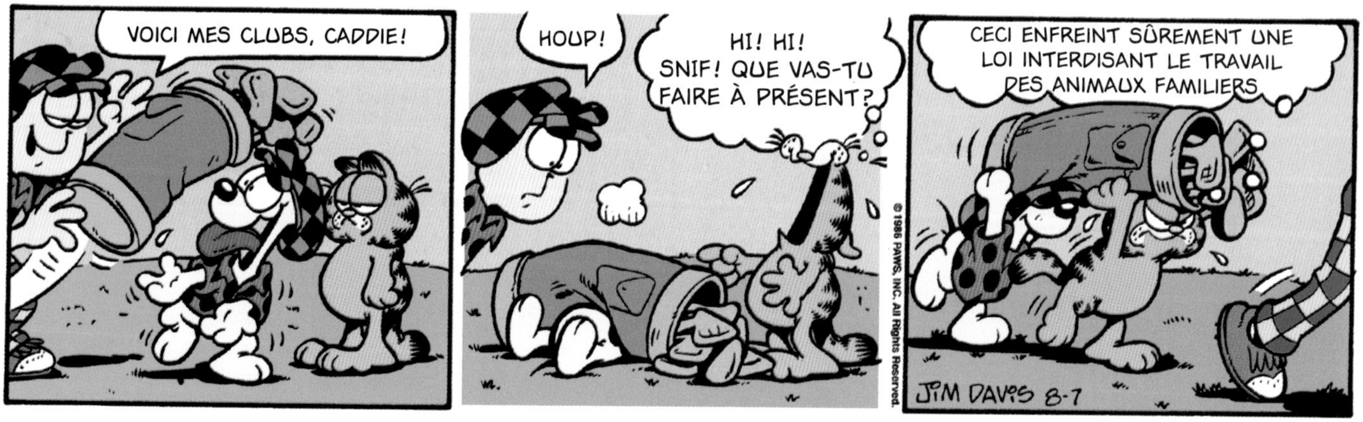
VOICI MES CLUBS, CADDIE!
HOUP!
HI! HI! SNIF! QUE VAS-TU FAIRE À PRÉSENT?
© 1986 PAWS, INC. All Rights Reserved.
CECI ENFREINT SÛREMENT UNE LOI INTERDISANT LE TRAVAIL DES ANIMAUX FAMILIERS
JIM DAVIS 8-7

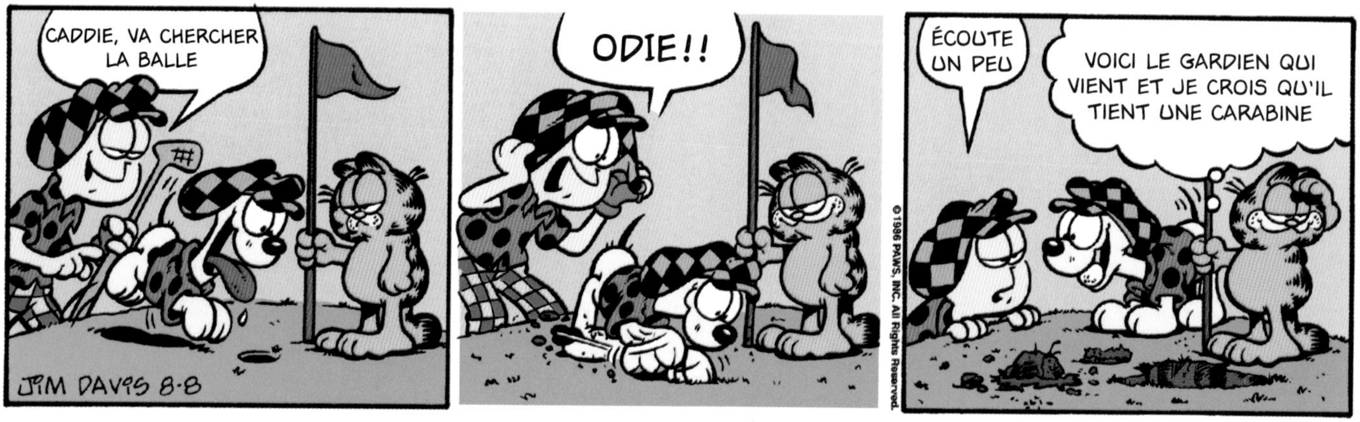
CADDIE, VA CHERCHER LA BALLE
JIM DAVIS 8-8
ODIE!!
© 1986 PAWS, INC. All Rights Reserved.
ÉCOUTE UN PEU
VOICI LE GARDIEN QUI VIENT ET JE CROIS QU'IL TIENT UNE CARABINE

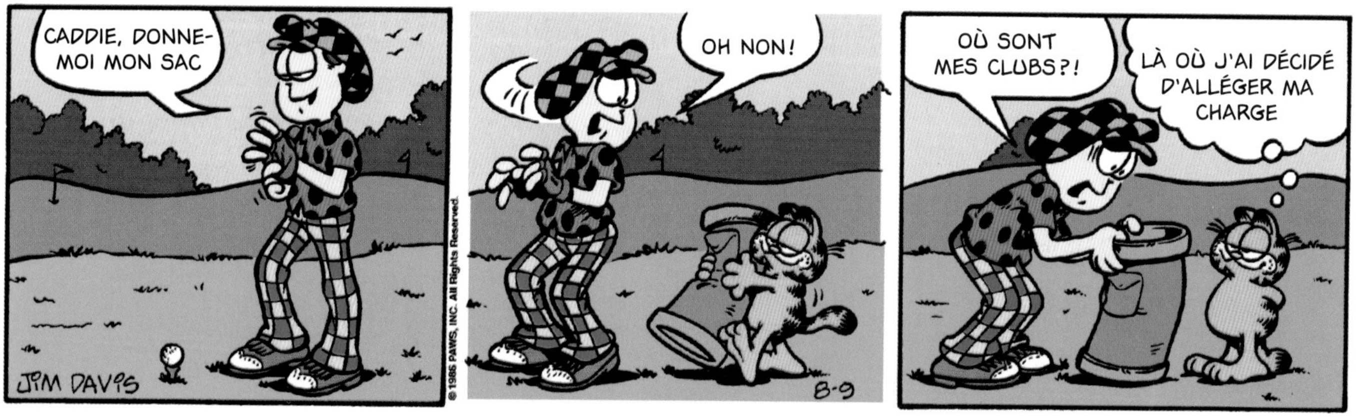
CADDIE, DONNE-MOI MON SAC
JIM DAVIS
© 1986 PAWS, INC. All Rights Reserved.
OH NON!
8-9
OÙ SONT MES CLUBS?!
LÀ OÙ J'AI DÉCIDÉ D'ALLÉGER MA CHARGE

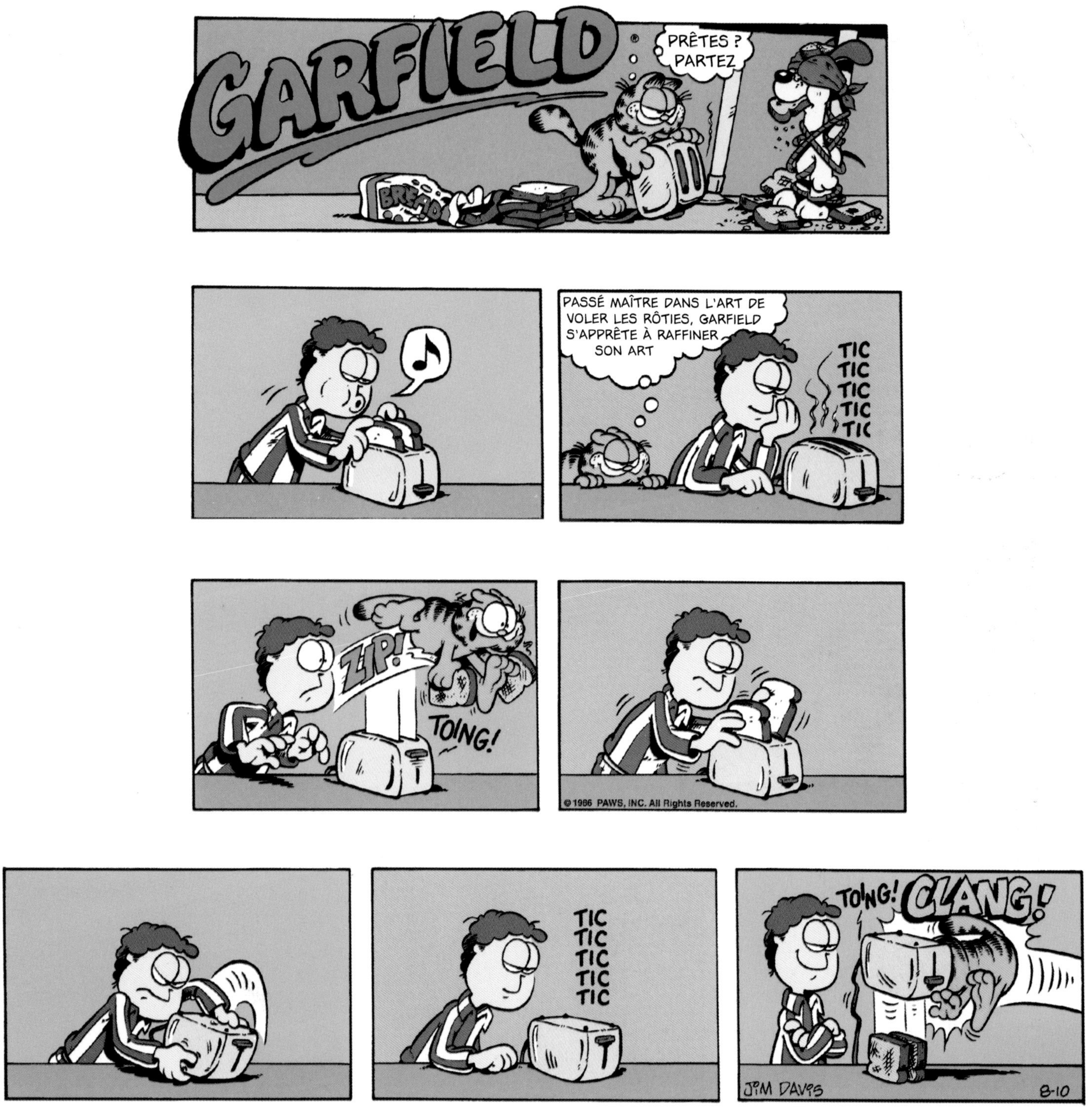
GARFIELD®
PRÊTES ? PARTEZ
BREAD
PASSÉ MAÎTRE DANS L'ART DE VOLER LES RÔTIES, GARFIELD S'APPRÊTE À RAFFINER SON ART
TIC TIC TIC TIC TIC
ZIP!
TOING!
© 1986 PAWS, INC. All Rights Reserved.
TIC TIC TIC TIC TIC
TOING! CLANG!
JIM DAVIS
8-10

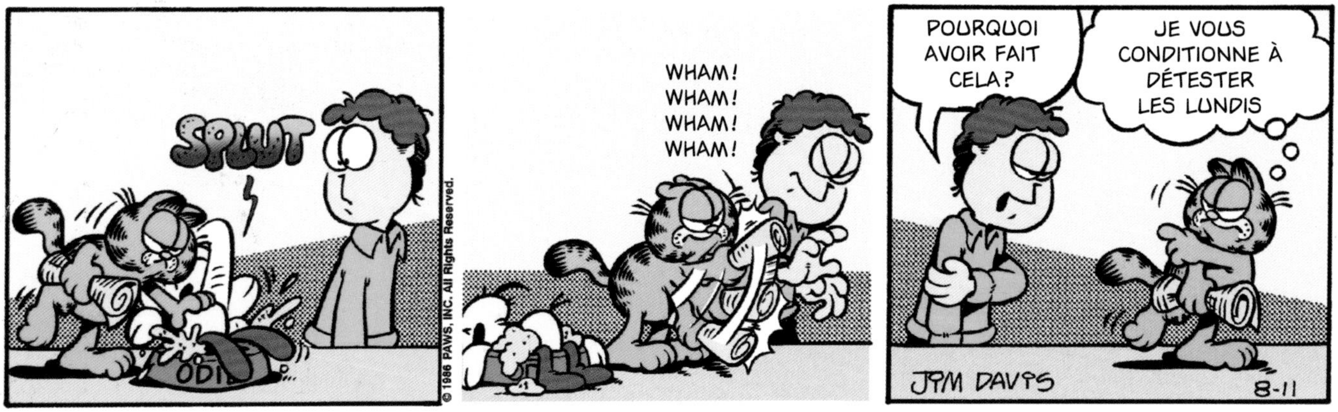
SPLUT
ODIE
© 1986 PAWS, INC. All Rights Reserved.
WHAM! WHAM! WHAM! WHAM!
POURQUOI AVOIR FAIT CELA?
JE VOUS CONDITIONNE À DÉTESTER LES LUNDIS
JIM DAVIS
8-11

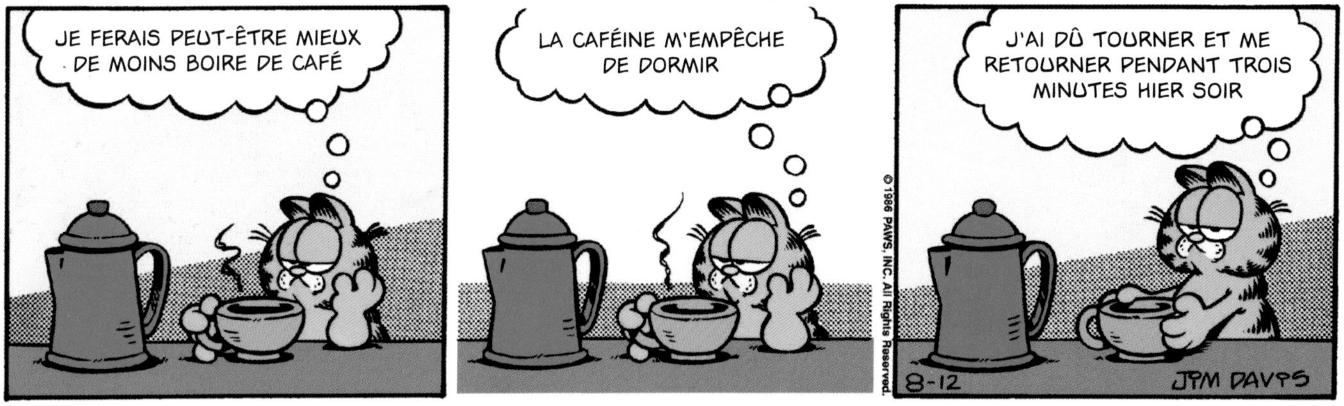
JE FERAIS PEUT-ÊTRE MIEUX DE MOINS BOIRE DE CAFÉ
LA CAFÉINE M'EMPÊCHE DE DORMIR
© 1986 PAWS, INC. All Rights Reserved.
J'AI DÛ TOURNER ET ME RETOURNER PENDANT TROIS MINUTES HIER SOIR
8-12
JIM DAVIS

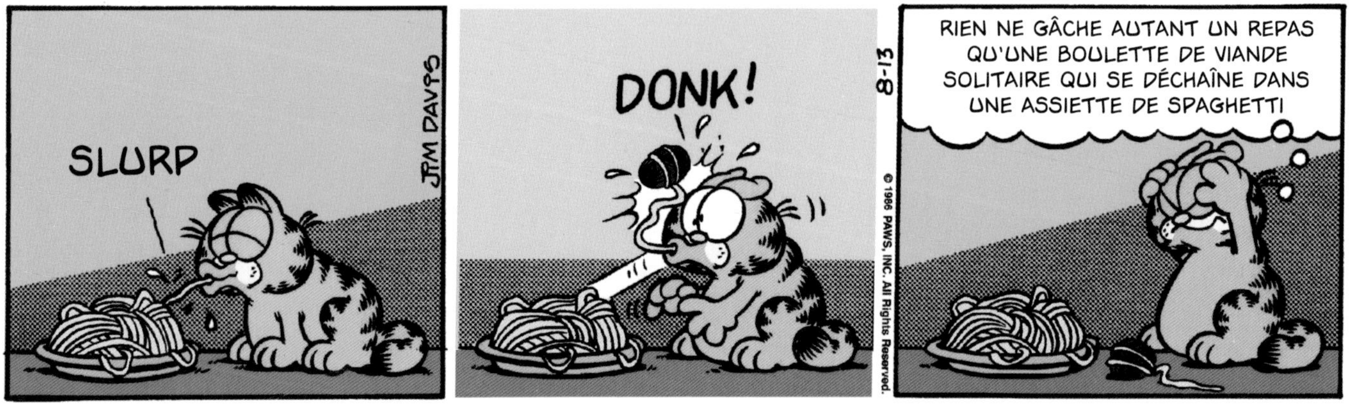
JIM DAVIS
SLURP
DONK!
8-13
© 1986 PAWS, INC. All Rights Reserved.
RIEN NE GÂCHE AUTANT UN REPAS QU'UNE BOULETTE DE VIANDE SOLITAIRE QUI SE DÉCHAÎNE DANS UNE ASSIETTE DE SPAGHETTI

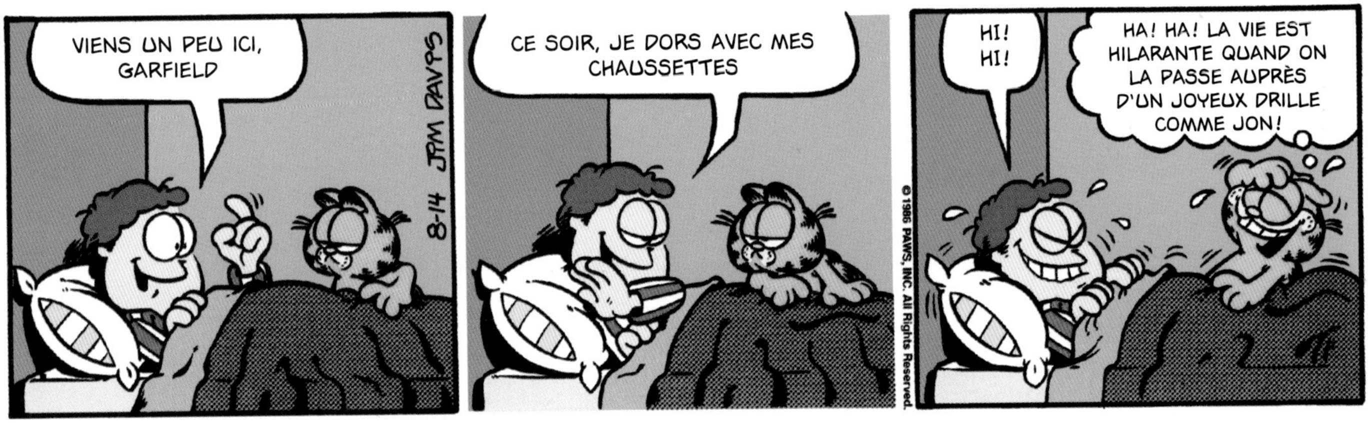
VIENS UN PEU ICI, GARFIELD
CE SOIR, JE DORS AVEC MES CHAUSSETTES
HI! HI!
HA! HA! LA VIE EST HILARANTE QUAND ON LA PASSE AUPRÈS D'UN JOYEUX DRILLE COMME JON!
© 1986 PAWS, INC. All Rights Reserved.

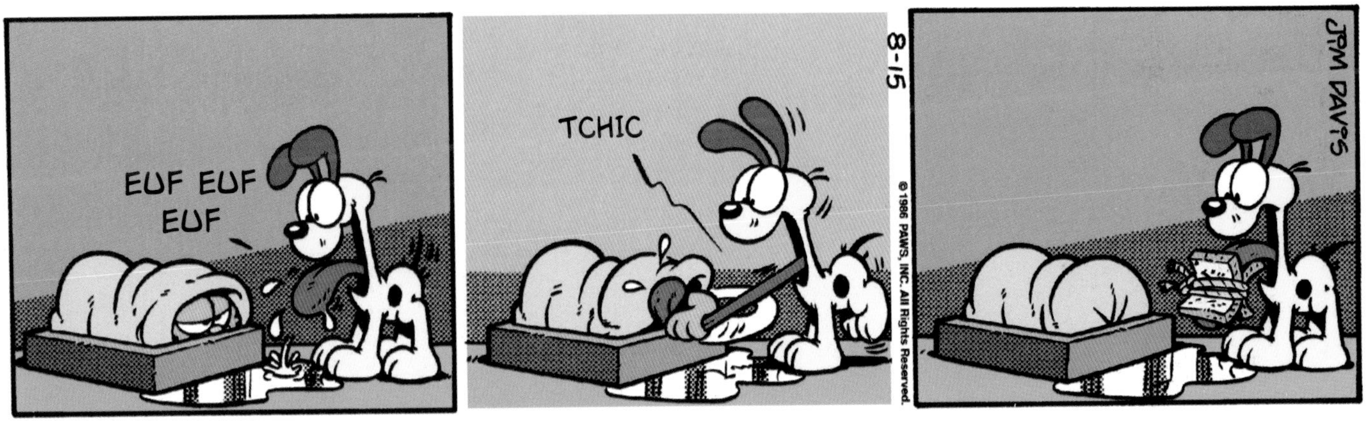
EUF EUF EUF
TCHIC
© 1986 PAWS, INC. All Rights Reserved.

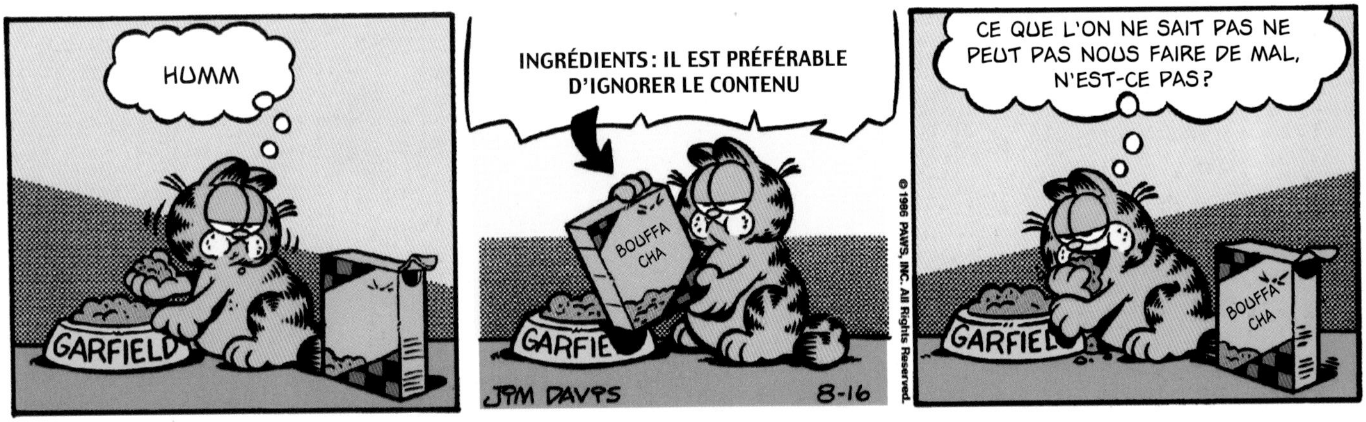
HUMM
GARFIELD
INGRÉDIENTS : IL EST PRÉFÉRABLE D'IGNORER LE CONTENU
BOUFFA CHA
CE QUE L'ON NE SAIT PAS NE PEUT PAS NOUS FAIRE DE MAL, N'EST-CE PAS ?
© 1986 PAWS, INC. All Rights Reserved.

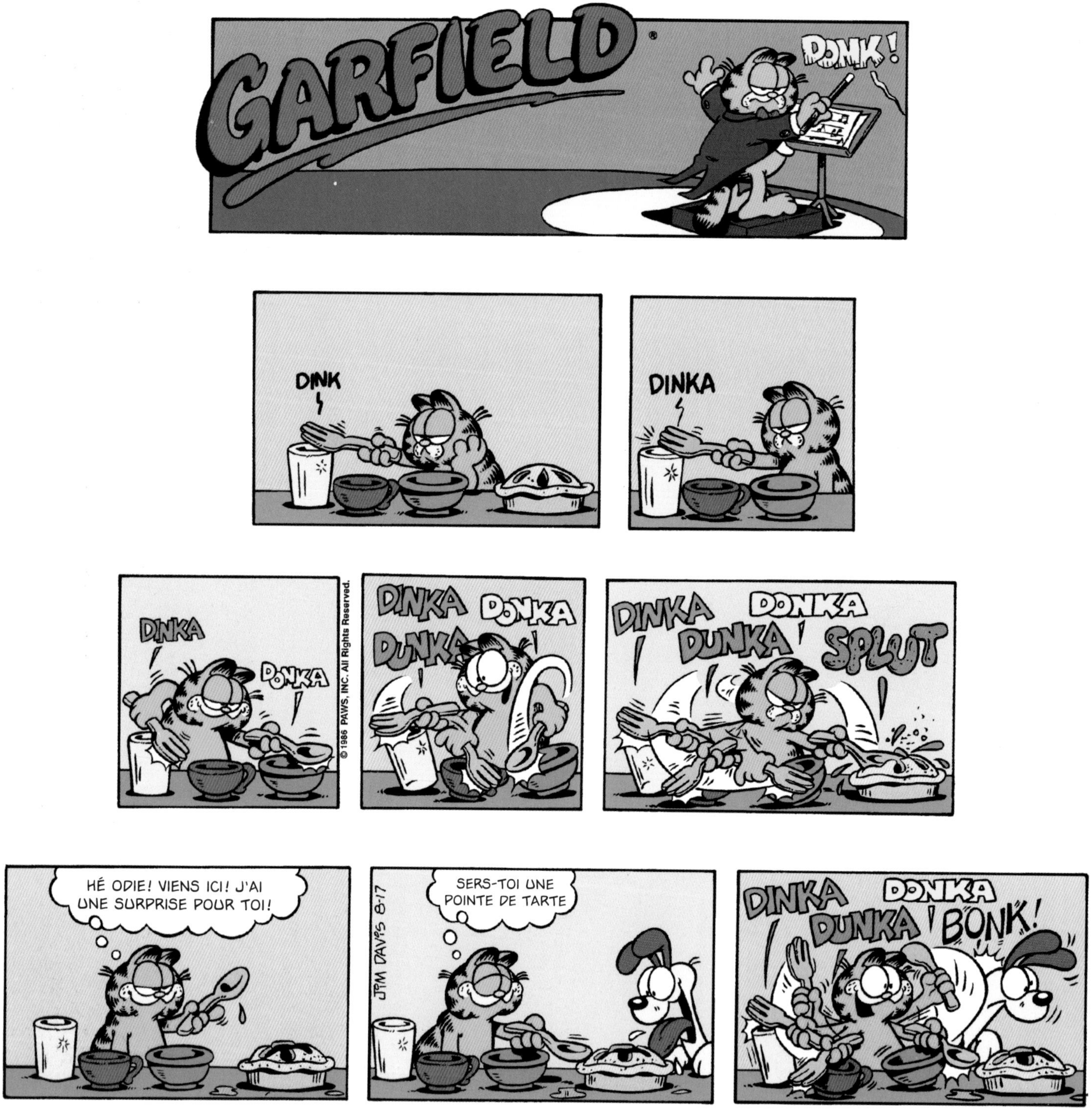
GARFIELD
DONK!
DINK
DINKA
DINKA
DONKA
© 1986 PAWS, INC. All Rights Reserved.
DINKA
DONKA
DUNKA
DINKA
DONKA
DUNKA
SPLUT
HÉ ODIE! VIENS ICI! J'AI UNE SURPRISE POUR TOI!
JIM DAVIS 8-17
SERS-TOI UNE POINTE DE TARTE
DINKA
DONKA
DUNKA
BONK!

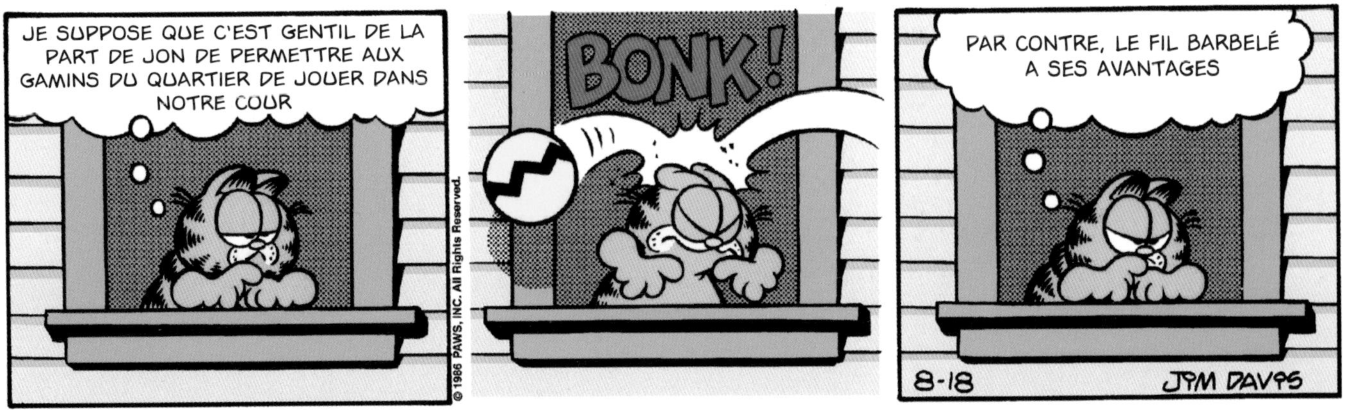
JE SUPPOSE QUE C'EST GENTIL DE LA PART DE JON DE PERMETTRE AUX GAMINS DU QUARTIER DE JOUER DANS NOTRE COUR
© 1986 PAWS, INC. All Rights Reserved.
BONK!
PAR CONTRE, LE FIL BARBELÉ A SES AVANTAGES
8-18
JIM DAVIS

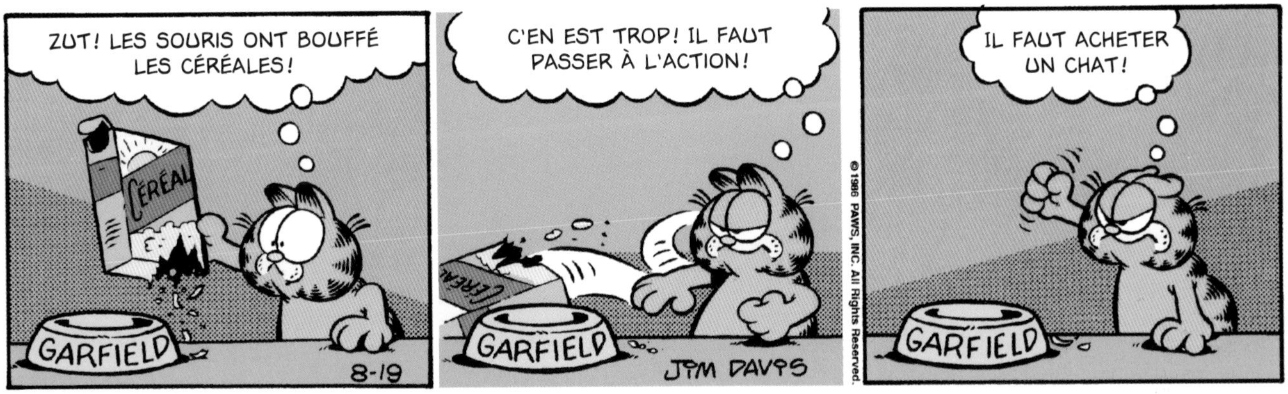
ZUT! LES SOURIS ONT BOUFFÉ LES CÉRÉALES!
CÉRÉAL
GARFIELD
8-19
C'EN EST TROP! IL FAUT PASSER À L'ACTION!
GARFIELD
JIM DAVIS
© 1986 PAWS, INC. All Rights Reserved.
IL FAUT ACHETER UN CHAT!
GARFIELD

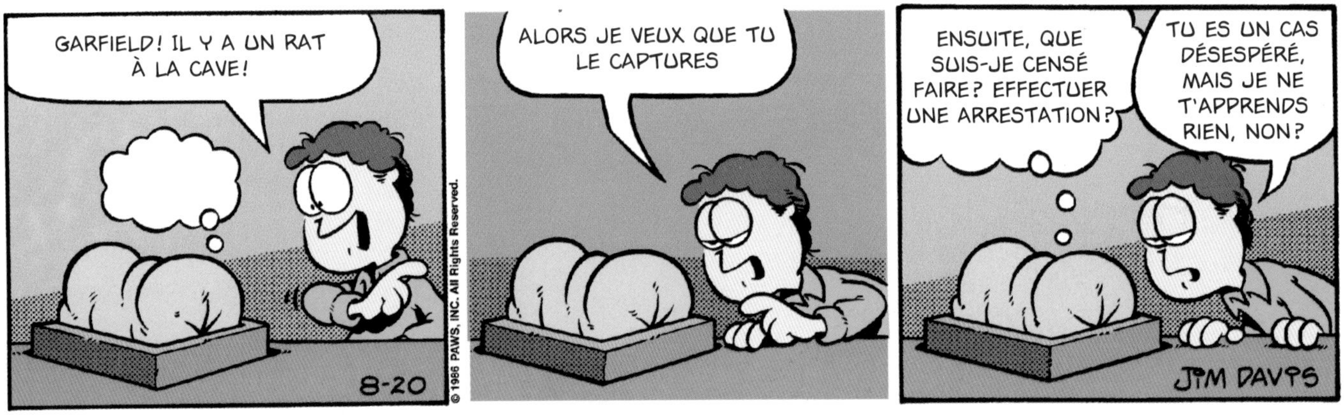
GARFIELD! IL Y A UN RAT À LA CAVE!
8-20
© 1986 PAWS, INC. All Rights Reserved.
ALORS JE VEUX QUE TU LE CAPTURES
ENSUITE, QUE SUIS-JE CENSÉ FAIRE? EFFECTUER UNE ARRESTATION?
TU ES UN CAS DÉSESPÉRÉ, MAIS JE NE T'APPRENDS RIEN, NON?
JIM DAVIS

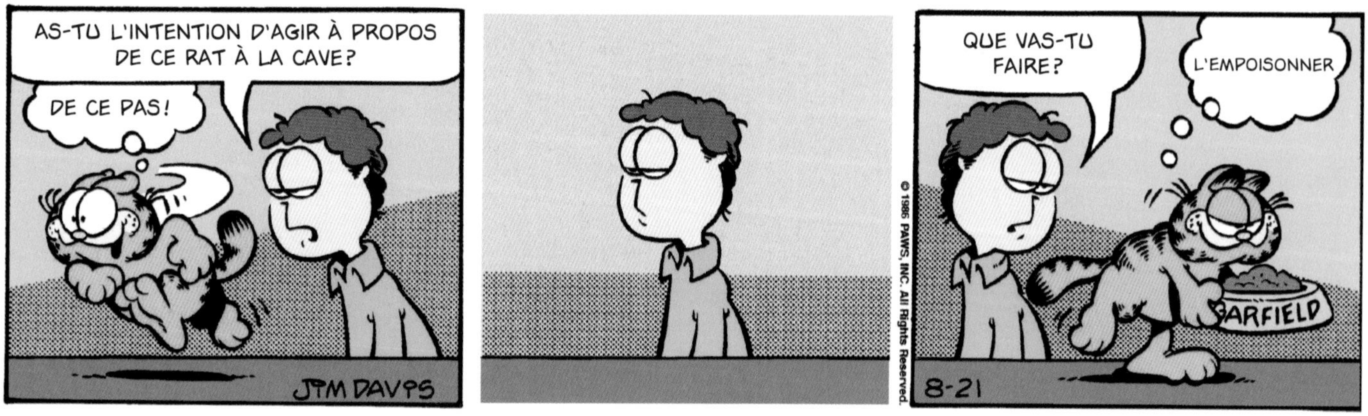
AS-TU L'INTENTION D'AGIR À PROPOS DE CE RAT À LA CAVE?
DE CE PAS!
JIM DAVIS
© 1986 PAWS, INC. All Rights Reserved.
QUE VAS-TU FAIRE?
L'EMPOISONNER
GARFIELD
8-21

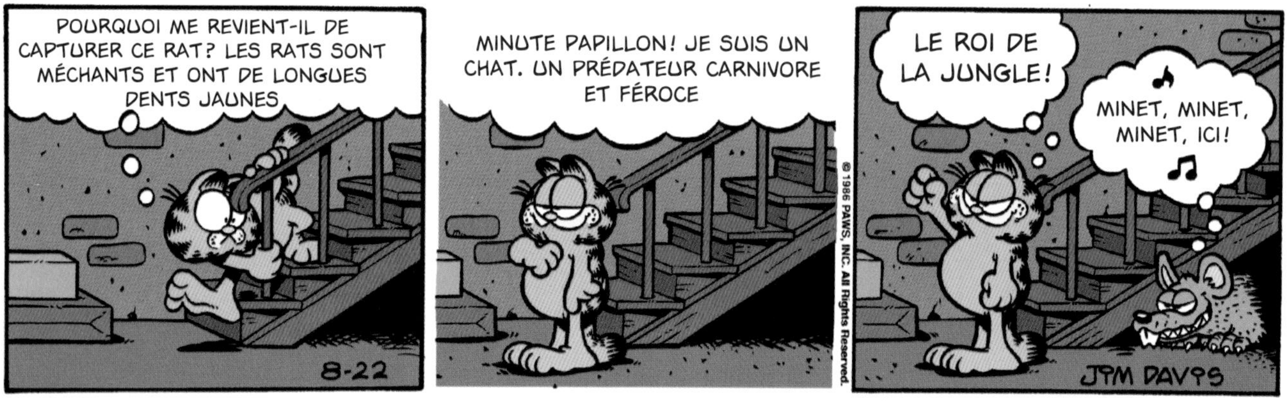
POURQUOI ME REVIENT-IL DE CAPTURER CE RAT? LES RATS SONT MÉCHANTS ET ONT DE LONGUES DENTS JAUNES
8-22
MINUTE PAPILLON! JE SUIS UN CHAT. UN PRÉDATEUR CARNIVORE ET FÉROCE
© 1986 PAWS, INC. All Rights Reserved.
LE ROI DE LA JUNGLE!
MINET, MINET, MINET, ICI!
JIM DAVIS

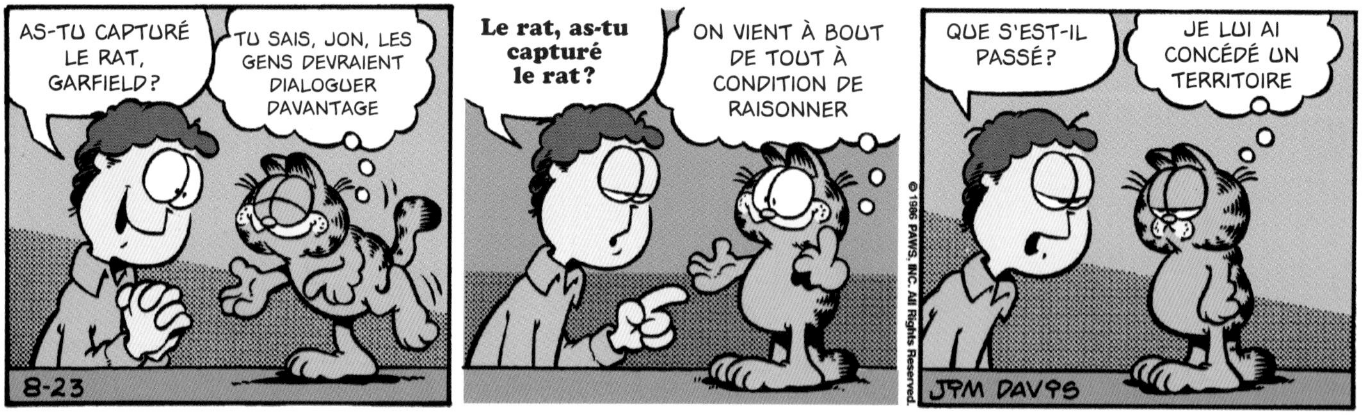
AS-TU CAPTURÉ LE RAT, GARFIELD?
TU SAIS, JON, LES GENS DEVRAIENT DIALOGUER DAVANTAGE
8-23
Le rat, as-tu capturé le rat?
ON VIENT À BOUT DE TOUT À CONDITION DE RAISONNER
© 1986 PAWS, INC. All Rights Reserved.
QUE S'EST-IL PASSÉ?
JE LUI AI CONCÉDÉ UN TERRITOIRE
JIM DAVIS

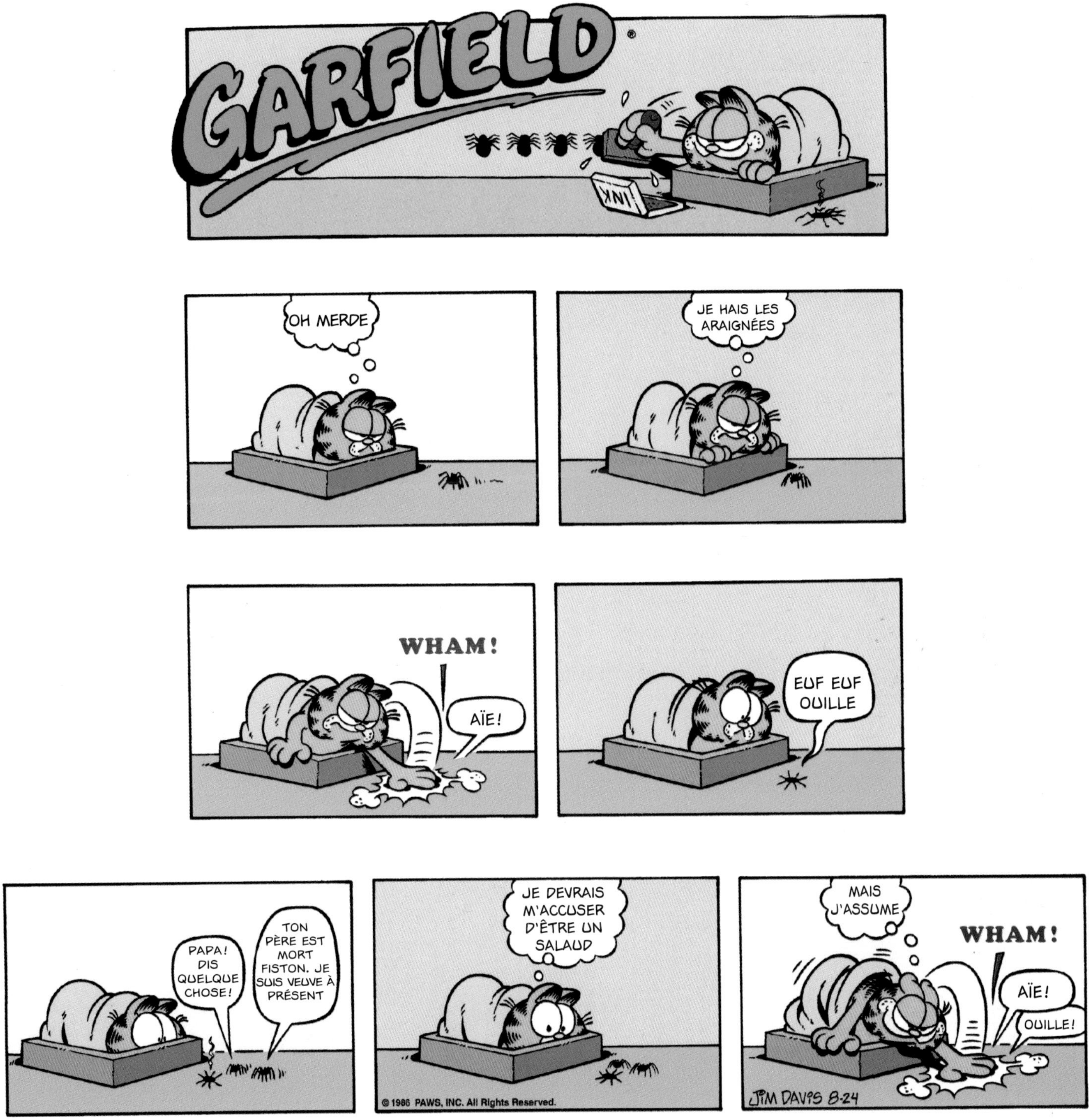
GARFIELD
OH MERDE
JE HAIS LES ARAIGNÉES
WHAM!
AÏE!
EUF EUF OUILLE
PAPA! DIS QUELQUE CHOSE!
TON PÈRE EST MORT FISTON. JE SUIS VEUVE À PRÉSENT
JE DEVRAIS M'ACCUSER D'ÊTRE UN SALAUD
© 1986 PAWS, INC. All Rights Reserved.
MAIS J'ASSUME
WHAM!
AÏE!
OUILLE!
JIM DAVIS 8-24

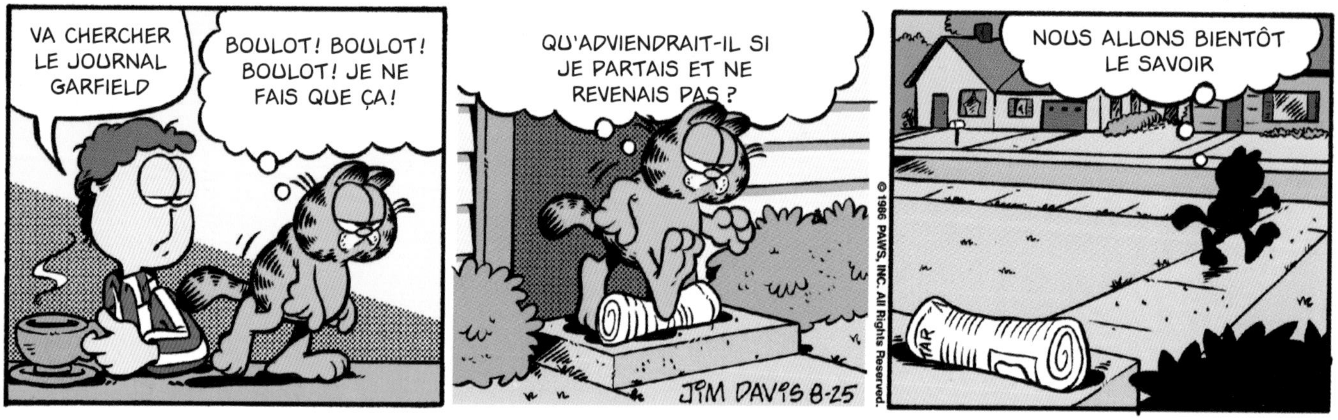
VA CHERCHER LE JOURNAL GARFIELD
BOULOT! BOULOT! BOULOT! JE NE FAIS QUE ÇA!
QU'ADVIENDRAIT-IL SI JE PARTAIS ET NE REVENAIS PAS ?
JIM DAVIS 8-25
© 1986 PAWS, INC. All Rights Reserved.
NOUS ALLONS BIENTÔT LE SAVOIR

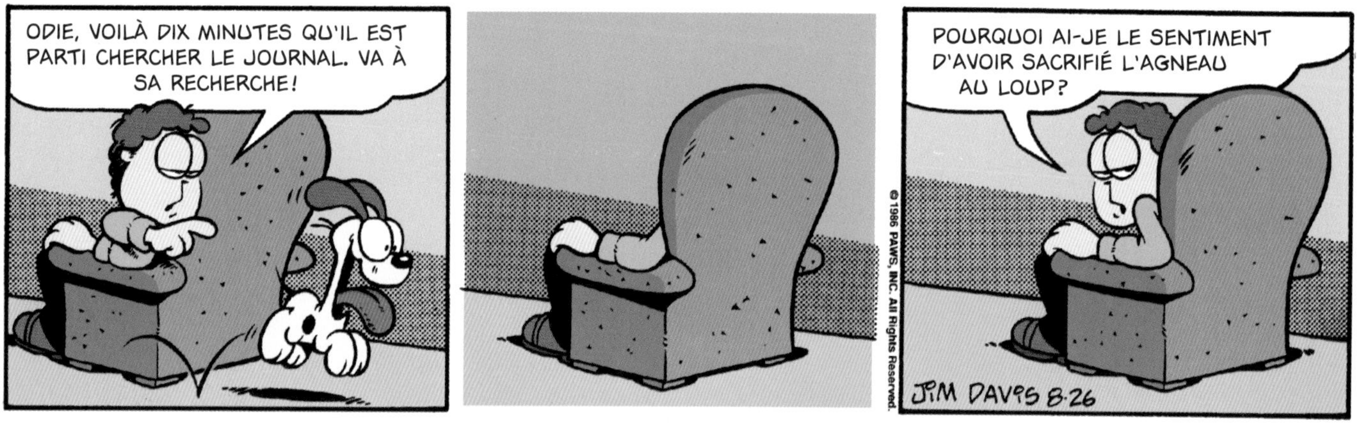
ODIE, VOILÀ DIX MINUTES QU'IL EST PARTI CHERCHER LE JOURNAL. VA À SA RECHERCHE!
© 1986 PAWS, INC. All Rights Reserved.
POURQUOI AI-JE LE SENTIMENT D'AVOIR SACRIFIÉ L'AGNEAU AU LOUP?
JIM DAVIS 8-26

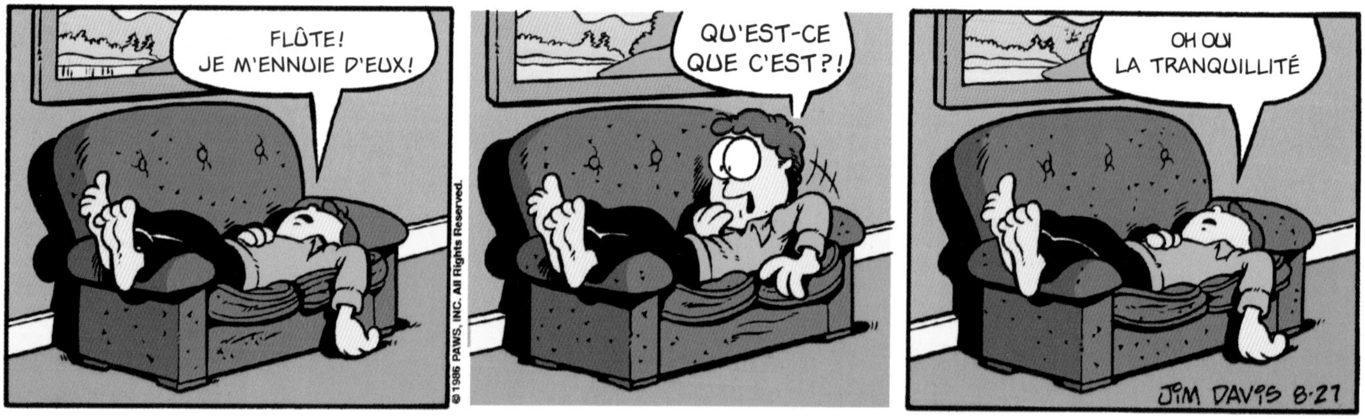
FLÛTE! JE M'ENNUIE D'EUX!
© 1986 PAWS, INC. All Rights Reserved.
QU'EST-CE QUE C'EST?!
OH OUI LA TRANQUILLITÉ
JIM DAVIS 8-27

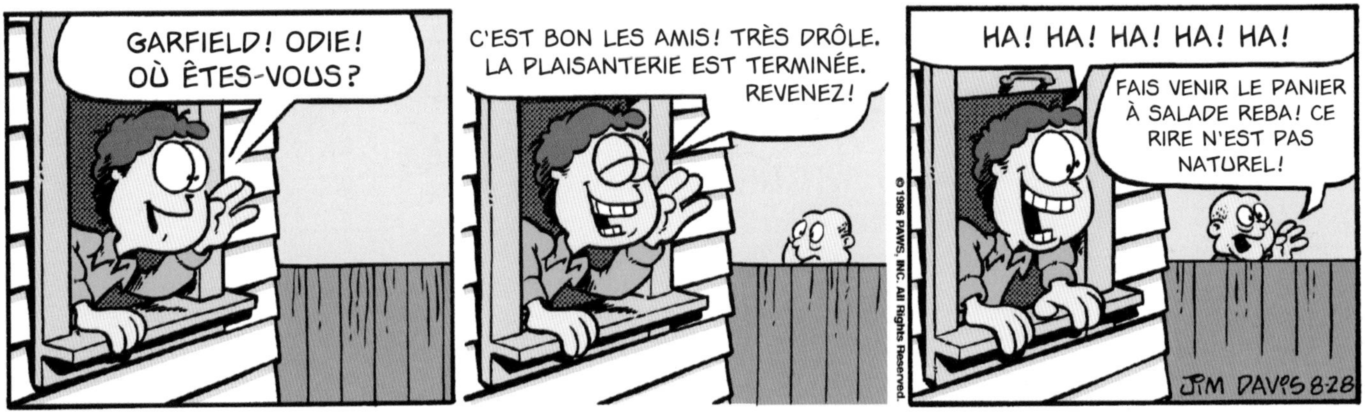
GARFIELD! ODIE! OÙ ÊTES-VOUS?
C'EST BON LES AMIS! TRÈS DRÔLE. LA PLAISANTERIE EST TERMINÉE. REVENEZ!
© 1986 PAWS, INC. All Rights Reserved.
HA! HA! HA! HA! HA!
FAIS VENIR LE PANIER À SALADE REBA! CE RIRE N'EST PAS NATUREL!
JIM DAVIS 8-28

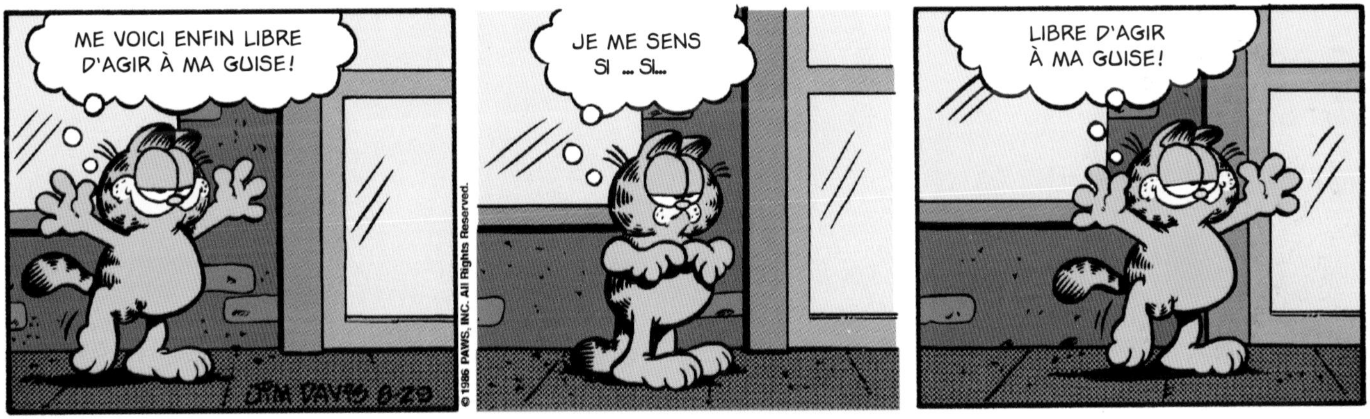
ME VOICI ENFIN LIBRE D'AGIR À MA GUISE!
JIM DAVIS 8-29
© 1986 PAWS, INC. All Rights Reserved.
JE ME SENS SI ... SI...
LIBRE D'AGIR À MA GUISE!

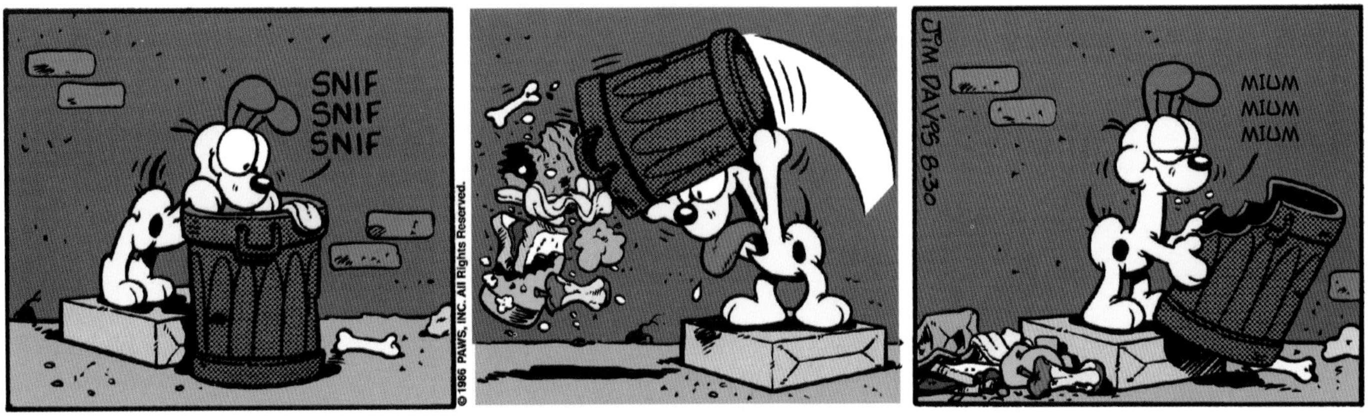
SNIF SNIF SNIF
© 1986 PAWS, INC. All Rights Reserved.
JIM DAVIS 8-30
MIUM MIUM MIUM

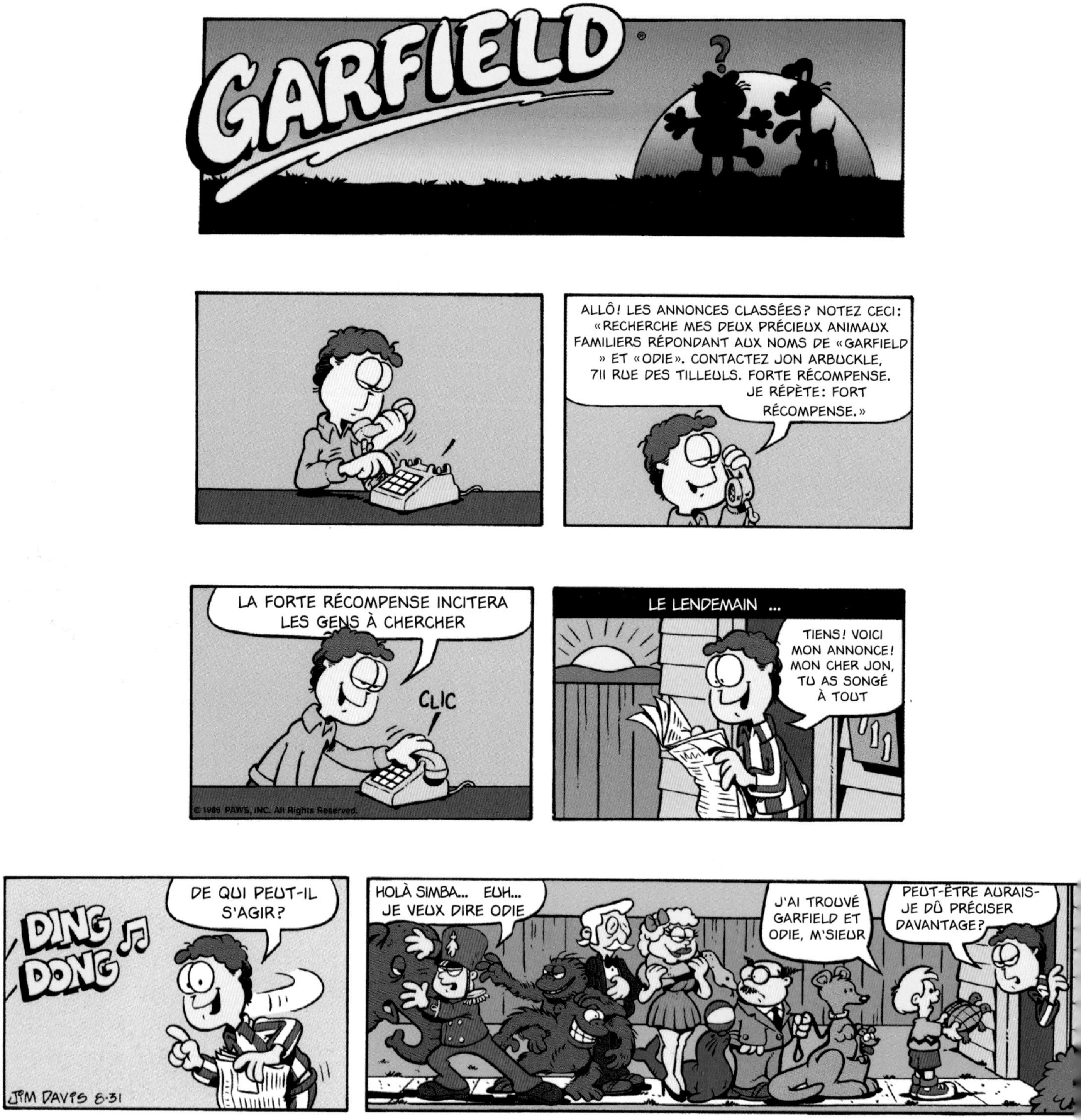
GARFIELD®
?
ALLÔ! LES ANNONCES CLASSÉES? NOTEZ CECI: «RECHERCHE MES DEUX PRÉCIEUX ANIMAUX FAMILIERS RÉPONDANT AUX NOMS DE «GARFIELD» ET «ODIE». CONTACTEZ JON ARBUCKLE, 711 RUE DES TILLEULS. FORTE RÉCOMPENSE. JE RÉPÈTE: FORT RÉCOMPENSE.»
LA FORTE RÉCOMPENSE INCITERA LES GENS À CHERCHER
CLIC
© 1986 PAWS, INC. All Rights Reserved.
LE LENDEMAIN ...
TIENS! VOICI MON ANNONCE! MON CHER JON, TU AS SONGÉ À TOUT
DING DONG
DE QUI PEUT-IL S'AGIR?
JIM DAVIS 8-31
HOLÀ SIMBA... EUH... JE VEUX DIRE ODIE
J'AI TROUVÉ GARFIELD ET ODIE, M'SIEUR
PEUT-ÊTRE AURAIS-JE DÛ PRÉCISER DAVANTAGE?

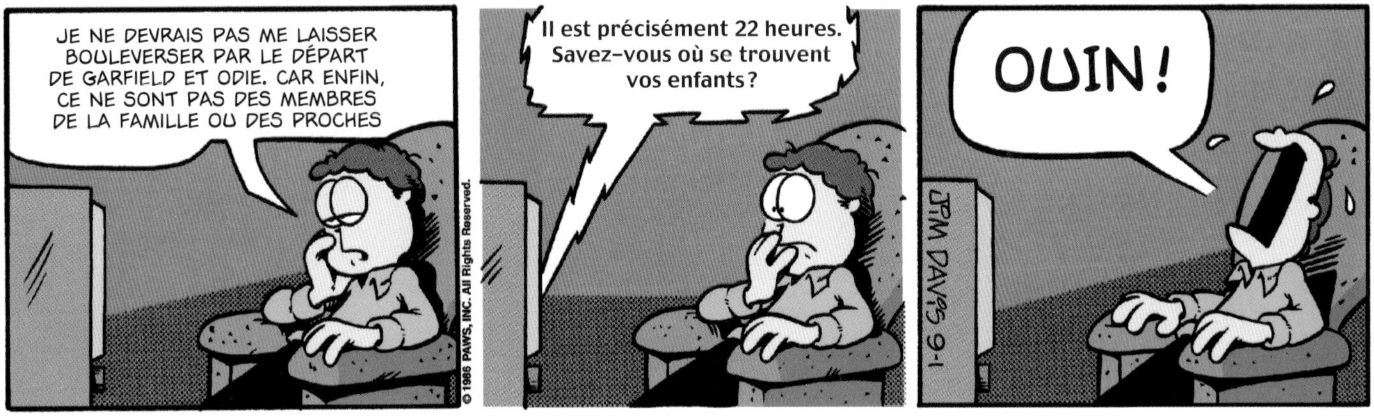
JE NE DEVRAIS PAS ME LAISSER BOULEVERSER PAR LE DÉPART DE GARFIELD ET ODIE. CAR ENFIN, CE NE SONT PAS DES MEMBRES DE LA FAMILLE OU DES PROCHES
© 1986 PAWS, INC. All Rights Reserved.
Il est précisément 22 heures. Savez-vous où se trouvent vos enfants ?
OUIN !
JIM DAVIS 9-1

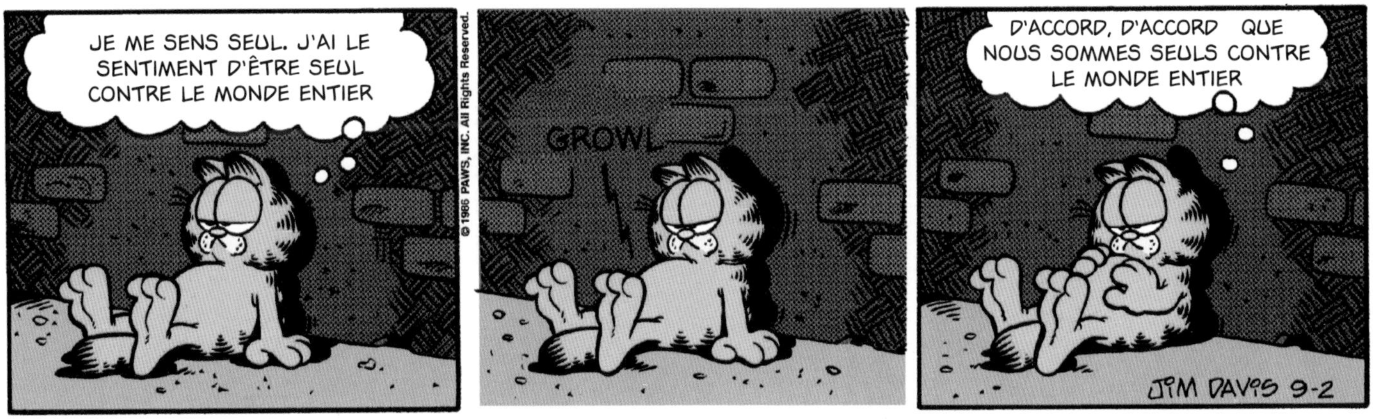
JE ME SENS SEUL. J'AI LE SENTIMENT D'ÊTRE SEUL CONTRE LE MONDE ENTIER
© 1986 PAWS, INC. All Rights Reserved.
GROWL
D'ACCORD, D'ACCORD QUE NOUS SOMMES SEULS CONTRE LE MONDE ENTIER
JIM DAVIS 9-2

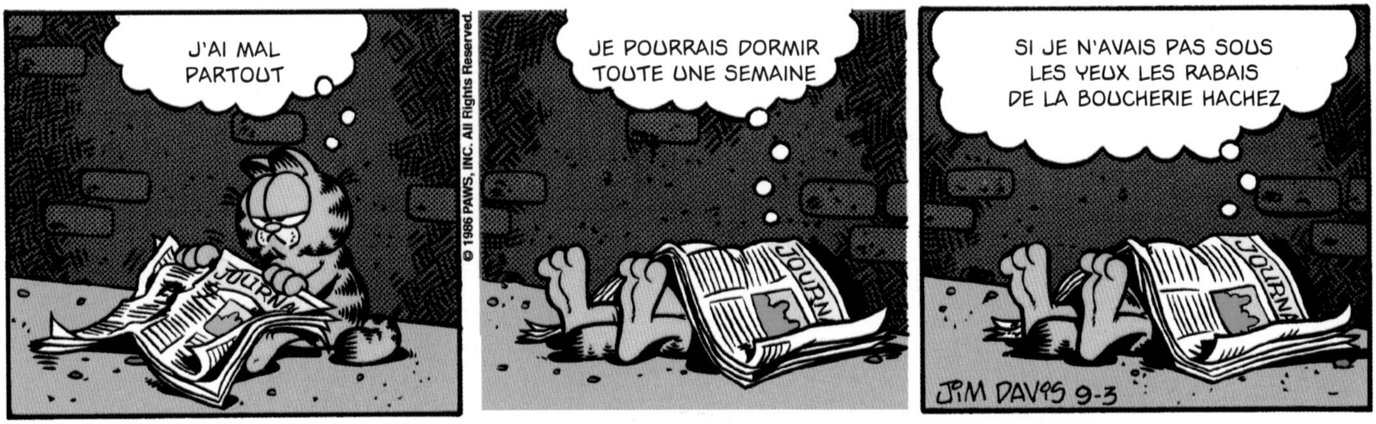
J'AI MAL PARTOUT
© 1986 PAWS, INC. All Rights Reserved.
JE POURRAIS DORMIR TOUTE UNE SEMAINE
SI JE N'AVAIS PAS SOUS LES YEUX LES RABAIS DE LA BOUCHERIE HACHEZ
JIM DAVIS 9-3

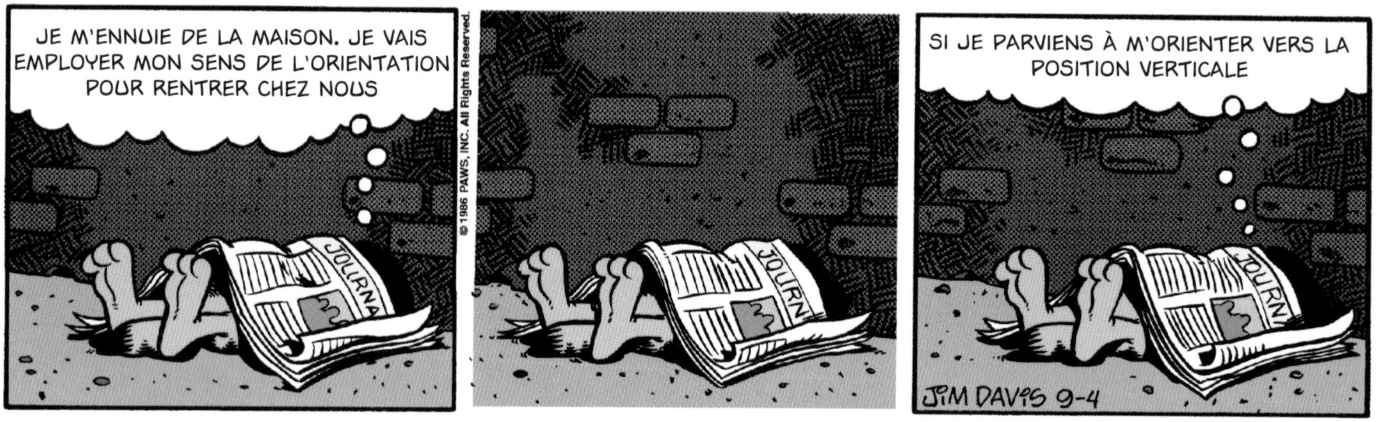
JE M'ENNUIE DE LA MAISON. JE VAIS EMPLOYER MON SENS DE L'ORIENTATION POUR RENTRER CHEZ NOUS
© 1986 PAWS, INC. All Rights Reserved.
SI JE PARVIENS À M'ORIENTER VERS LA POSITION VERTICALE
JIM DAVIS 9-4

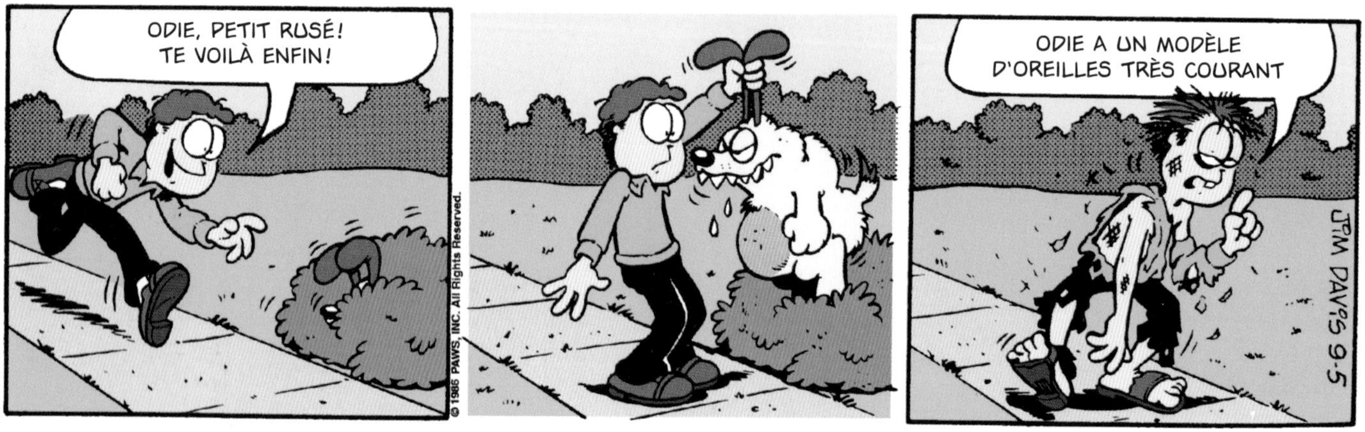
ODIE, PETIT RUSÉ! TE VOILÀ ENFIN!
© 1986 PAWS, INC. All Rights Reserved.
ODIE A UN MODÈLE D'OREILLES TRÈS COURANT
JIM DAVIS 9-5

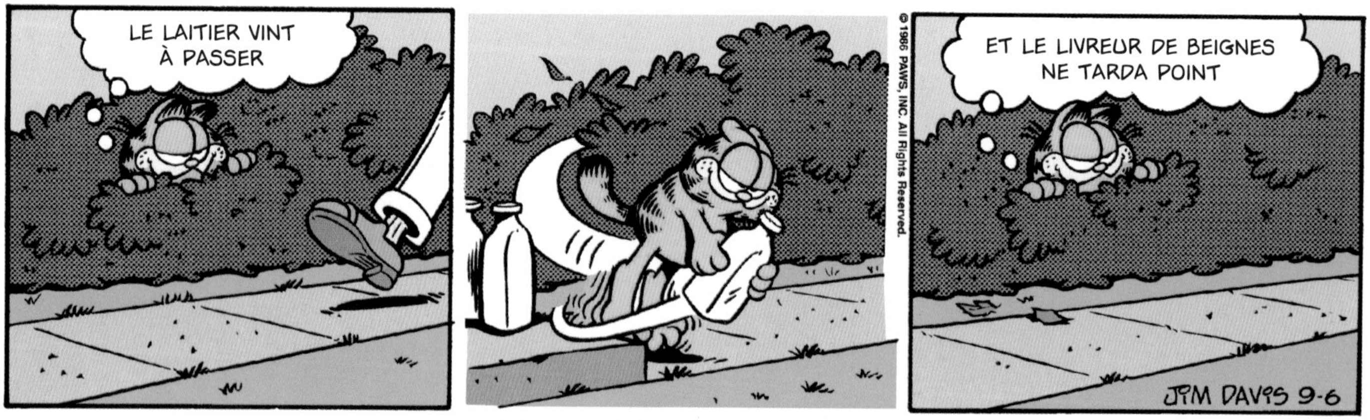
LE LAITIER VINT À PASSER
© 1986 PAWS, INC. All Rights Reserved.
ET LE LIVREUR DE BEIGNES NE TARDA POINT
JIM DAVIS 9-6

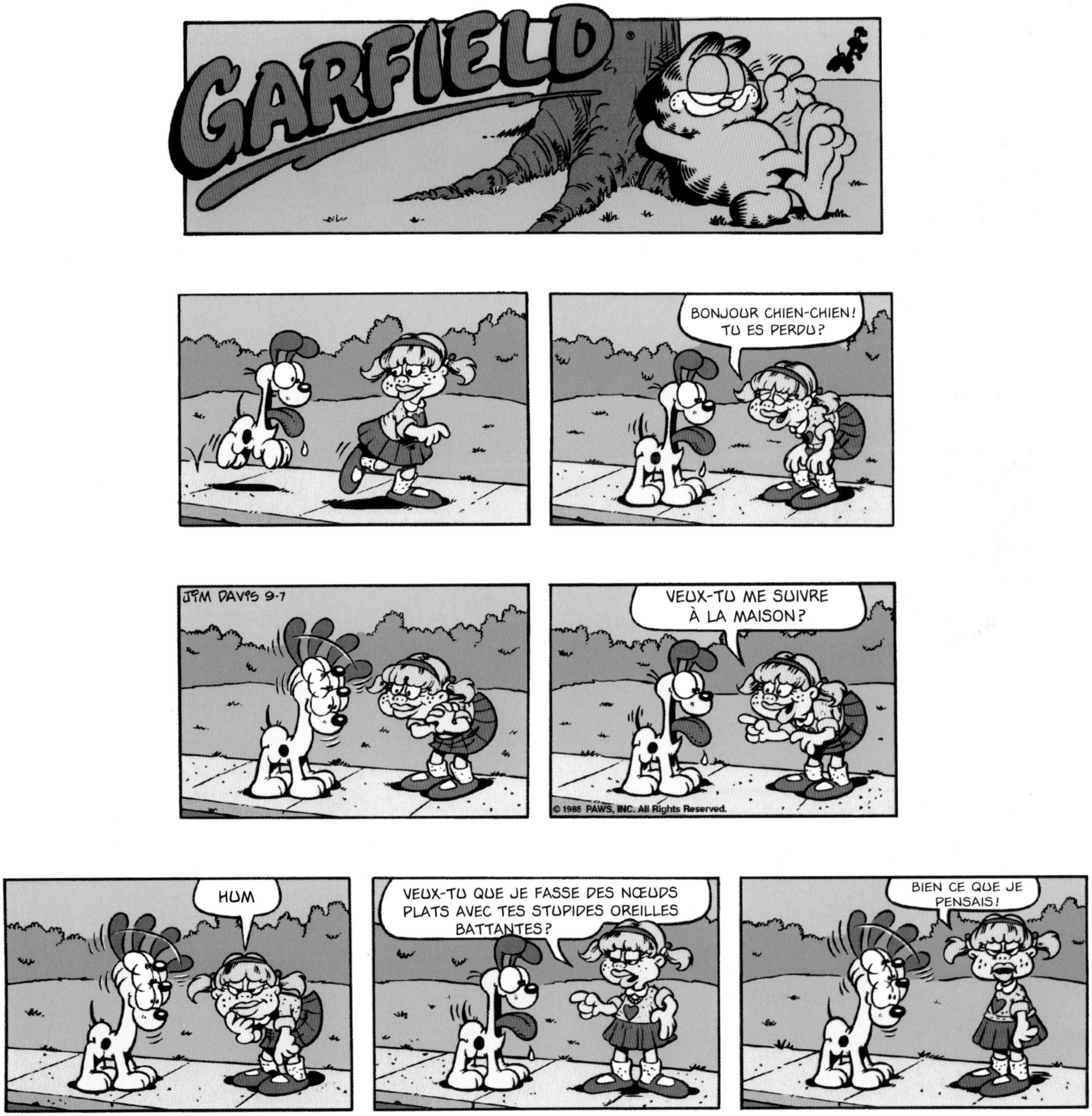
GARFIELD
BONJOUR CHIEN-CHIEN! TU ES PERDU?
JIM DAVIS 9-7
VEUX-TU ME SUIVRE À LA MAISON?
© 1986 PAWS, INC. All Rights Reserved.
HUM
VEUX-TU QUE JE FASSE DES NŒUDS PLATS AVEC TES STUPIDES OREILLES BATTANTES?
BIEN CE QUE JE PENSAIS!

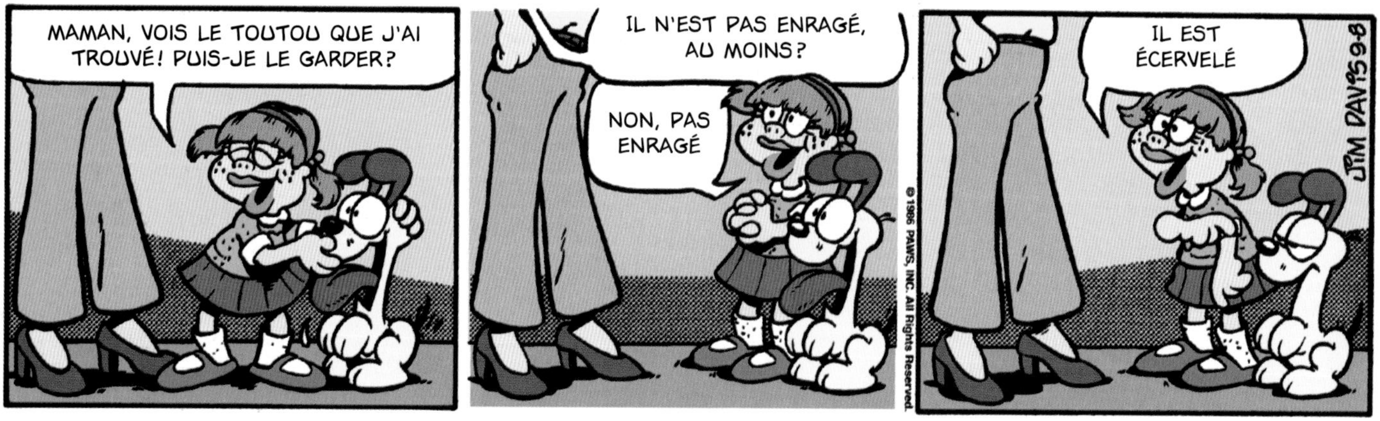
MAMAN, VOIS LE TOUTOU QUE J'AI TROUVÉ! PUIS-JE LE GARDER?
IL N'EST PAS ENRAGÉ, AU MOINS?
NON, PAS ENRAGÉ
© 1986 PAWS, INC. All Rights Reserved.
IL EST ÉCERVELÉ
JIM DAVIS 9-8

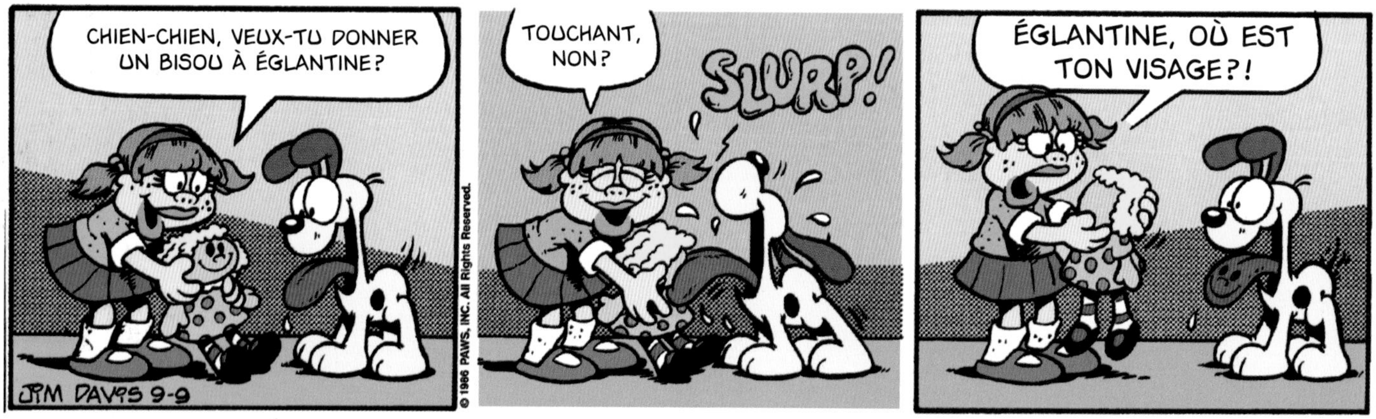
CHIEN-CHIEN, VEUX-TU DONNER UN BISOU À ÉGLANTINE?
JIM DAVIS 9-9
© 1986 PAWS, INC. All Rights Reserved.
TOUCHANT, NON?
SLURP!
ÉGLANTINE, OÙ EST TON VISAGE?!

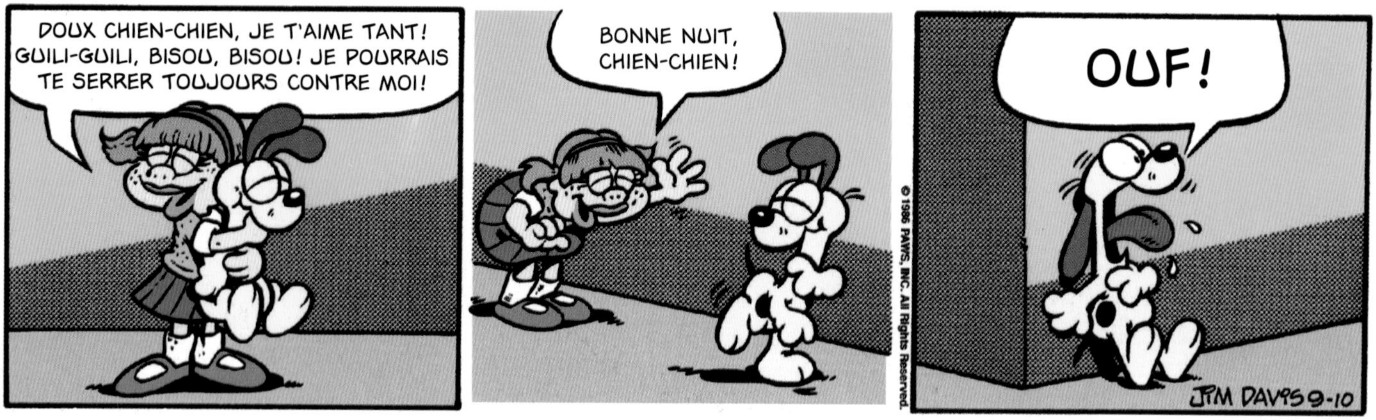
DOUX CHIEN-CHIEN, JE T'AIME TANT! GUILI-GUILI, BISOU, BISOU! JE POURRAIS TE SERRER TOUJOURS CONTRE MOI!
BONNE NUIT, CHIEN-CHIEN!
© 1986 PAWS, INC. All Rights Reserved.
OUF!
JIM DAVIS 9-10

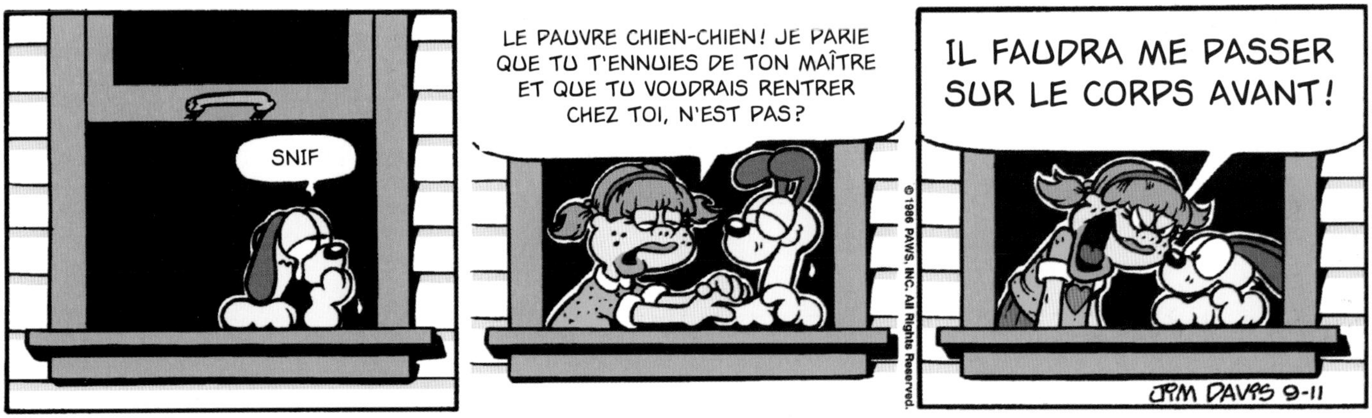
SNIF
LE PAUVRE CHIEN-CHIEN! JE PARIE QUE TU T'ENNUIES DE TON MAÎTRE ET QUE TU VOUDRAIS RENTRER CHEZ TOI, N'EST PAS?
© 1986 PAWS, INC. All Rights Reserved.
IL FAUDRA ME PASSER SUR LE CORPS AVANT!
JIM DAVIS 9-11

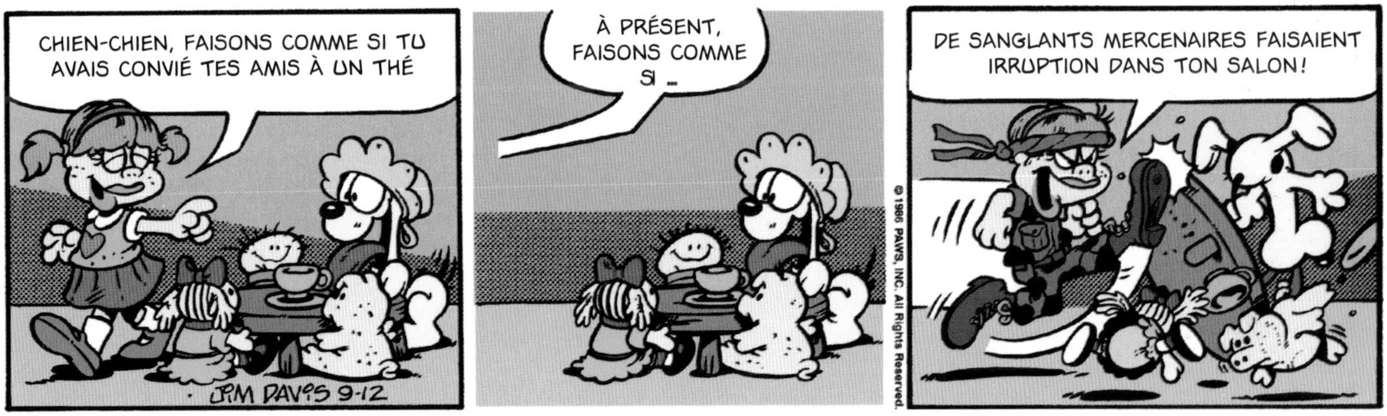
CHIEN-CHIEN, FAISONS COMME SI TU AVAIS CONVIÉ TES AMIS À UN THÉ
JIM DAVIS 9-12
À PRÉSENT, FAISONS COMME SI ...
© 1986 PAWS, INC. All Rights Reserved.
DE SANGLANTS MERCENAIRES FAISAIENT IRRUPTION DANS TON SALON!

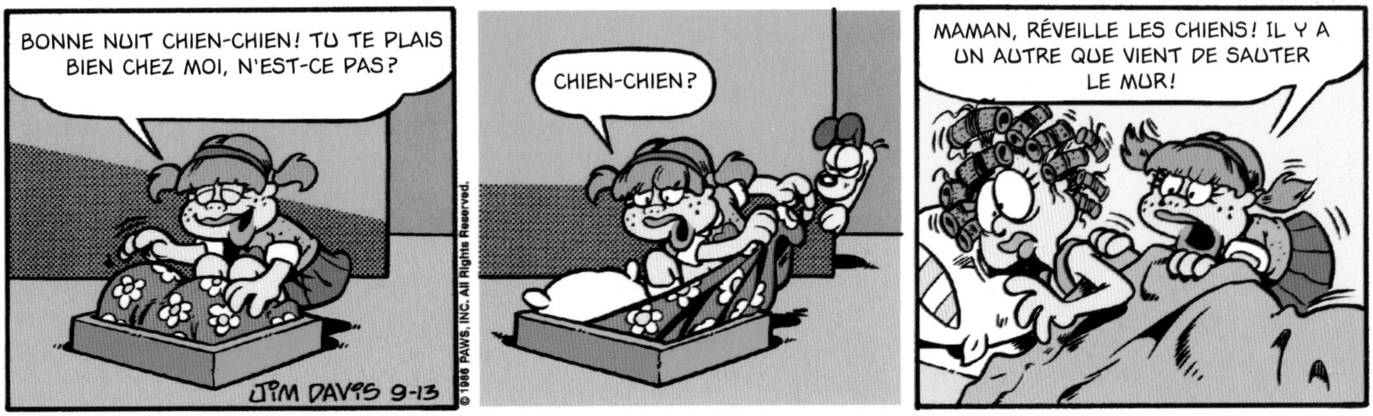
BONNE NUIT CHIEN-CHIEN! TU TE PLAIS BIEN CHEZ MOI, N'EST-CE PAS?
JIM DAVIS 9-13
© 1986 PAWS, INC. All Rights Reserved.
CHIEN-CHIEN?
MAMAN, RÉVEILLE LES CHIENS! IL Y A UN AUTRE QUE VIENT DE SAUTER LE MUR!

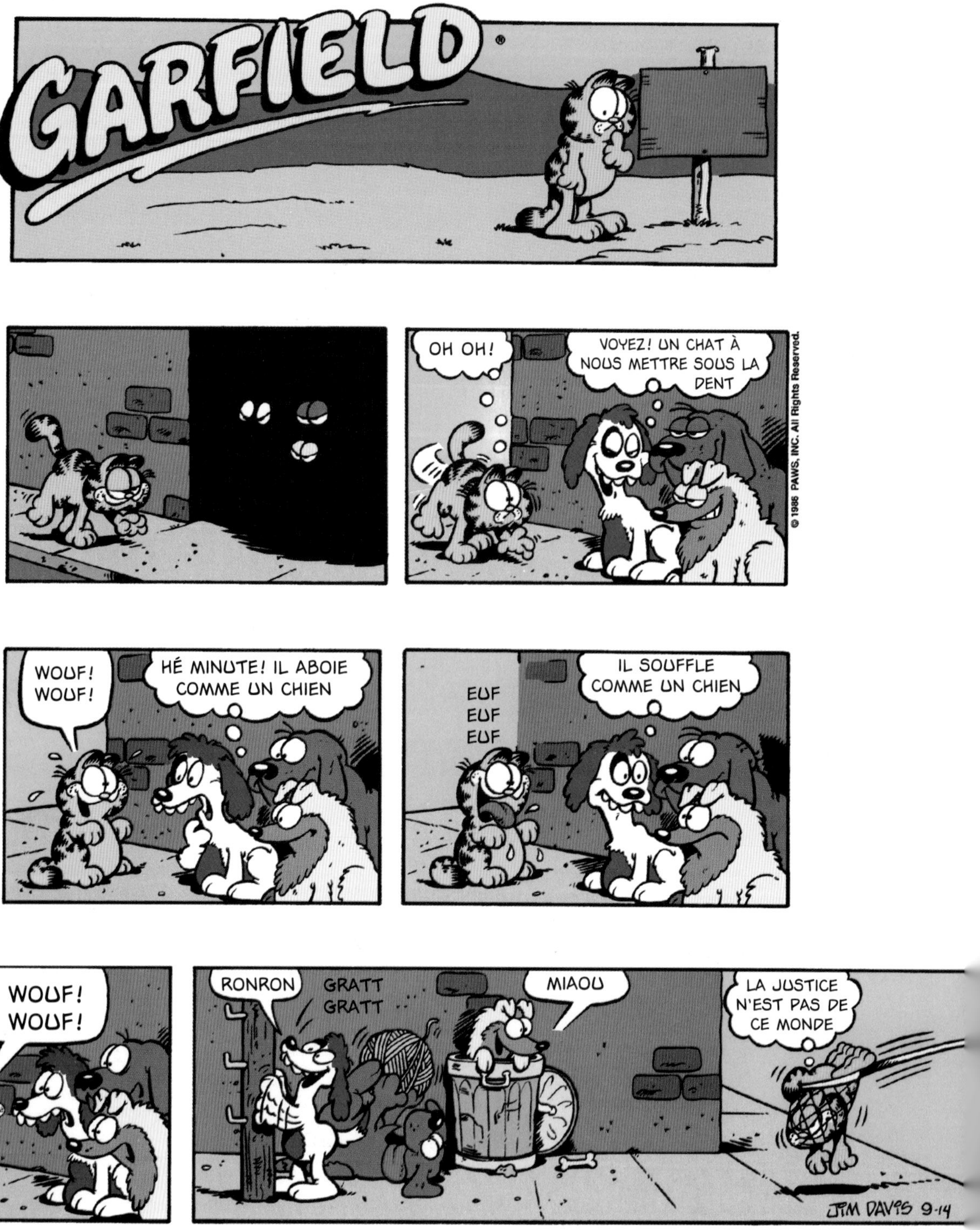
GARFIELD
OH OH!
VOYEZ! UN CHAT À NOUS METTRE SOUS LA DENT
WOUF! WOUF!
HÉ MINUTE! IL ABOIE COMME UN CHIEN
EUF EUF EUF
IL SOUFFLE COMME UN CHIEN
BOUCLEZ-LÀ LA FOURRIÈRE RAMASSE LES CHIENS ERRANTS!
WOUF! WOUF!
RONRON
GRATT GRATT
MIAOU
LA JUSTICE N'EST PAS DE CE MONDE
JIM DAVIS 9-14

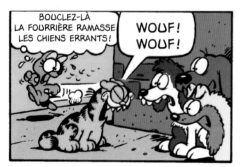

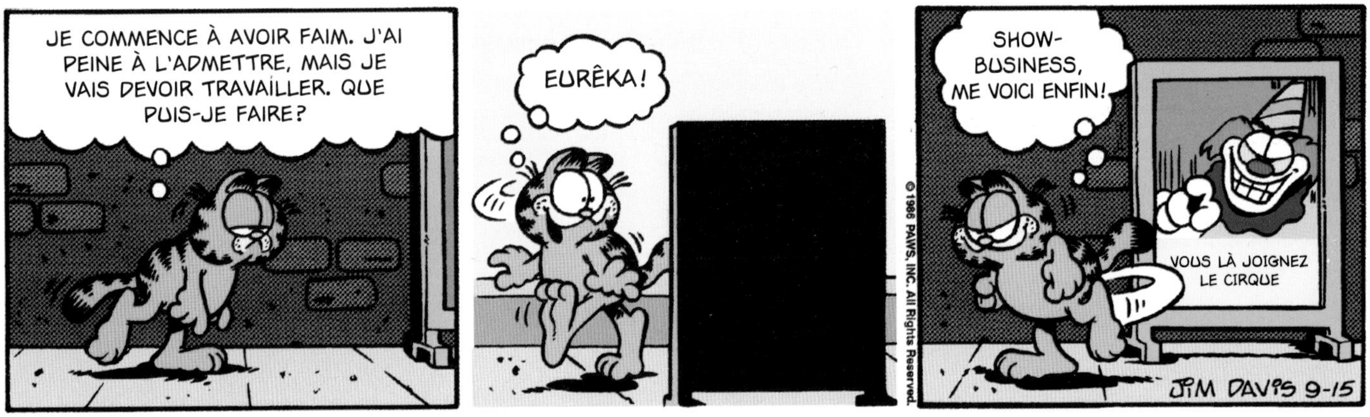
JE COMMENCE À AVOIR FAIM. J'AI PEINE À L'ADMETTRE, MAIS JE VAIS DEVOIR TRAVAILLER. QUE PUIS-JE FAIRE?
EURÊKA!
SHOW-BUSINESS, ME VOICI ENFIN!
VOUS LÀ JOIGNEZ LE CIRQUE
© 1986 PAWS, INC. All Rights Reserved.
JIM DAVIS 9-15

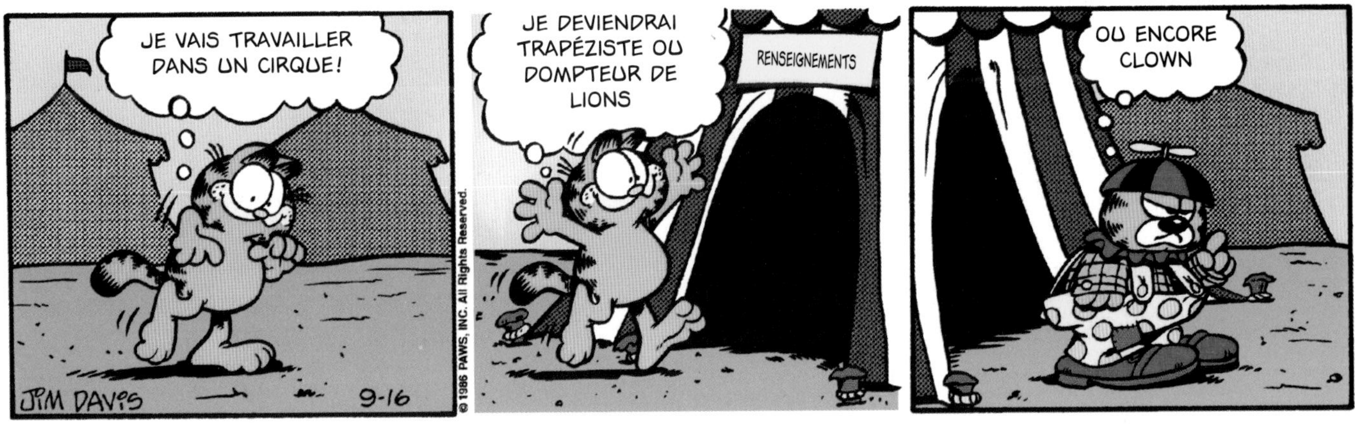
JE VAIS TRAVAILLER DANS UN CIRQUE!
JIM DAVIS 9-16
© 1986 PAWS, INC. All Rights Reserved.
JE DEVIENDRAI TRAPÉZISTE OU DOMPTEUR DE LIONS
RENSEIGNEMENTS
OU ENCORE CLOWN

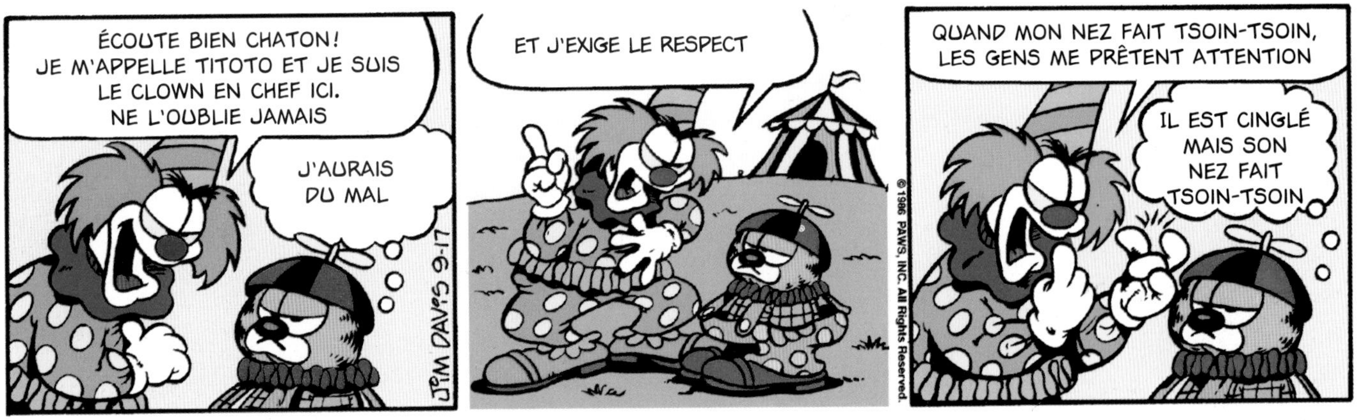
ÉCOUTE BIEN CHATON! JE M'APPELLE TITOTO ET JE SUIS LE CLOWN EN CHEF ICI. NE L'OUBLIE JAMAIS
J'AURAIS DU MAL
JIM DAVIS 9-17
ET J'EXIGE LE RESPECT
© 1986 PAWS, INC. All Rights Reserved.
QUAND MON NEZ FAIT TSOIN-TSOIN, LES GENS ME PRÊTENT ATTENTION
IL EST CINGLÉ MAIS SON NEZ FAIT TSOIN-TSOIN

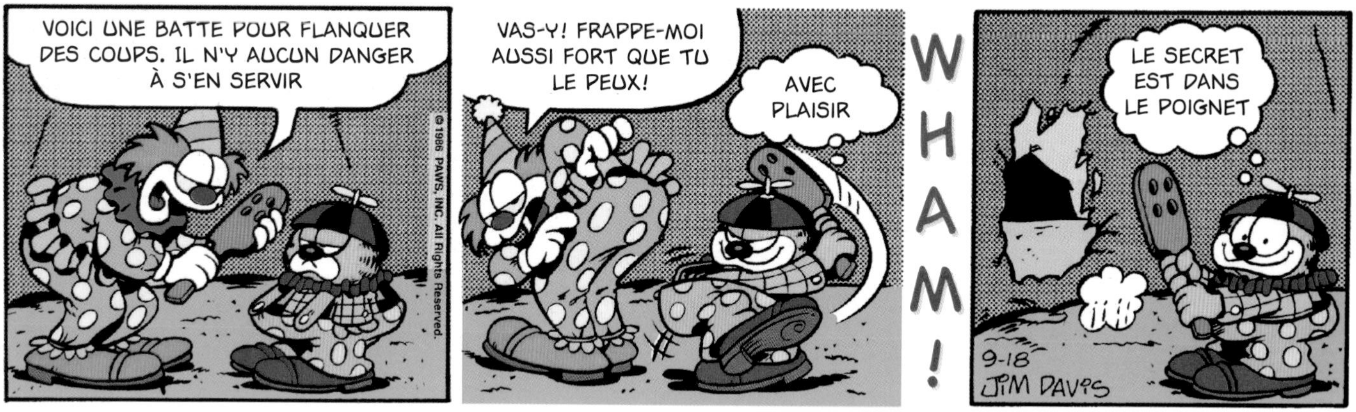
VOICI UNE BATTE POUR FLANQUER DES COUPS. IL N'Y AUCUN DANGER À S'EN SERVIR
© 1986 PAWS, INC. All Rights Reserved.
VAS-Y! FRAPPE-MOI AUSSI FORT QUE TU LE PEUX!
AVEC PLAISIR
WHAM!
LE SECRET EST DANS LE POIGNET
9-18
JIM DAVIS

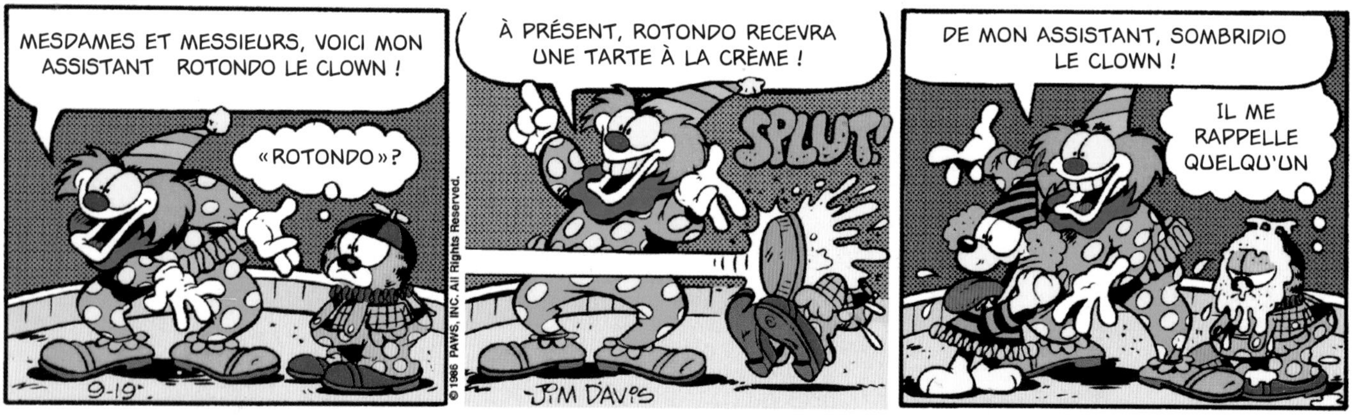
MESDAMES ET MESSIEURS, VOICI MON ASSISTANT ROTONDO LE CLOWN !
«ROTONDO»?
9-19
© 1986 PAWS, INC. All Rights Reserved.
À PRÉSENT, ROTONDO RECEVRA UNE TARTE À LA CRÈME !
SPLUT!
JIM DAVIS
DE MON ASSISTANT, SOMBRIDIO LE CLOWN !
IL ME RAPPELLE QUELQU'UN

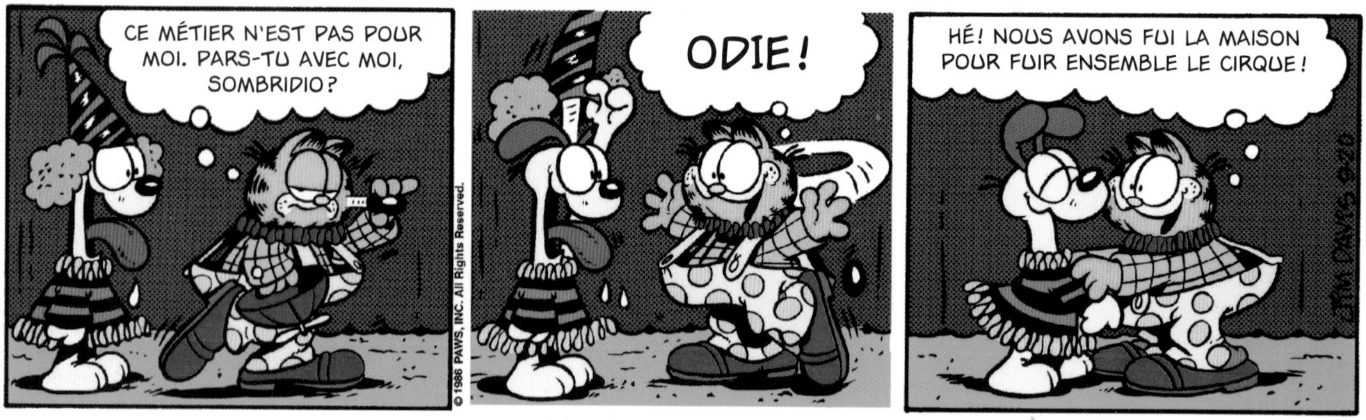
CE MÉTIER N'EST PAS POUR MOI. PARS-TU AVEC MOI, SOMBRIDIO?
© 1986 PAWS, INC. All Rights Reserved.
ODIE!
HÉ! NOUS AVONS FUI LA MAISON POUR FUIR ENSEMBLE LE CIRQUE!
JIM DAVIS 9-20

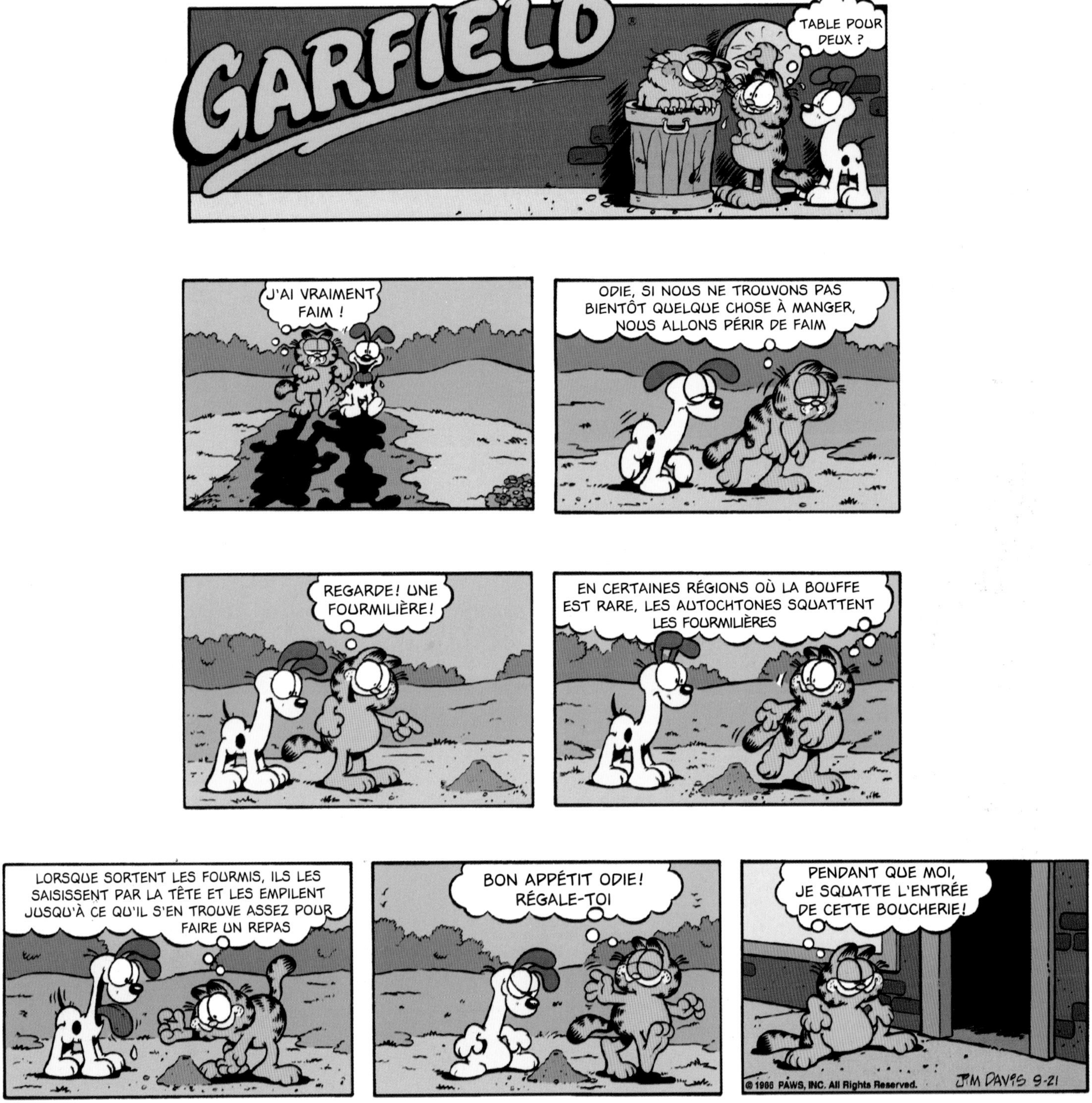
GARFIELD
TABLE POUR DEUX ?
J'AI VRAIMENT FAIM !
ODIE, SI NOUS NE TROUVONS PAS BIENTÔT QUELQUE CHOSE À MANGER, NOUS ALLONS PÉRIR DE FAIM
REGARDE! UNE FOURMILIÈRE!
EN CERTAINES RÉGIONS OÙ LA BOUFFE EST RARE, LES AUTOCHTONES SQUATTENT LES FOURMILIÈRES
LORSQUE SORTENT LES FOURMIS, ILS LES SAISISSENT PAR LA TÊTE ET LES EMPILENT JUSQU'À CE QU'IL S'EN TROUVE ASSEZ POUR FAIRE UN REPAS
BON APPÉTIT ODIE! RÉGALE-TOI
PENDANT QUE MOI, JE SQUATTE L'ENTRÉE DE CETTE BOUCHERIE!
© 1986 PAWS, INC. All Rights Reserved.
JIM DAVIS 9-21

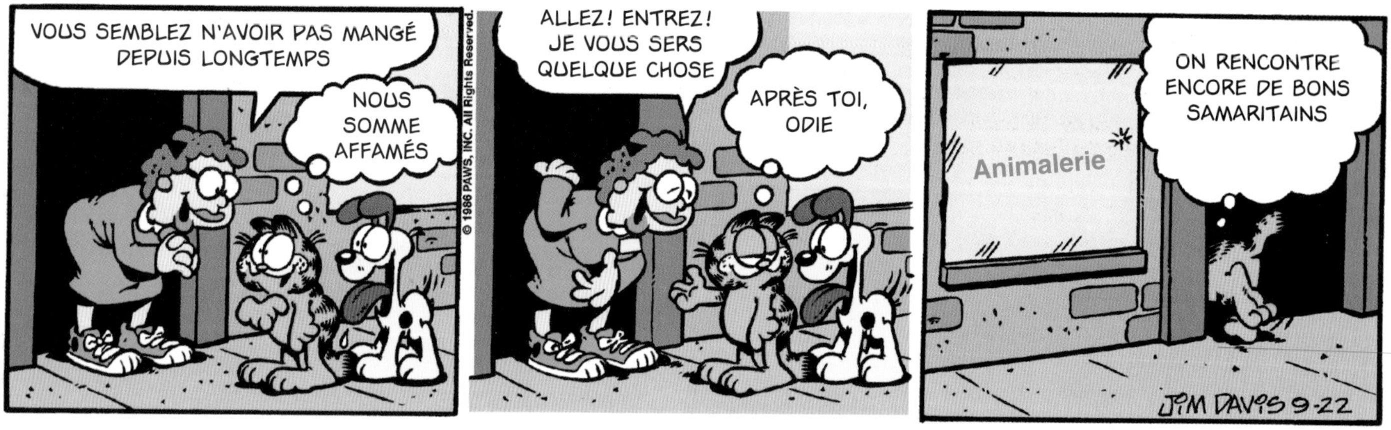
VOUS SEMBLEZ N'AVOIR PAS MANGÉ DEPUIS LONGTEMPS
NOUS SOMME AFFAMÉS
© 1986 PAWS, INC. All Rights Reserved.
ALLEZ! ENTREZ! JE VOUS SERS QUELQUE CHOSE
APRÈS TOI, ODIE
Animalerie
ON RENCONTRE ENCORE DE BONS SAMARITAINS
JIM DAVIS 9-22

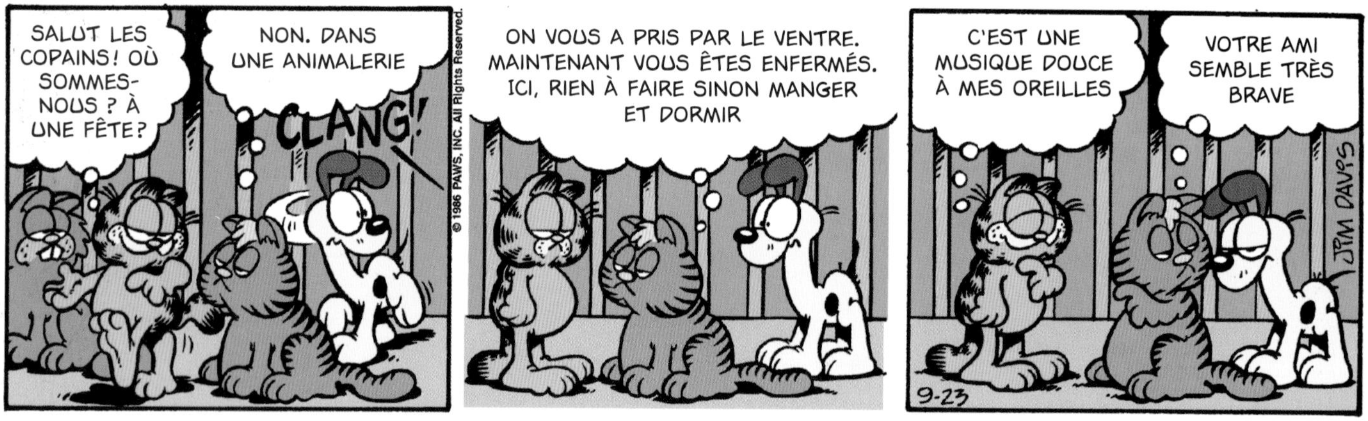
SALUT LES COPAINS! OÙ SOMMES-NOUS ? À UNE FÊTE?
NON. DANS UNE ANIMALERIE
CLANG!
© 1986 PAWS, INC. All Rights Reserved.
ON VOUS A PRIS PAR LE VENTRE. MAINTENANT VOUS ÊTES ENFERMÉS. ICI, RIEN À FAIRE SINON MANGER ET DORMIR
C'EST UNE MUSIQUE DOUCE À MES OREILLES
VOTRE AMI SEMBLE TRÈS BRAVE
JIM DAVIS
9-23

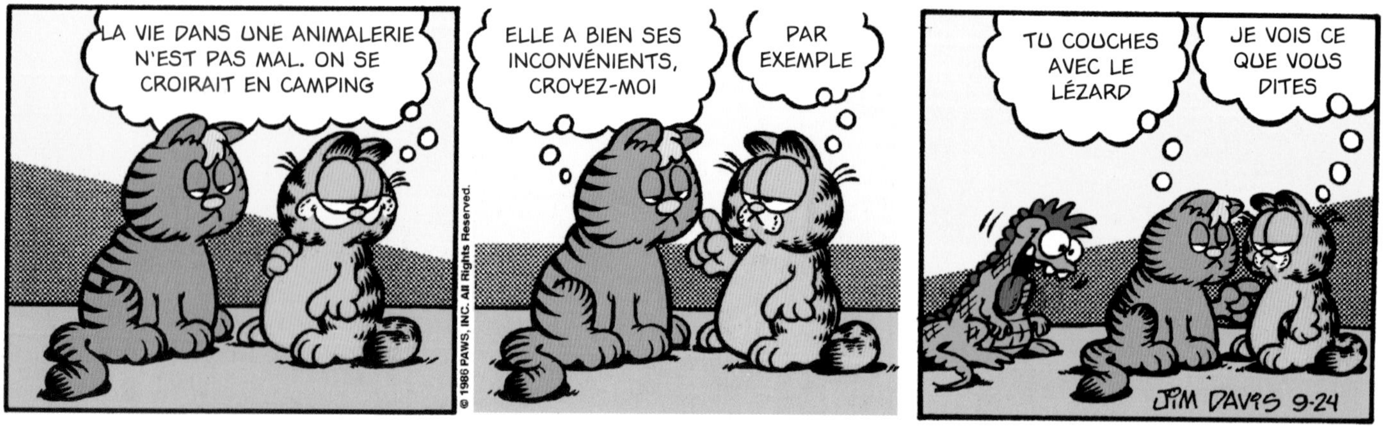
LA VIE DANS UNE ANIMALERIE N'EST PAS MAL. ON SE CROIRAIT EN CAMPING
© 1986 PAWS, INC. All Rights Reserved.
ELLE A BIEN SES INCONVÉNIENTS, CROYEZ-MOI
PAR EXEMPLE
TU COUCHES AVEC LE LÉZARD
JE VOIS CE QUE VOUS DITES
JIM DAVIS 9-24

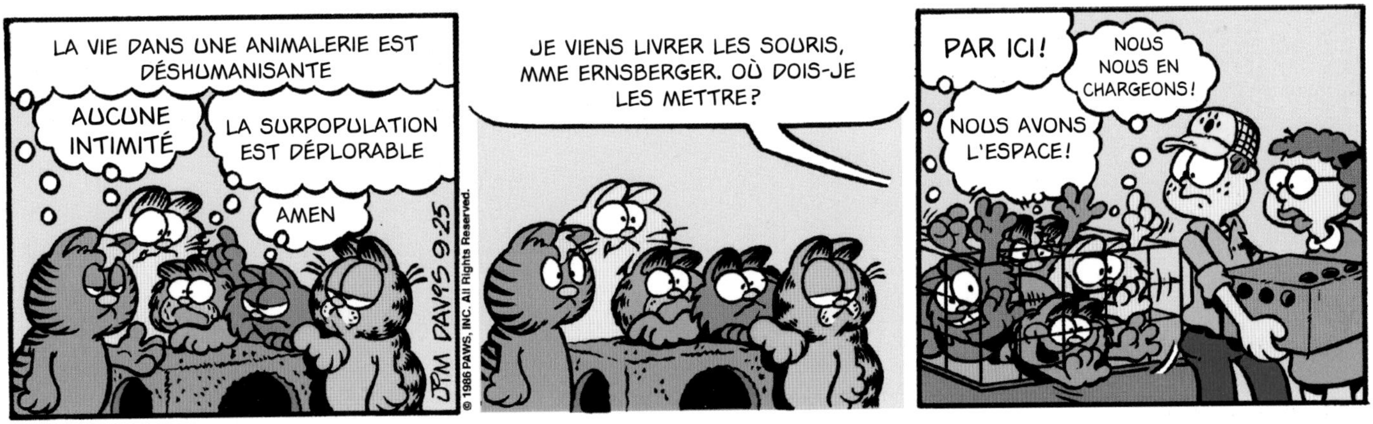
LA VIE DANS UNE ANIMALERIE EST DÉSHUMANISANTE
AUCUNE INTIMITÉ
LA SURPOPULATION EST DÉPLORABLE
AMEN
JIM DAVIS 9-25
© 1986 PAWS, INC. All Rights Reserved.
JE VIENS LIVRER LES SOURIS, MME ERNSBERGER. OÙ DOIS-JE LES METTRE?
PAR ICI!
NOUS NOUS EN CHARGEONS!
NOUS AVONS L'ESPACE!

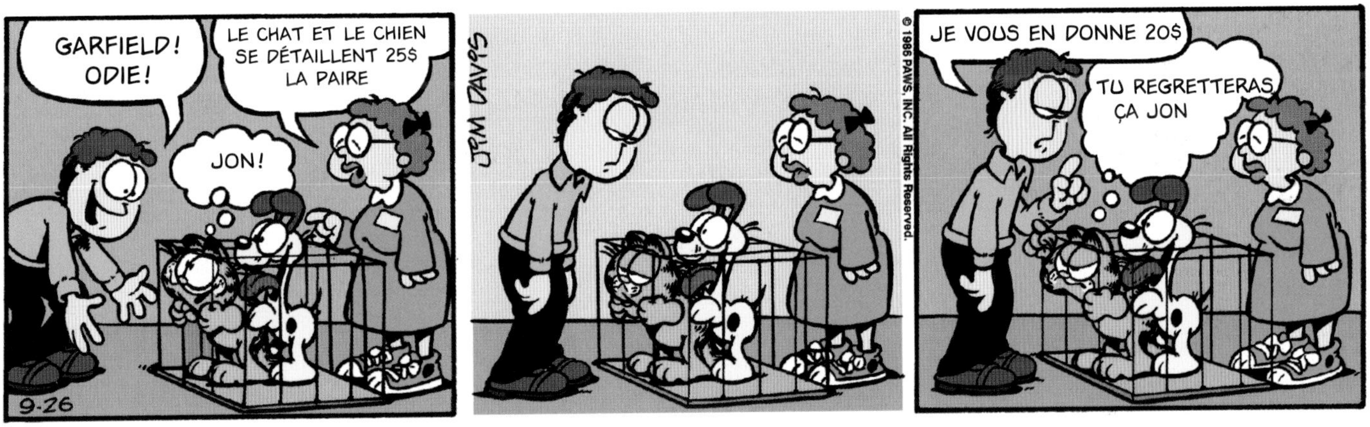
GARFIELD! ODIE!
LE CHAT ET LE CHIEN SE DÉTAILLENT 25$ LA PAIRE
JON!
9-26
JIM DAVIS
© 1986 PAWS, INC. All Rights Reserved.
JE VOUS EN DONNE 20$
TU REGRETTERAS ÇA JON

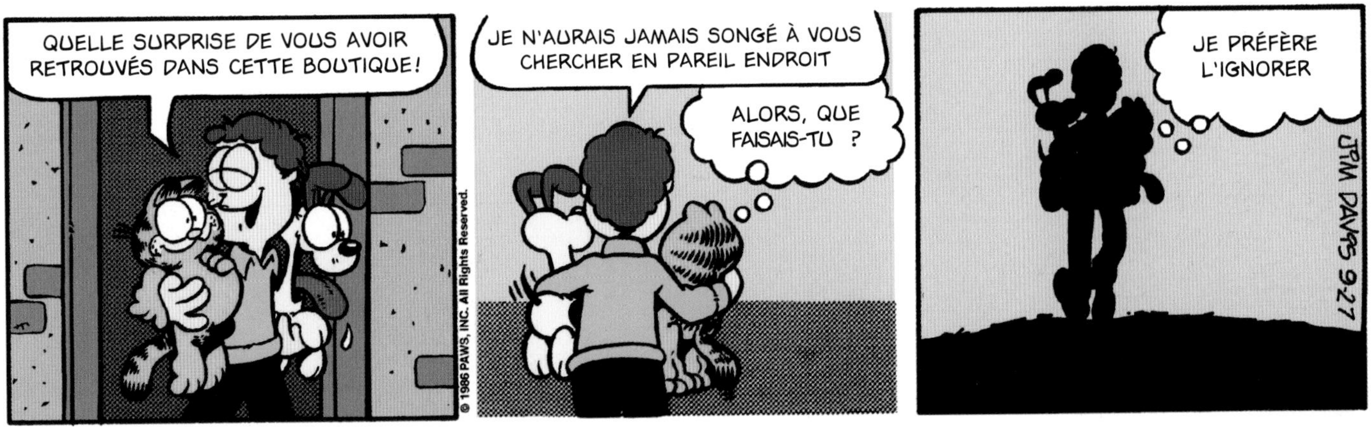
QUELLE SURPRISE DE VOUS AVOIR RETROUVÉS DANS CETTE BOUTIQUE!
© 1986 PAWS, INC. All Rights Reserved.
JE N'AURAIS JAMAIS SONGÉ À VOUS CHERCHER EN PAREIL ENDROIT
ALORS, QUE FAISAIS-TU ?
JE PRÉFÈRE L'IGNORER
JIM DAVIS 9-27

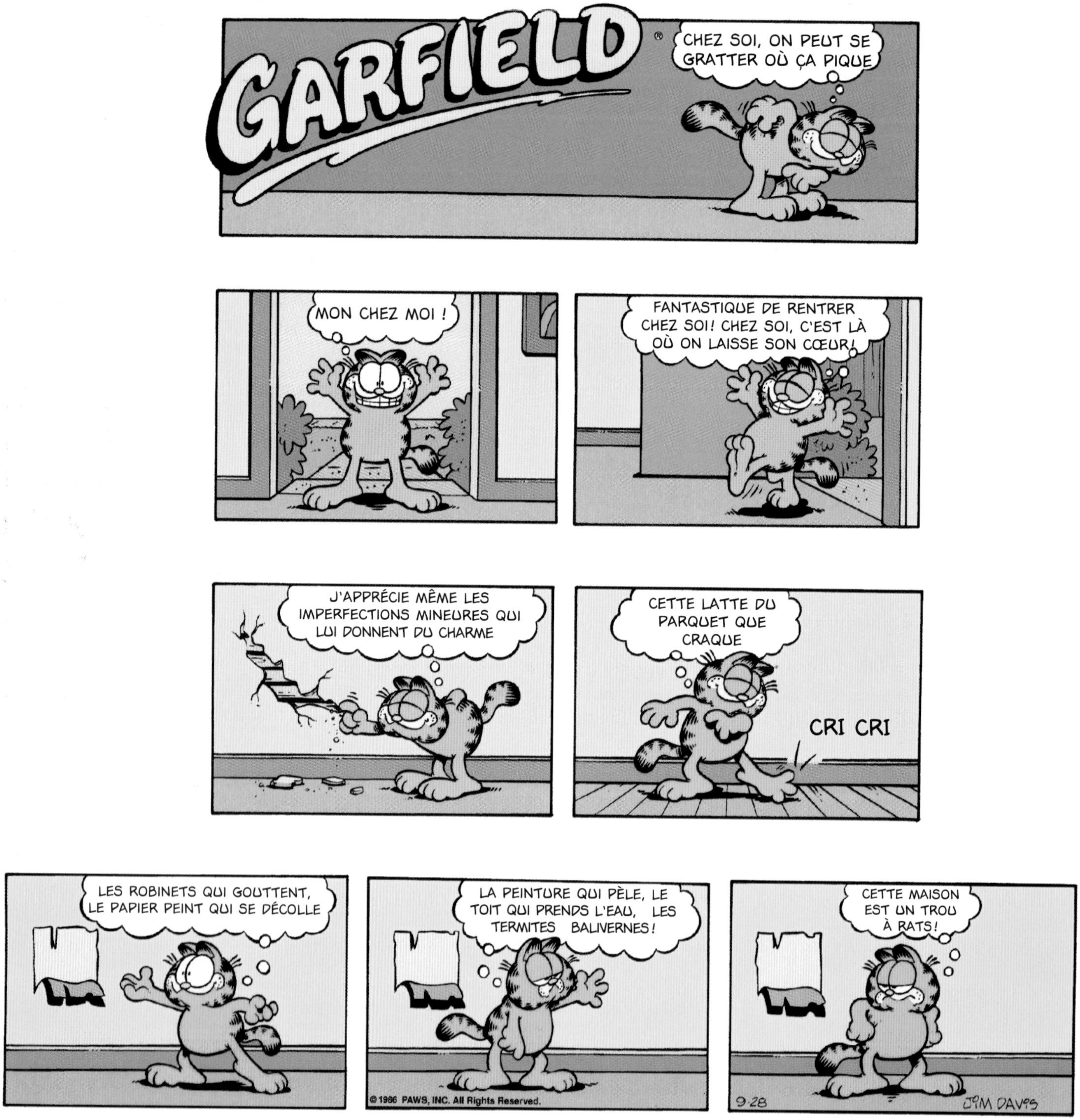
GARFIELD®
CHEZ SOI, ON PEUT SE GRATTER OÙ ÇA PIQUE
MON CHEZ MOI !
FANTASTIQUE DE RENTRER CHEZ SOI! CHEZ SOI, C'EST LÀ OÙ ON LAISSE SON CŒUR!
J'APPRÉCIE MÊME LES IMPERFECTIONS MINEURES QUI LUI DONNENT DU CHARME
CETTE LATTE DU PARQUET QUE CRAQUE
CRI CRI
LES ROBINETS QUI GOUTTENT, LE PAPIER PEINT QUI SE DÉCOLLE
LA PEINTURE QUI PÈLE, LE TOIT QUI PRENDS L'EAU, LES TERMITES BALIVERNES!
© 1986 PAWS, INC. All Rights Reserved.
CETTE MAISON EST UN TROU À RATS!
9-28
JIM DAVIS

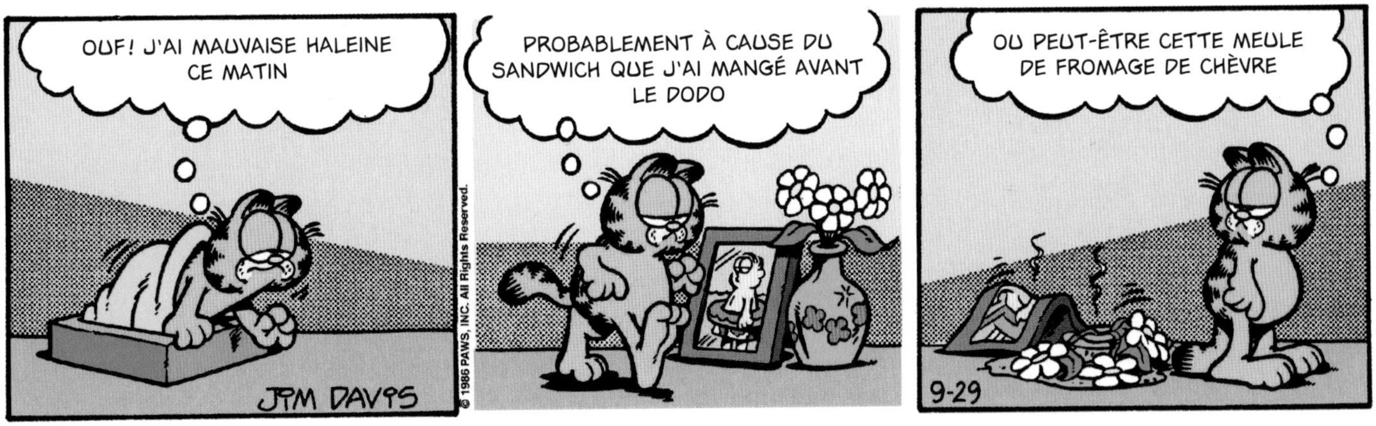
OUF! J'AI MAUVAISE HALEINE CE MATIN
JIM DAVIS
© 1986 PAWS, INC. All Rights Reserved.
PROBABLEMENT À CAUSE DU SANDWICH QUE J'AI MANGÉ AVANT LE DODO
OU PEUT-ÊTRE CETTE MEULE DE FROMAGE DE CHÈVRE
9-29

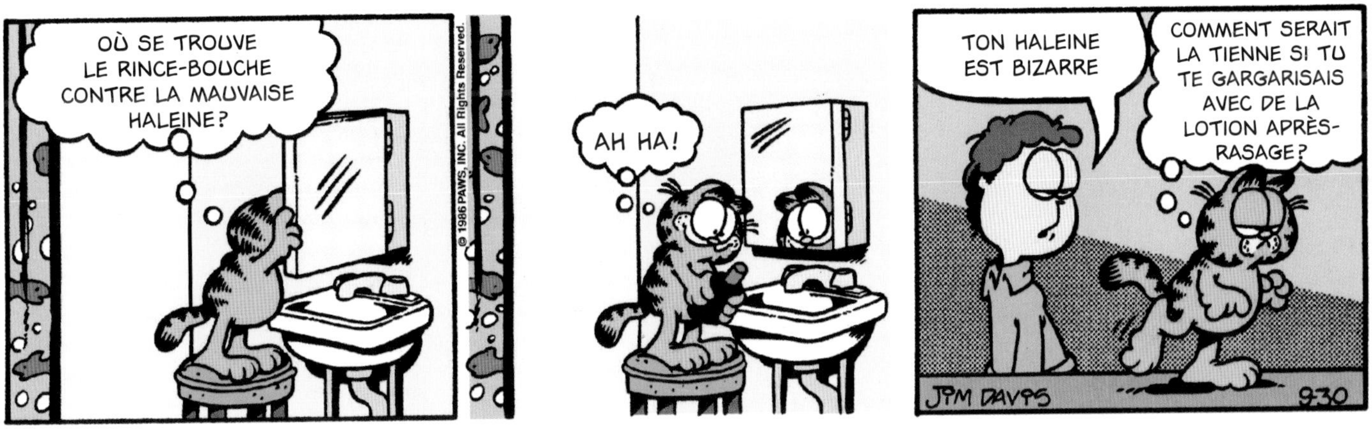
OÙ SE TROUVE LE RINCE-BOUCHE CONTRE LA MAUVAISE HALEINE?
© 1986 PAWS, INC. All Rights Reserved.
AH HA!
TON HALEINE EST BIZARRE
COMMENT SERAIT LA TIENNE SI TU TE GARGARISAIS AVEC DE LA LOTION APRÈS-RASAGE?
JIM DAVIS
9-30

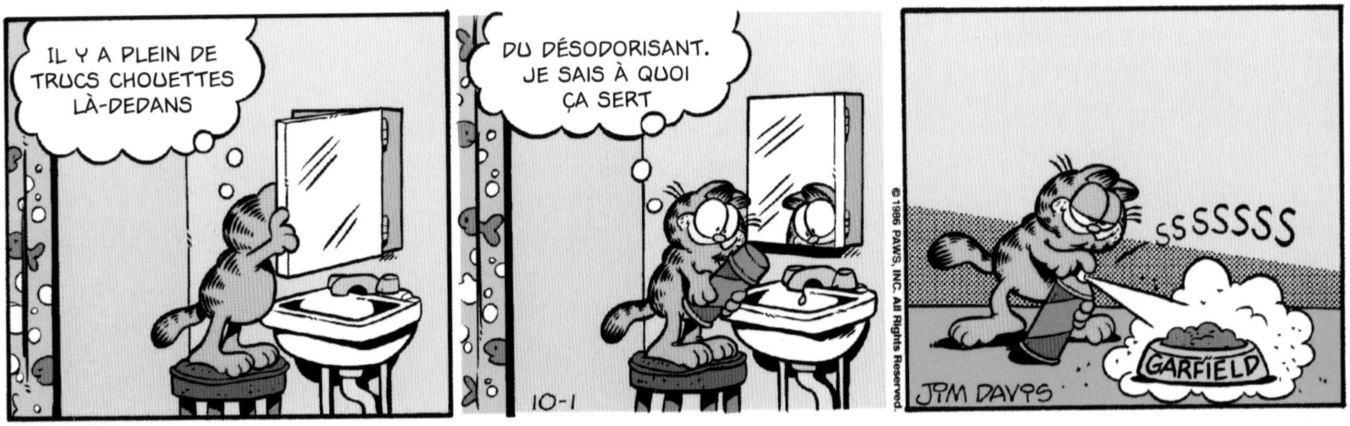
IL Y A PLEIN DE TRUCS CHOUETTES LÀ-DEDANS
DU DÉSODORISANT. JE SAIS À QUOI ÇA SERT
10-1
© 1986 PAWS, INC. All Rights Reserved.
SSSSSSS
GARFIELD
JIM DAVIS

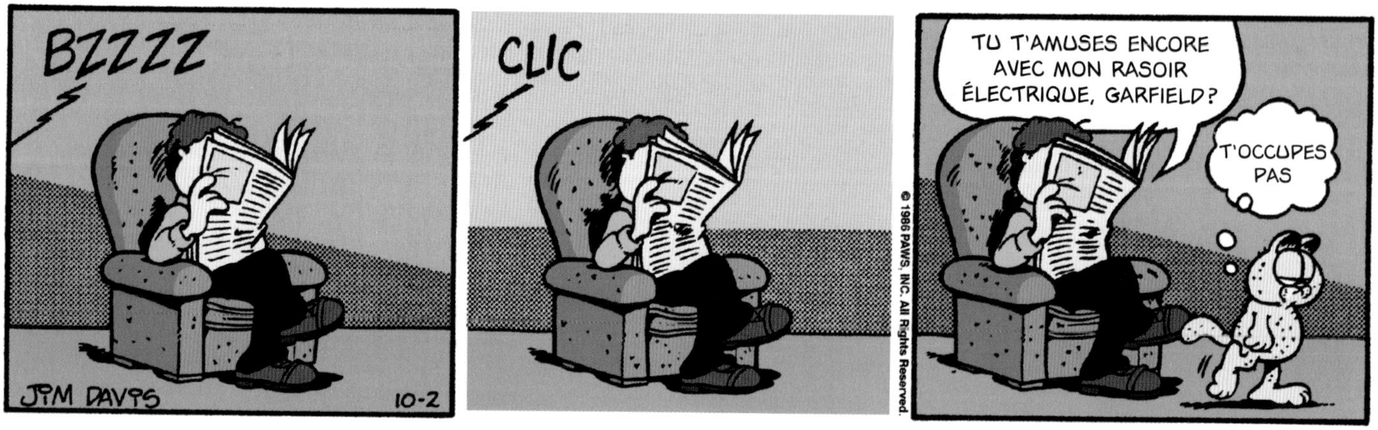
BZZZZ
JIM DAVIS
10-2
CLIC
© 1986 PAWS, INC. All Rights Reserved.
TU T'AMUSES ENCORE AVEC MON RASOIR ÉLECTRIQUE, GARFIELD?
T'OCCUPES PAS

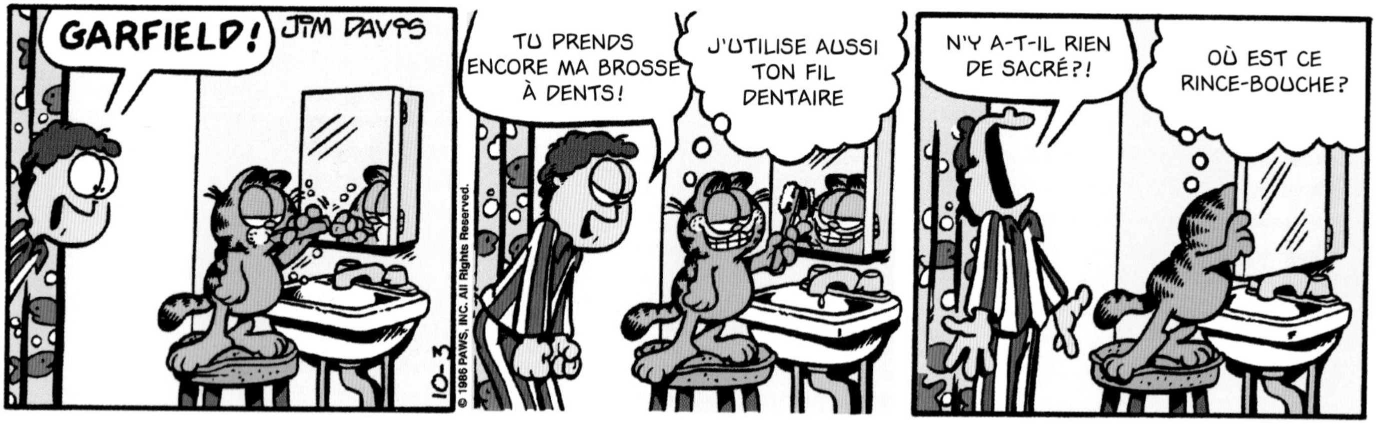
GARFIELD!
JIM DAVIS
10-3
© 1986 PAWS, INC. All Rights Reserved.
TU PRENDS ENCORE MA BROSSE À DENTS!
J'UTILISE AUSSI TON FIL DENTAIRE
N'Y A-T-IL RIEN DE SACRÉ?!
OÙ EST CE RINCE-BOUCHE?

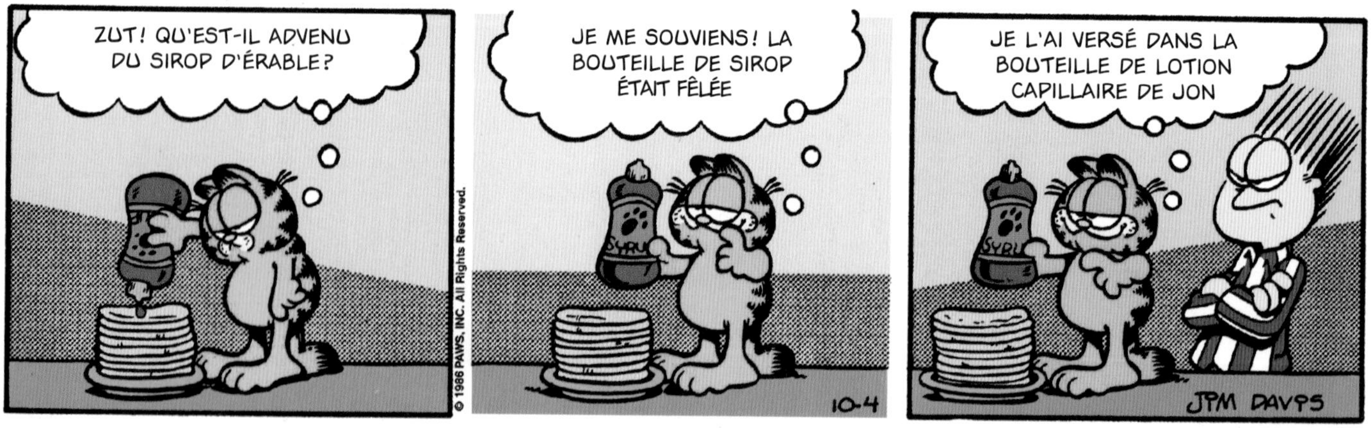
ZUT! QU'EST-IL ADVENU DU SIROP D'ÉRABLE?
© 1986 PAWS, INC. All Rights Reserved.
JE ME SOUVIENS! LA BOUTEILLE DE SIROP ÉTAIT FÊLÉE
10-4
JE L'AI VERSÉ DANS LA BOUTEILLE DE LOTION CAPILLAIRE DE JON
JIM DAVIS

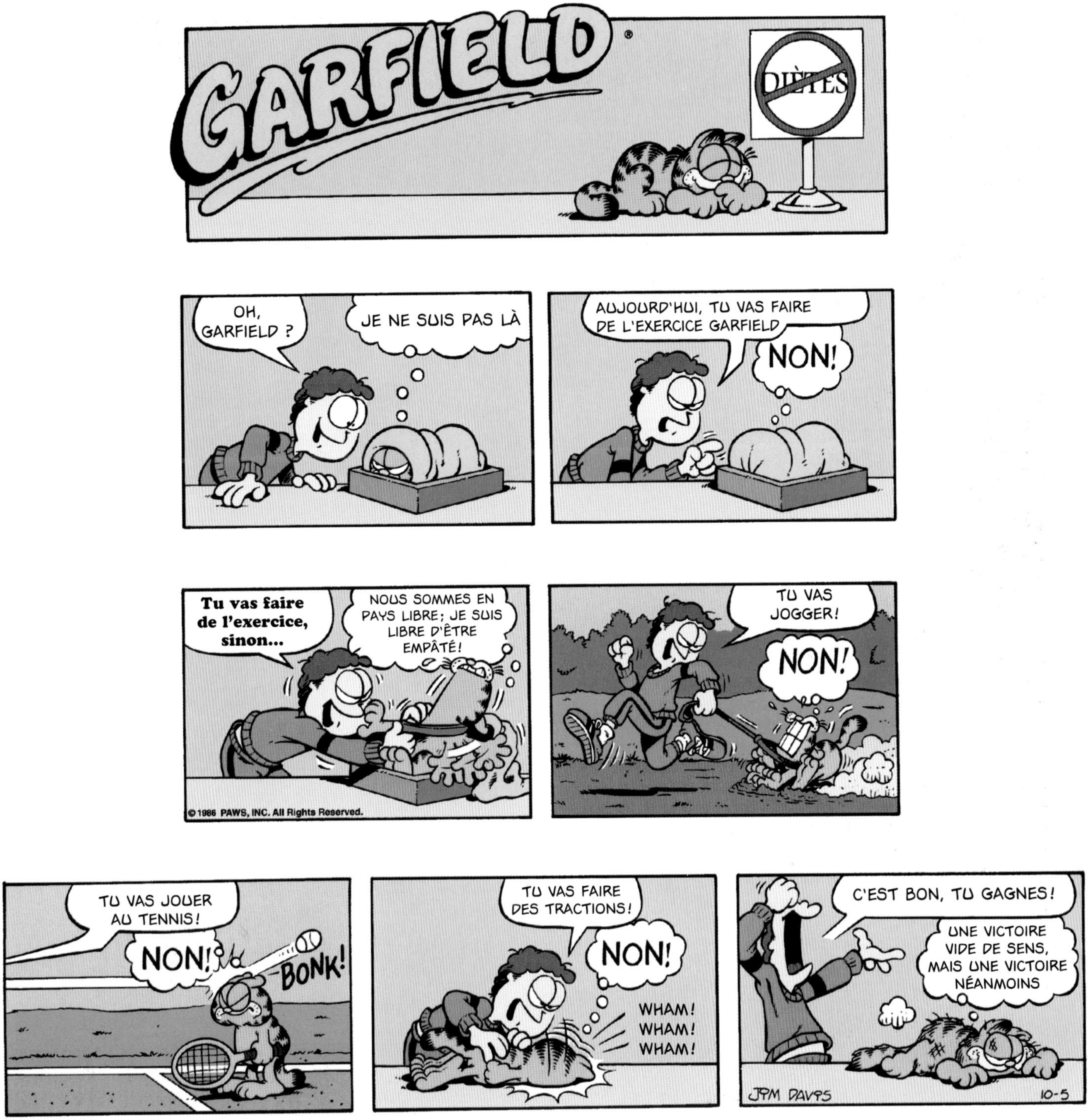
GARFIELD®
DIÈTES
OH, GARFIELD ?
JE NE SUIS PAS LÀ
AUJOURD'HUI, TU VAS FAIRE DE L'EXERCICE GARFIELD
NON!
Tu vas faire de l'exercice, sinon...
NOUS SOMMES EN PAYS LIBRE; JE SUIS LIBRE D'ÊTRE EMPÂTÉ!
©1986 PAWS, INC. All Rights Reserved.
TU VAS JOGGER!
NON!
TU VAS JOUER AU TENNIS!
NON!
BONK!
TU VAS FAIRE DES TRACTIONS!
NON!
WHAM! WHAM! WHAM!
C'EST BON, TU GAGNES!
UNE VICTOIRE VIDE DE SENS, MAIS UNE VICTOIRE NÉANMOINS
JIM DAVIS
10-5

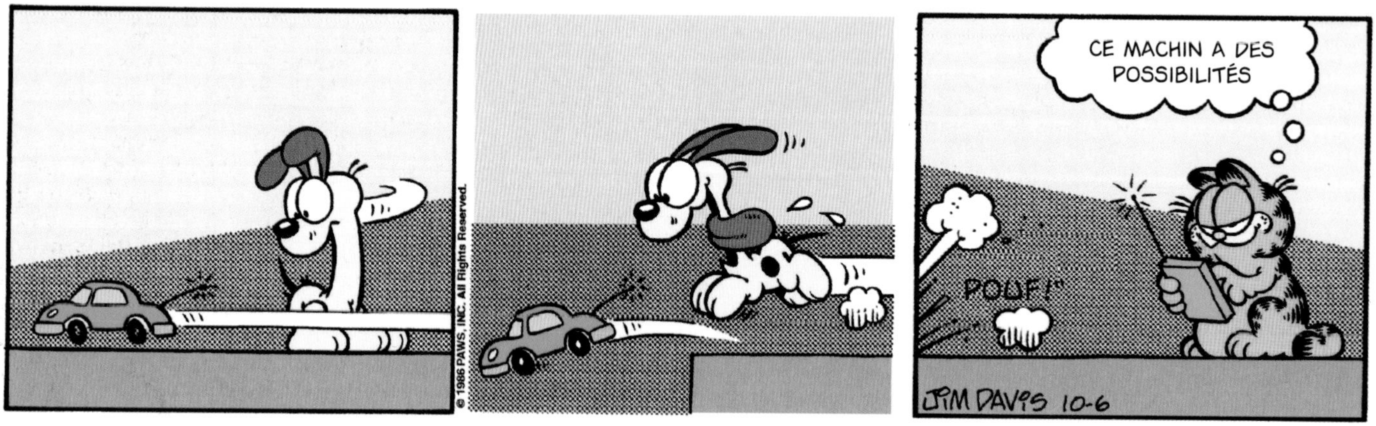
© 1986 PAWS, INC. All Rights Reserved.
CE MACHIN A DES POSSIBILITÉS
POUF!
JIM DAVIS 10-6

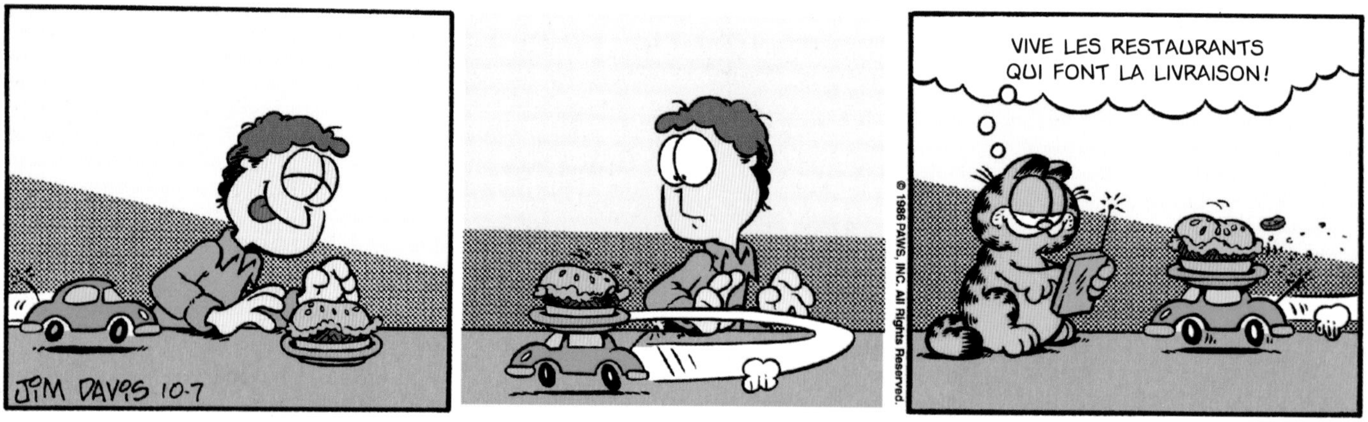
JIM DAVIS 10-7
© 1986 PAWS, INC. All Rights Reserved.
VIVE LES RESTAURANTS QUI FONT LA LIVRAISON!

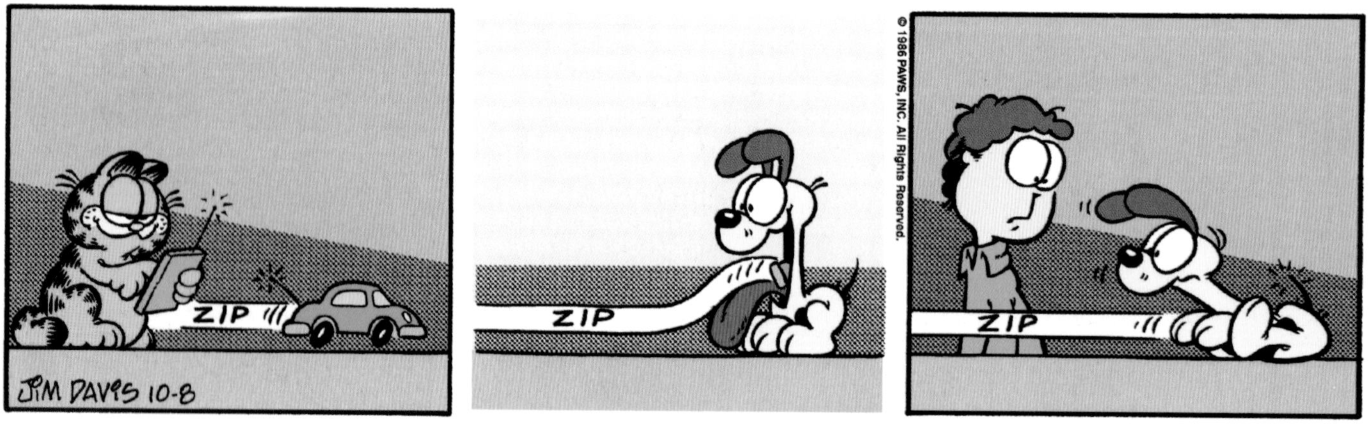
ZIP
JIM DAVIS 10-8
ZIP
© 1986 PAWS, INC. All Rights Reserved.
ZIP

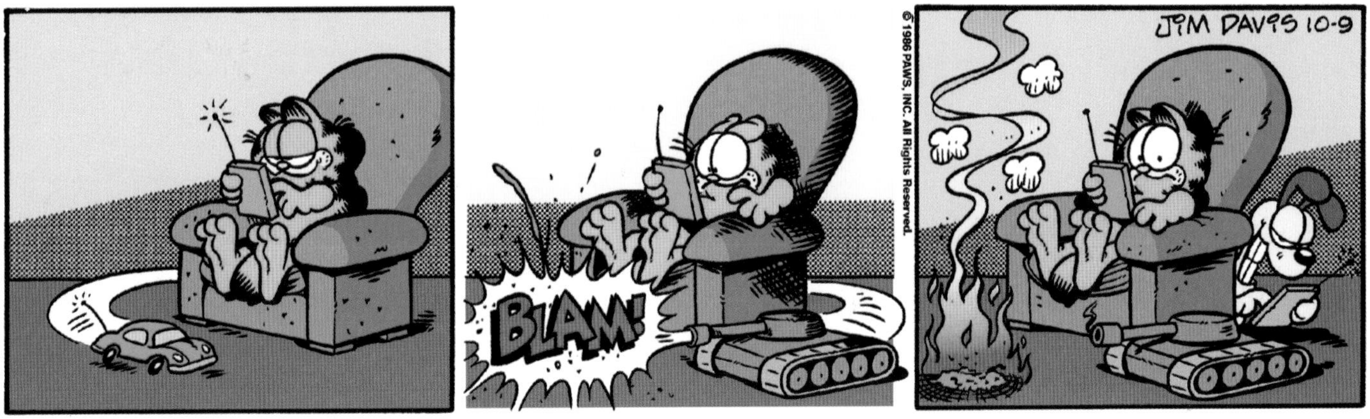
BLAM!
© 1986 PAWS, INC. All Rights Reserved.
JIM DAVIS 10-9

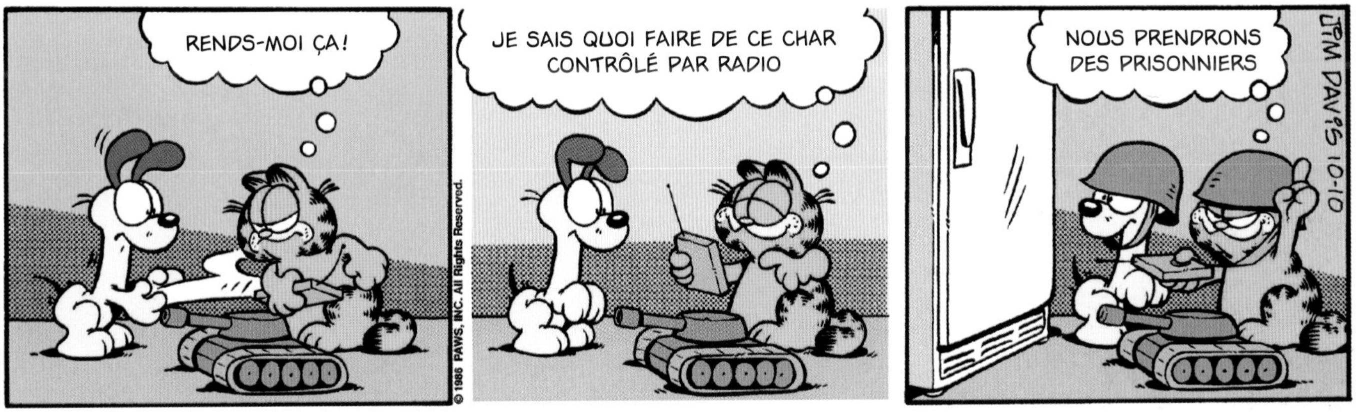
RENDS-MOI ÇA!
© 1986 PAWS, INC. All Rights Reserved.
JE SAIS QUOI FAIRE DE CE CHAR CONTRÔLÉ PAR RADIO
NOUS PRENDRONS DES PRISONNIERS
JIM DAVIS 10-10

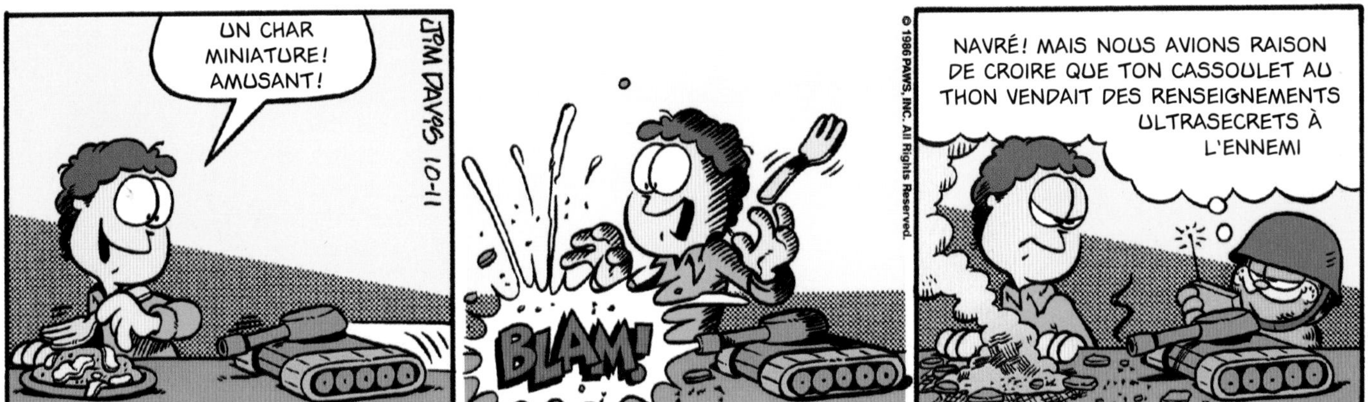
UN CHAR MINIATURE! AMUSANT!
JIM DAVIS 10-11
BLAM!
© 1986 PAWS, INC. All Rights Reserved.
NAVRÉ! MAIS NOUS AVIONS RAISON DE CROIRE QUE TON CASSOULET AU THON VENDAIT DES RENSEIGNEMENTS ULTRASECRETS À L'ENNEMI